काँस

काँस

मर्दवादी ज़मींदारी क़ानून की बलिवेदी पर
ज़िबह होती धरती-पुत्रियों का आर्तनाद

भगवानदास मोरवाल

वाणी
प्रकाशन
प्रकाशन के उत्कृष्टतम 61 वर्ष

vaniprakashan.com

सजिल्द प्रथम संस्करण : 2024

वाणी प्रकाशन

4695, 21-ए, दरियागंज, नयी दिल्ली-110 002

फ़ोन : +91 11 23273167, 23275710

शाखाएँ

अशोक राजपथ, पटना-800 004, बिहार

कॉफ़ी हाउस कैम्पस, महात्मा गांधी मार्ग, प्रयागराज-211 001, उत्तर प्रदेश

महात्मा गांधी अन्तरराष्ट्रीय हिन्दी विश्वविद्यालय, वर्धा-442 001, महाराष्ट्र

36/ए, शेक्सपियर सरणी, रानी बिरला गर्ल्स कॉलेज के पास, कोलकाता-700 017, प. बंगाल

sales@vaniprakashan.in
vaniprakashan@gmail.com

KANS

by Bhagwāndāss Morwāl

ISBN : 978-93-5775-829-1
Novel

मूल्य : ₹ 495

आर. टेक ऑफ़सेट प्रिंटर्स, दिल्ली-110 032 में मुद्रित

वाणी प्रकाशन का लोगो मक़बूल फ़िदा हुसेन की कूची से

1

सूखे डण्ठलों वाले दूर तक पसरे नंगे खेतों को देखकर लगता जैसे उनका सिर मुँडा दिया हो। उन्हीं डण्ठलों को देखकर जिनसे अचानक बरसने वाले दोंगड़ों की बूँदों से कोंपलें फूट आयेंगी। जेठ के तपते महीने में बाहर आग बरसाती धूप में तपती स्याह तारकोल की सड़क पर जब-जब रहमान खाँ की नज़र पड़ती, तब-तब लगता जैसे निर्मल पानी की कोई उथली नदी बस के आगे-आगे बही जा रही है। जबकि पश्चिम में सीना तानकर खड़े काले पहाड़ को देखकर लगता, मानो उसकी देह पर क़ुदरत ने धूप की एक पारदर्शी झीनी चादर डाल दी है। इस थरथराती

पारदर्शी चादर के पार उसे ऐसा लगता जैसे इन्सानों की तरह काला पहाड़ भी प्रचण्ड धूप और गर्मी से दोनों हाथ बाँधे उसके प्रकोप से बचने की दुआ माँग रहा है। बीच-बीच में सूखते हलक़ को इस पानी से तर करने की कल्पना में दायें पैर के पंजे का दबाव एक्सेलरेटर पर बढ़ता चला जाता जिसके चलते बस की गति और बढ़ जाती। इधर जैसे-जैसे बस की गति बढ़ती जाती, वैसे-वैसे पानी की यह उथली नदी उससे दूर होती जाती।

उसे पता ही नहीं चलता कि वह इस छलिया नदी का पीछा करता हुआ कब सोहना को, तो कब नूँह को पार कर जाता। नूँह के बाद कब बस मालब को पार कर जाती, तो कब वह दनदनाती हुई गोहाना मोड़, कंकरखेड़ी, भादस और भादस के बाद बड़कली चौक पहुँच जाती। कई बार तो ऐसा होता कि किसी प्यासे मृग की तरह सड़क पर अपनी लहरों से खेलती इस मृग मरीचिका का पीछा करती हुई बस बड़कली को ही पार कर जाती। यह तो कंडक्टर मोहन की सीटी है, जो उससे ब्रेक लगवा देती है वरना बस सीधा फ़िरोज़पुर झिरका जाकर दम ले।

महाराणा प्रताप कश्मीरी गेट बस अड्डे से चलने वाली मेवात ट्रांसपोर्ट प्राइवेट लिमिटेड, दिल्ली की मेवात बस दिल्ली-अलवर मार्ग पर पूरी गति से दौड़ी जा रही है। देश के आज़ाद होने से लगभग तीन साल पहले, भारत की राजधानी में स्थापित हुई मेवात बस ट्रांसपोर्ट प्राइवेट लिमिटेड की वही बस, जिसके बारे में एक समय मेवात में कहा जाता था कि घड़ी की सूइयाँ एक बार आगे-पीछे हो जायें, लेकिन यह अपने वक़्त की इतनी पाबन्द है कि इसकी सवारियों को घड़ी देखने की ज़रूरत नहीं पड़ती।

खुली-अधखुली खिड़कियों से ज़बरन अन्दर आते लू के थपेड़ों और आग बरसाती धूप के बीच बस अब घासेड़ा पहुँच गयी। बस जब-जब घासेड़ा में दाख़िल होती है, ड्राइवर रहमान की आँखों के आगे दिल्ली से सिर्फ़ बयालीस मील के फ़ासले पर दिल्ली-अलवर रोड पर बसे इस गाँव का वह दृश्य कौंध जाता, जिसे वह अपने दादा के मुँह से कई बार सुन चुका है। दादा बताते हैं कि हिन्दुस्तान-पाकिस्तान के बँटवारे के बाद जब इस देश के दूसरे मुसलमानों की तरह मेवात के मेव भी पाकिस्तान जा रहे थे, तब गांधी जी दिल्ली के हुमायूँ मक़बरे के पास बने मेव शरणार्थियों के कैम्प में गये। वहाँ उन्हें मेवों के हालात मालूम हुए और पता चला कि मेवात के मेवों को अलवर और भरतपुर रियासत से निकाल दिया गया

है। उनमें से कुछ मेव पाकिस्तान चले गये। जो बचे हैं वे जैसे बीच मझधार में फँसे हुए हैं। उनकी समझ में नहीं आ रहा है कि वे क्या करें—जा चुके अपने दूसरे मेवों की तरह वे भी पाकिस्तान चले जायें, या अपने इसी मुल्क में रह जायें ? गांधी जी ने जब यह सुना तब वे पंजाब के मुख्यमन्त्री गोपीचन्द भार्गव को साथ लेकर तुरन्त मेवात के लिए रवाना हो गये।

यह दिसम्बर महीना था। मेवातियों को जैसे ही पता चला कि गांधी जी मेवात आ रहे हैं, किसी ठहरे हुए बाँध के पानी की तरह हरहराते हुए, उसके किनारों को तोड़ उन्हें देखने और सुनने के लिए पूरा मेवात घासेड़ा की ओर चल पड़ा। दिल्ली-अलवर रोड पर जमा मेवातियों की विशाल जनसभा को सम्बोधित करते हुए गांधी जी ने कहा, "मेरे मेव भाइयो! जो मेव अपने इस मुल्क हिन्दुस्तान में रहना चाहें, उनका यह हक़ है कि वे यहाँ रहें। हमारी हुकूमत आपके जान-माल की पूरी हिफ़ाजत करेगी।"

रहमान के दादा बड़े गर्व के साथ कहते हैं कि गांधी जी के इस भरोसे के बाद कोई मेव पाकिस्तान नहीं गया। उस दिन के बाद इस तरह घासेड़ा का एक नाम और पड़ गया—गांधी ग्राम घासेड़ा।

ड्राइवर रहमान खाँ अभी गांधी जी का भाषण सुन दूर तक बैठे मेवातियों को निहार ही रहा था कि लगभग चीख़ते हुए बस एक झटके के साथ रुकी। कुछ मुँह पर ढाठा लगी और कुछ गर्मी के बावजूद झपकी लेतीं सवारियों के समझ में नहीं आया कि क्या हुआ?

"डोकरी की, मेरा ही पहियान के नीचे आके मरेगी कहा !"

कंडक्टर मोहन समझ गया कि रहमान किस पर झल्ला रहा है। अगले दरवाजे के पासवाली सीट पर बैठे मोहन ने खिड़की से बाहर झाँककर देखा, तो उसका अन्दाज़ा एकदम सही निकला कि एक बकरी मिमयाते हुए बस के बग़ल से निकल, दूसरी तरफ़ दौड़ी जा रही है। मोहन रहमान को कोंचे बिना नहीं माना और हँसते हुए बोला, "रहमान, अगर तू ब्रेक ना लेता, तो आज यह बकरी यहीं हलाल हो जाणी थी !"

"यार, हलाल हो जाती कोई बात ना। डर तो वा दुगणो डंड सू लगे है जो बेमतलब भरणो पड़ जातो। अन्यायी, डंड को डंड भरणो पड़तो और बोटी हाथ ना आती एक भी।" रहमान ने झल्लाते हुए कहा।

घासेड़ा को पार करने के बाद बस अब नूँह में दाख़िल हो गयी। रहमान ने धीरे-धीरे बस, अड्डे के पूर्वी दिशा में लगभग बूढ़े हो चुके बरगद के विशाल पेड़ से पहले एक तरफ़ लगा दी। जैसे ही बस रुकी, रोज़ाना की तरह 'चाकूऽऽऽ ! नूँह के मशहूर चाकू !' के उद्घोष से बस गूँज उठी।

बस के रुकने से पहले एक दस-बारह साला बच्चा आगे के दरवाज़े से, तो दूसरा पन्द्रह-सोलह साल का किशोर पिछले दरवाज़े से चढ़ गया। हाथ में मुड़ी हुई कोहनी के पास लटके लोहे के छल्ले में पिरोये हुए चाकुओं का कुछ सवारियाँ मोल-भाव करने लगीं।

"बाउजी, असली रेती के चक्कू हैं।" छल्ले से लकड़ी के एक सुघड़ बेंटेवाले चाकू को बाहर निकाल, पिछले दरवाज़े से चढ़ा किशोर चाकू की नयी-नयी धार पर अँगुली का पोर फेरते हुए सम्भावित ग्राहक को आश्वस्त करते हुए बोला।

"पतो है हमारा मेवात का चक्कू पाक्स्तान-अफगानिस्तान जैसा मुलक में भी जावे हैं ?" अगले दरवाज़े से चढ़ा दूसरा दस-बारह साला बच्चा चाकुओं की तारीफ़ करते हुए बोला।

दरअसल, चाकू बेचनेवाले इन नन्हे सौदागरों में आपस में यह सहमति और समझौता बना हुआ है कि जिससे ग्राहक फँस जाये, दूसरा चाकुओं की ऐसी तारीफ़ करेगा कि ग्राहक चाकू ख़रीदने पर मजबूर हो जाये।

इस बीच बस से उतर दोनों ड्राइवर-कंडक्टर शम्भू के होटल की तरफ़ बढ़ गये। बरगद के पास से गुज़रते हुए अड्डे पर खड़े ताँगों के घोड़ों के जगह-जगह बिखरे और बरगद के नीचे एक घोड़े के जिस्म से उतरते बालों की गन्ध नथुनों में समाती चली गयी। दूर झोपड़ीनुमा दुकान के सामने खड़े एक घोड़े के पिछले पाँव के खुर में जुहूर लुहार लोहे की नाल लगाने में जुटा हुआ है।

अपने साथ रहमान को आता देख मोहन ने मुस्कराते हुए पूछा, "रहमान, आज बिरयानी खाण का इरादा ना है?"

"ना यार, आज तेरे साथ दाल फ्राई को मन है। दूसरी बात, या सल्लू का होटल में हर बखत चिकल्लस-सी मची रहवे है। एक तरफ मेवात की पूरी चौधराहट बैठी रहवे है और एक कोणा में कोलज का छोरेट घुसा रहवे हैं। मेरी सुरी ई सल्लू की होटल, होटल ना होगी या मेवात के एमले-एमपी बणाना की दुकान होगी।"

दोनों शम्भू के होटल में घुस गये और होटल के अन्दर एक तरफ़ चलते छत के पंखेवाली अपनी चिर-परिचित जगह पर जाकर आमने-सामने बैठ गये। बैठने के बाद दोनों ने एक-एक दाल फ्राई और चार-चार रोटियों का ऑर्डर कर दिया।

खाना खाते हुए रहमान ने अपने साथी कंडक्टर मोहन की ओर देखते हुए कहा, "मोहन, ई जो बाहर बड़ को दरखत है न, याका बारा में हमारो दादा बतावे है के गदर में याका डाळा सू अंग्रेजन्ने बावन आदमी फाँसी पे लटका दिया हा।"

"बावन आदमीऽऽऽ!" मोहन का कोर मुँह में जाते-जाते रुक गया।

"हाँ, बावन आदमी।" रहमान ने बड़े गर्वीले अन्दाज़ में कहा।

दिल्ली की सीमा पर बसे हरियाणा के एक गाँव के रहनेवाले मोहन के लिए यह एक नयी जानकारी थी। वरना इससे पहले मेवात के लोगों के बारे में उसकी एकदम अलग धारणा थी। यह बात अलग है कि पिछले कई साल से मेवात ट्रांसपोर्ट प्राइवेट लिमिटेड की इस बस में कंडक्टरी करते, और मेवात से गुज़रते दिल्ली-अलवर मार्ग पर आने-जाने के दौरान उसकी यह धारणा टूटी भी है। हालाँकि शुरू में उसे लगा था कि उसका हरियाणा के इस काला पानी से गुज़रने वाले रूट पर तबादला किसी अनजानी रंजिश के चलते किया गया है। लेकिन जैसे-जैसे वह इस मेवात और अपने साथी ड्राइवर रहमान खाँ के सम्पर्क में आया, उसे अपनी सोच पर शर्मिन्दगी होने लगी।

दोपहर का खाना खाने के बाद बस एक बार फिर अपने मुख्य दिल्ली-अलवर मार्ग पर आ गयी और आते ही उसने अपनी पुरानी गति फिर से पकड़ ली।

बाहर से रह-रहकर अन्दर आते गरम थपेड़ों के बीच बस के बड़कली पार करने के बाद, मोहन को हल्की-सी झपकी आयी ही थी कि उसे लगा किसी सवारी ने पुकारा है। हड़बड़ाते हुए उसने पीछे पलटकर देखा।

"कलेंडर, बेटा मोहे थोड़ो-सो भूरी की प्याऊ पे उतार दीजो!"

"माई घबराए मत। थोड़ो-सो ना, पूरो ही उतार दूँगो।" मुस्कराते हुए कंडक्टर मोहन ने अपने पीछे बैठी बुज़ुर्ग सवारी को उसी के लहजे में उत्तर दिया।

"जीतो रह बेटा! तेरी कमाई में बरक्कत होए। तेरी तरक्की हो जाये...तू कलेंडर सू डलेवर हो जाये...तेरी आस-औलाद बणी रहे...तेरा जीवाक बणा रहें...।" एक ही साँस में बुज़ुर्ग सवारी मोहन को ढेर सारी दुआएँ दे गयी, जो देर तक उसके कानों में किसी मासूम बच्चे की किलकारियों-सी गूँजती रहीं।

मोहन मन-ही-मन मुस्कराता हुआ बुज़ुर्ग की इन दुआओं को आत्मसात करता रहा।

माँडीखेड़ा को पार कर बस तेज़ी-से अपनी मंज़िल यानी अलवर की ओर बढ़ी जा रही है। कुछ देर बाद जैसे ही सवारियों के कानों में 'चलो भई, भूरी की प्याऊ की सवारी तैयार हो जाओ!' वाक्य कानों में पड़ा, बस में हल्की-सी हलचल शुरू हो गयी।

"माई आ जा! तेरी भूरी की प्याऊ आ गयी है!" अपनी सीट से खड़ा होते हुए मोहन ने बिना उस बुज़ुर्ग के कहे, उसकी छोटी-सी पोटली उठाई और सहारा देते हुए बस से उतारते हुए बोला, "माई, आराम से उतरना!"

बस से उतरने के बाद बुज़ुर्ग ने जाने से पहले मोहन की तरफ़ देखा और एक बार फिर उस पर आशीषों की बौछार करती हुई आगे बढ़ गयी।

"आ जाओ भई, जाहे पाणी-पत्ता पीणो है उतरके पी ले!" इतना कह ड्राइवर रहमान भी बस से उतर गया। कन्धे पर पड़ी साफी से माथे का पसीना पोंछते हुए सड़क पार कर, सड़क के किनारे बनी प्याऊ की ओर बढ़ गया।

नये-नये पुआलों को आपस में बाँधकर चारों तरफ़ से घेर कर बनाई गयी अस्थायी झोपड़ी। अगले हिस्से में बने छोटे-से झरोखे में, अपनी बारी आने की बाट जोहता पानी से भरा गंगा सागर और छरहरे बदनवाला एल्यूमिनियम का बदना। बीच-बीच में पानी से भीगी पुआल की झीनी दीवार से छनकर हवा का कोई आवारा झोंका अन्दर आता, तो लगता जैसे पश्चिम में पूरी ठसक के साथ सीना ताने खड़े काले पहाड़ की भभकती नंगी देह को छूता हुआ कोई ठण्डा झोंका टहलता हुआ घुस आया है। मगर इस अस्थायी झोपड़ी, जिसे प्याऊ कहना उचित होगा, ज़्यादातर दूसरी बदनसीब प्याउओं की तरह इसकी उम्र भी तीन महीने से ज़्यादा नहीं रहती। आधे बैसाख से शुरू होनेवाली और आषाढ़ के आख़िर तक आते-आते, जब बीच-बीच में पड़े दौंगड़ों में भीजी मिट्टी से फूटती सौंधी गन्ध वातावरण में घुलने लगती और सावनी की बुआई शुरू हो जाती, तो यह और इसके ये दोनों सिपहसालार अर्थात गंगा सागर और बदना भी अपने ठीहे से बेदख़ल हो जाते हैं।

जेठ के जिन लू के थपेड़ों और आग बरसाती लटपटाती धूप में भूरी की प्याऊ राहगीरों और यहाँ से गुज़रती बसों की प्यासी सवारियों की प्यास बुझाती, आषाढ़ के ख़त्म होते-होते यह किसी अनजान ज़जीरे में तब्दील हो जाती है। एक ऐसे जर्जर,

अनजान और लावारिस ज़जीरे में जिसके भीतर बिखरे जूट की बोरियों के मटमैले चिथड़े, और अपने अकेलेपन से बतियाते ख़ाली मटकों के भग्नावशेष, जिनके रंध्रों में समायी शीतलता और इनका कोरापन कुछ दिन पहले तक राहगीरों को अपनी ओर आकर्षित करते रहते। भले ही बाद के महीनों में इसका कोई वजूद नहीं रहता हो, लेकिन आसपास बिखरे ठीकरों के अवशेष यहाँ इन्तज़ार करती सवारियों और वाशिन्दों के लिए कही जाती है भूरी की प्याऊ। यह बात अलग है कि लोगों को भूरी की प्याऊ तो याद रहती, मगर ज़्यादातर को यह पता नहीं रहता कि गंगा सागर और बदने की गर्दन को थामने वाले और उनकी टोंटी से सूख गये हलक़ व प्यासे होंठों से लगे ओक में पानी गिराने वाले पतली जिल्द में लिपटे हाथ कहाँ ग़ायब हो जाते ?

आज भी जुह्र की नमाज़ ख़त्म होते-होते, रोज़ाना की तरह प्याऊ के झरोखे में बाट जोहते गंगा सागर और बदने ने जैसे ही बस को रुकते हुए देखा, उनकी अलसाई-सी देह में अचानक फुर्ती आ गयी और प्याऊ के झरोखे में पानी पिलाने वाले हाथों में हरकत शुरू हो गयी।

बस आकर सड़क के किनारे प्याऊ से कुछ दूर पहले रुक गयी। जिन सवारियों को बस से उतरना था, वे उतर गयीं और जिन्हें चढ़ना था वे एक-एक कर चढ़ गयीं और लगभग ख़ाली पड़ी सीटों में से अपनी मर्ज़ी की सीट ले लीं। जबकि उतरने वाली प्यासी सवारियाँ प्याऊ के झरोखे के सामने अपनी प्यास बुंझने का इन्तज़ार करने लगीं।

रहमान प्याऊ के छोटे-से लेकिन पूरे खुले दरवाज़े के पास आकर खड़ा हो गया। उसने सामने पहले से रखे पानी से भरे लोटे की तरफ़ हाथ बढ़ाया ही था, कि गंगा सागर से प्याऊ के बाहर एक ओक में गिरते नन्हे झरने के बीच एक उदासी-भरा स्वर फूटा, "रहमान, भाई आज थोड़ी अमेर ना होगी है कै ?"

"ऐसी तो बात ना है फूफी। आया तो हम ठीक टाइम पे हैं। हाँ, कदी-कदी हो जावे है दस-पन्द्रह मिनट देर।" रहमान ने अपने ब्याह में मिली और अपनी कलाई पर बँधी टिटोनी घड़ी पर नज़र डालते हुए कहा। उसी स्विस टिटोनी घड़ी पर जिसका कारोबार आज़ादी मिलने के ठीक बाद से शुरू हुआ था। बीसवीं सदी में भारतीय घड़ी बाज़ार में पचास और साठ के दशक में इस घड़ी की ज़बरदस्त माँग थी। मगर जैसे ही आपातकाल की घोषणा हुई, इस घड़ी ने भी भारत छोड़ने का फ़ैसला कर लिया।

कंडक्टर मोहन चुपचाप फूफी-भतीजे के बीच चल रहे संवाद को सुनता रहा और इन्तज़ार करता रहा कि रहमान कब लोटा छोड़े और कब वह उसे ले अपनी प्यास बुझाये।

इसके बाद भूरी की प्याऊ से चली मेवात बस ने सीधे फ़िरोज़पुर झिरका जाकर दम लिया। फ़िरोज़पुर झिरका से चलने के बाद जैसे ही उसने अलवर ज़िले की राजस्थान की सीमा में प्रवेश किया, रहमान ने एक लम्बी साँस ली। नौगाँव में दाख़िल होने से पहले बस को हल्का-सा ब्रेक दे, उसने पूरब की तरफ़ शेरपुर जाती सड़क को हसरत भरी निगाह से निहारा। उसने कई बार मन बनाया कि एक बार वह शेरपुर में लालदास के मन्दिर को जाकर देखेगा। मगर उसकी यह हसरत आज तक पूरी नहीं हुई। जैसे-जैसे अलवर और मेवात बस का फ़ासला कम होने लगा, बस की गति और बढ़ गयी।

भले ही दिन का तीसरा पहर ख़त्म होने को है लेकिन गरमी की प्रचण्डता में कोई कमी नहीं आयी है। इस प्रचण्डता का पता तभी चलता, जब लू का कोई थपेड़ा हरहरा कर चेहरे से आकर टकराता।

2

इशा की अज़ान लग चुकी है। काला पहाड़ की चोटी पर तने बाला क़िले के टिमटिमाते बल्बों के बीच उसकी अट्ठारह हाथ चौड़ी दीवार से टकराकर आती हवा ऐसे लग रही है, जैसे किसी धधकती भट्ठी से लपटें निकलकर आ रही हैं। उसी बाला क़िले की दीवार से जहाँ कभी बिना चूने का, पत्थरों का बना हुआ चौहान राजपूत निकुम्भों का परकोटा हुआ करता था। जिस पर शाहे-मेवात हसन खाँ मेवाती के वालिद ख़ानज़ादा अलावल खाँ ने निकुम्भों को हराकर क़ब्ज़ा किया था। उसी चार विशाल दरवाज़ों, पच्चीस बुर्जों, तीन हज़ार कंगूरों, एक बावड़ी, चार कुण्ड,

एक बावड़ी और एक तालाब के चिलकते पानी व पूरे आठ हज़ार वर्ग में फैले क़िले की दीवार से, जिसकी भव्यता और वैभव को देखकर पहले मुग़ल शासक जहीरुद्दीन मुहम्मद मिर्ज़ा बाबर ने खानवा की जंग जीतने के बाद, अपने बेग इन्दर से बड़े अफ़सोस के साथ ऐसे ही नहीं कहा होगा कि हिन्दू बेग, शाहे-मेवात हसन खाँ मेवाती अगर राणा सांगा के ख़िलाफ़ जंग करने की हमारी पेशकश क़बूल कर लेता, तो आज वह इस फ़तहयाब ग़ाज़ी के बग़ल में बैठा होता।

इशा की नमाज़ पढ़ने के बाद रहमान खाँ और मोहन ने अलवर बस अड्डे पर अपने पहले से बँधे सैनी होटल पर खाना खाया, और खाना खाने के बाद अपने-अपने बिस्तरों को लेकर बस की छत पर आ गये। बिस्तर लगाने के बाद रहमान देर तक आसमान को टकटकी लगाये देखता रहा। मगर बहुत कोशिशों के बावजूद उसे एक भी तारा दिखाई नहीं दिया। क्वार-कार्तिक और पूस-माघ के महीनों में जो आसमान तारों के गुच्छों से पटा हुआ होता, टिमटिमाते अलग-अलग आकार-प्रकार के तारों की विशाल झालर पहने आकाश गंगा इठलाती रहती और सप्तऋषि तारा मण्डल के सातों तारे एक-दूसरे का हाथ थामे आपस में अठखेलियाँ कर रहे होते, सब जेठ के महीने में आसमान में छायी दिन-भर उड़ती धूसर चादर की ओट में छिप गये हैं।

"यार रहमान, एक बात पूछूँ ! बोड़ी कोठी की प्याऊ पे यो जो तेरी फूफी पाणी प्यावे है...तेरी असली फूफी है ?" बग़ल में लेटे मोहन ने धूल से अटे आसमान से तारों को बीनते रहमान को ज़मीन पर उतारते हुए पूछा।

"गाँव की होण के नाते असली ही समझ ले।" रहमान ने लम्बी साँस लेते हुए कहा।

"वैसे एक बात है जब इस उमर में यो इतनी गौरी-चिट्टी और मलूक है, तो भरी उमर में कैसी रही होगी ? मुझे तो लगे है इसका नाम भी कुछ और होगा ?"

"नाम तो याको चाँदबी है पर याका रंग-रूप के चलते सब याहे भूरी कहवे हैं। जहाँ तलक याका मलूकपणा की बात है तो ऐसा मलूकपणा को कहा फायदो, जब इन्सान का भाग में सुख ही ना होए। मेरे भाई, स्याणा आदमीन्ने सही कही है कि रूप की रोवे और करम की खावे।"

"यार, तूने यो बात तो बड़ी गहरी कही है। आदमी को सुख-दुःख उसकी किस्मत से नसीब होवे हैं, रूप-रंग से ना। अगर उसके भाग में सुख लिखा है तो वो कितना भी बदसूरत क्यों न हो, सुख भोगने से उसे कोई नहीं रोक सकता।"

रहमान ने मोहन की बात का कोई उत्तर नहीं दिया।

"मेरे मन में बहुत दिन से यह सवाल उठ रहा है रहमान, कि दो-ढाई महीने इस प्याऊ पे पाणी प्याणे के बाद यो फूफी क्या करती होगी ?" मोहन ने रहमान की तरफ़ करवट लेते हुए पूछा।

"करे क्या...डोले है भीख माँगती।"

"भीख माँगती ?"

"तो कहा करे बिचारी। याके पै कौण-सा दो-चार कीला खेत हैं जो उन्ने जोते-बोवे।" इसके बाद रहमान ने गहरी साँस लेते हुए कहा, "मोहन, आखिर पेट तो भरणो है मेरे भाई।"

मेवात बस की छत पर रहमान खाँ की बग़ल में लेटे मोहन की कुछ समझ में नहीं आ रहा। फिर कुछ पल सोचने के बाद बोला, "तेरा कहणे का मतलब है इसके पास खाने-कमाणे का कोई जरिया ना है ?"

"ना।"

"तो फिर इसकी ये प्याऊ कौन बणवावे है ?"

"है एक अल्लाह को बन्दो। वही हर साल या प्याऊ ए बणवाके देवे है। अगर बँटवारा में उ फरिश्तो पाकिस्तान सू ना आतो, तो उमर-भर फूफी पूरे साल फिरोजपुर की जुम्मा महजत के बाहर और चौक-चौराहान पे भीख माँगती डोलती।"

मोहन के लिए यह नयी जानकारी थी। वह मन-ही-मन सोचने लगा कि बँटवारे के दौरान पाकिस्तान से आने वाला ऐसा कौन-सा ख़ुदा का बन्दा है, जो मेवात में आकर इस चाँदबी को हर साल प्याऊ बनवा कर देता है ? इस फ़रिश्ते के बारे में जानने के लिए उसकी जिज्ञासा जैसे हिलोरें लेने लगी।

"यार रहमान, भई यो कौन फरिश्ता है जो इस फूफी की हर साल प्याऊ बणवावे है ?"

रहमान ने एक फीकी हँसी हँसते हुए जवाब दिया, "लोकू सन्नार्थी।"

यह नाम सुनकर एक पल के लिए मोहन को अपने कानों पर विश्वास नहीं हुआ। परन्तु यह सोचकर उसे सन्तोष हुआ कि रहमान उससे कोई झूठ थोड़े ही बोलेगा।

जब देर तक रहमान के कानों में मोहन का कोई शब्द नहीं पड़ा, तब उसे ही बताना पड़ा, "पतो है, आधो-सो मेवात या लोकू सन्नार्थी ए जाणे है। बीच इमामनगर में दादा खैराती की हवेली के पै एक पुरानी-सी टूटी-फूटी हवेली है, वाही में रहवे है।"

मोहन एक बार फिर सोच में पड़ गया कि अब यह दादा खैराती कौन है जिसकी हवेली के पास एक पुरानी-सी टूटी-फूटी हवेली में यह लोकू सन्नार्थी रहता है। इस बार भी नहीं रहा गया मोहन से, "लगे है यो दादा खैराती कोई बहुत बड़ा सरमायदार था जिसके नाम की हवेली ए सब जाणे हैं ?"

"सरमायदार ही ना हो बल्कि इमामनगर और आसपास के कई गाँवन की लम्बड़दारी ही वाके पै। मोहन, तोहे सुणके हैरानी होएगी कि फूफी भूरी इसी दादा खैराती की इकलौती पोती भी ही और वारिस भी ही। पर सब कुदरत का खेल हैं मेरा भाई। जो दादा खैराती पन्द्रह-सोळह एकड़ को जोता हो, आज वाकी इकलौती वारिस दर-दर भीख माँगती डोलरी है।" कहते-कहते इस बार रहमान खाँ की आवाज़ भारी होती चली गयी।

रहमान के मुँह से मोहन को यह सुनकर हैरानी हुई कि फूफी भूरी दादा खैराती की इकलौती पोती कैसे हो गयी ? चलो मान लिया कि तीन-चार भाइयों के बीच अकेली बहन होगी, इसलिए इकलौती पोती हो गयी। लेकिन इकलौती वारिस वाला रहस्य मोहन के समझ में नहीं आया। देर तक मोहन इसी असमंजस में डूबा रहा कि वह रहमान से इस बारे में पूछे या नहीं।

जब मोहन की ओर से किसी तरह की प्रतिक्रिया नहीं आयी, तब रहमान ने ही पूछ लिया, "मोहन कैसे चुप्पी साध ली ?"

"रहमान, मेरी समझ में फूफी भूरी की इकलौती पोती वाली बात तो आ गयी, पर यह इकलौती वारिस वाली बात समझ में नहीं आयी...और अगर यह अकेली वारिस थी, तो जब दादा खैराती पन्द्रह-सोलह एकड़ को जोता था, ऐसे में उसकी इकलौती वारिस दर-दर भीख क्यों माँगती डोल रही है, यह कुछ समझ में नहीं आया?" मोहन ने अपने मन की दुविधा रहमान के सामने उड़ेल दी।

"बात ई है मोहन कि दादा खैराती दो भाई थे। दादा खैराती के तीन लड़के थे सबसे बड़ा नवाज खाँ, बीच का रोशन खाँ और तीसरे नम्बर का था मक्खन खाँ। वही मक्खन खाँ जिसकी बेटी फूफी भूरी है। हुओ ई कि बीच को भाई रोशन खाँ बँटवारा में पाकिस्तान चलोगो। नवाज खाँ और मक्खन खाँ भी पाकिस्तान जाणा की जुगत बणा रहा हा कि वाही बखत गांधी जी मेवात पहोंचगो और जो मेव पाकिस्तान जारा हा वाने वे सब रोक लिया। मेरे यार मोहन, वा बखत गांधी जी काई सू कहे और वे वाकी बात ना मानें, ऐसे कैसे हो सके। तो जो मेव पाकिस्तान जाणा की सोचरा हा, गांधी जी की बात सुणके सब हिन्दुस्तान में ही रुकगा।"

जिस समय रहमान खाँ यह कह रहा था कि उस वक़्त गांधी जी किसी से कहे और वे उसकी बात ना मानें, मोहन को लगा जैसे उसके फेफड़ों में पश्चिम में सीना तान कर खड़े काले पहाड़ के खोहों से निकली ढेर सारी ताज़ा हवा भर गयी है।

"ई तो वा जिन्ना की ऐसी-तैसी होगी वरना हमारा आधा घर-कुणबा और मामा-फूफी आज पाकिस्तान में ना होता। अन्यायी, वा जिन्ना ए तो वाको अलग मुलक मिलगो...पर हम मेवन्ने ने कहा मिलो, बाबाजी को भन्तू ? अरे, हम तो आधा पाकिस्तान का होगा और आधा हिन्दुस्तान का। पतो है जैसे पाकिस्तान सू बँटवारा में आया हिन्दू आज भी मेवात में सन्नार्थी कहे जावे हैं, वैसेई मेवात और हिन्दुस्तान सू गया मुसलमान पाकिस्तान में मुहाजिर कहे जावे हैं। अरे, सरहद पार हम मुहाजिर हो गये और या मुलक में वे सन्नार्थी। बता, दोनूँ में कहा फरक रहो ?"

मोहन को आज पहली बार पता चला कि मुहाजिर और सन्नार्थी अर्थात शरणार्थी का एक ही अर्थ होता है।

"तो हिन्दुस्तान में अब रहगा ये दोनूँ भाई नवाज खाँ और मक्खन खाँ। इस तरह दादा खैराती की सारी जमीन इन दोनूँ भाइन में बँटगी। जो सवाल तैने करो हो कि फूफी भूरी कैसे सारी जायदाद की वारिस ही, वाकी वजह ई है कि नवाज खाँ के कोई औलाद ना ही। जबकि मक्खन के भी फूफी भूरी इकलौती औलाद ही। ई भी बड़ी दुआओं और मन्नतों के बाद पैदा हुई ही।"

"अच्छाऽऽऽ !"

"पतो है मोहन, कहवे हैं कि जा दिन ई फूफी भूरी मेरो मतलब है चाँदबी पैदा हुई ही, वाही दिन दादा खैराती ने चार एकड़ ज़मीन की रजिस्ट्री कराई ही। पूरा गाँव में ई मुनादी-सी पिटगी कि खैराती लम्बड़दार बड़ो भागवान है जाके घर में छोरी ना, लिच्छमी पैदा हुई है। असर और मगरिब की नमाज के बीच पैदा हुई चाँदबी का कान में अजान पढ़ण कू जब महजत सू मौलवी आयो और वाने जैसे ही याकी शकल देखी, तो देखते ही बोलो के लम्बड़दार मुबारक हो, तेरा घर में चाँद पैदा हुओ है। सुनते ही दादा खैराती ने मौलवी को हाथ पकड़ो और वाहे अपणी हवेली का चौक में लाके बोलो कि मौलवी साब, अब तू हीं अजान पढ़ और ऐसी पढ़ कि मेरी लाडो का कानन में तो वाका बोल पड़े हीं, बल्कि वाहे पूरो मोहल्लो और सुणे !"

"तो उस मौलवी ने अजान फूफी के कान में पढ़णे के बजाय बीच चौक में पढ़ी थी ?"

"बिल्कुल, मौलवी ने बीच चौक में ही ई अजान लगाई—

अल्लाहु अक्बर अल्लाहु अक्बर
अश्हदु अल-ला इ ला-ह इल्लल्लाह
अश्हदु अन-न मुहम्मद रसूलुल्लाह
हय-य अलस्सलाह
हय-य अलल्फ़लाह
अल्लाहु अक्बर अल्लाहु अक्बर
ला इ ला-ह इल्लल्लाह !"

रहमान ने उसी अन्दाज़ में पूरी अज़ान दी, जैसी अज़ान मस्जिदों में लगायी जाती है।

"मोहन, जैसे ही पूरा मोहल्ला ने ई बेबखती अजान सुणी, सबन्ने बड़ो अचम्भो हुओ कि ना तो ई बखत असर की नमाज को है, ना मगरिब की अजान को...तो फिर ई किसने लगवाई है ? पीछे सारा मोहल्ला ए जब पतो चली तो उन्ने बड़ी हैरानी हुई कि ई अजान तो मक्खन लम्बड़दार ने पोती होणा की खुशी में लगवाई है।"

"यार रहमान, एक बात पूछणी है कि या तिहारी अजान में ई जो अल्लाहु अकबर बोलो जावे है, इसका मतलब क्या होवे है ?"

"मतलब ?" रहमान एक पल के लिए यह सोचकर ख़ामोश रह गया कि वह इस मोहन को इसका अर्थ बताये या नहीं ? फिर मोहन से बोला, "अन्यायी, तू कहा करेगो याको मतलब जाणके ?" उलटा रहमान ने पूछा।

"क्या है कि कई बार जब तुम्हारे लोग अल्लाहु अकबर का नारा लगाते हैं, तो बड़ा डर लगे है।"

"ऐसी कोई बात ना। वैसे अल्लाहु अकबर और इसके साथ लगे ला इ ला-इल्लल्लाह का मतलब होवे है—अल्लाह बहुत बड़ा है। अल्लाह के सिवाय कोई दूसरा नहीं।" रहमान ने मुस्कराते हुए अर्थ बताया।

"क्याऽऽऽ ! इसका यो मतलब है ? यार, हम तो इसका कुछ और ही मतलब समझते रहे हैं। यह तो बोले सो निहाल, सत श्रीअकाल या फिर हम हिन्दुओं की तरह जय भवानी या हर-हर महादेव की तरह है।"

"कोई काई बात को कहा मतलब निकाळे है मोहन, ई तो अपणी-अपणी समझ है। चल सो जा, कुछ कल कू भी छोड़ दे।" रहमान खाँ ने पहले वापस करवट बदली और अगले क्षण निराशा के भँवर में उतरते हुए बोला, "पर दादा

मक्खन अपणी या लाडो का लाड़ लड़ाना सू पहले, मेरो मतलब है चाँदबी के पैदा होते ही एक दिन अल्लाह कू प्यारो होगो।"

"अब समझ में आया कि दादा खैराती ने इसके पैदा होने की खुशी में मौलवी का क्यों हाथ पकड़ा और उसे अपणी हवेली के चौक में लाकर बोला था कि मौलवी साब, अब तू यहाँ अजान पढ़ और ऐसी पढ़ कि मेरी लाडो के कानों में तो इसके बोल पड़े हीं, बल्कि उन्हें पूरा मोहल्लो और सुणे !" मोहन ने फूफी भूरी के पैदा होने के अवसर पर पढ़ी गयी बे-वक्ति अज़ान का मर्म समझने के बाद हुलसते हुए कहा।

"मगर यहाँ कुदरत को कुछ और ही मंजूर था और वह यह कि इस बीच अचानक मक्खन खाँ भी खुदा को प्यारा हो गया।"

"...और मक्खन की घरवाली ने दूसरा ब्याह कर लिया होगा ?" मोहन ने आगे की कल्पना करते हुए पूछा।

"रसूलन, मेरा मतलब है चाँदबी की माँ हालाँकि अपणो दूसरो घर बसा सके ही, पर ई सोचके वाने ई कदम ना उठायो कि पतो ना सौतेला बाप उसकी बच्ची के साथ कैसो बर्ताव करेगो। एक तो दूसरा की जणी ऊपर सू बेटी। बेटा ए तो एक बर आदमी कबूल भी कर लेए, पर दूसरा की बेटी ए ना लगाये कोई हाथ भी। याही मारे रसूलन ने काई दूसरा मरद की चूड़ी ना पहरी।"

"यो फैसला तो रसूलन ने बिल्कुल ठीक लिया। कम-से-कम अपने पति की छोड़ी जायदाद के भरोसे माँ-बेटी गुजारा तो कर लेंगी। अब तो रसूलन अपने पति की जायदाद की मालिक है, इसलिए जरूरत पड़ने पर उसमें से एकाध एकड़ बेची भी होएगी !"

मोहन की इस बात को सुन रहमान धीरे-से हँसा, "यहाँ तू गलत सोचरो है मोहन। कोई मालिक-वालिक ना बणी रसूलन।"

"क्या...क्या मतलब ?" मोहन अकबका-सा गया।

"मतलब ई कि रिवाजे-आम के मुताबिक मक्खन की विरासत सीधे उसके भाई नवाज खाँ के पास चली गयी। अब सारी जमीन का मालिक मक्खन का सबसे बड़ा भाई नवाज खाँ बन गया, नाकि रसूलन। बल्कि उलटा अपने ही बाप की विरासत में से चाँदबी को कुछ नहीं मिला।"

थोड़ी देर पहले रहमान खाँ की आवाज़ जिस तरह भारी होती चली गयी थी, उसकी वजह मोहन की अब समझ में आयी है। उसकी अब समझ में आया कि जिस आदमी के पास पन्द्रह-सोलह एकड़ जंगल की ज़मीन यानी खेत हों, उसकी पोती इस उम्र में आकर एक प्याऊ पर राहगीरों को क्यों पानी पिला रही है। इससे पहले कि मोहन इस अपूर्ण कथा के अन्त का पटाक्षेप समझ, आगे की कल्पना में डुबकी लगाता उसे नींद की झपकियाँ आनी शुरू हो गयीं।

अलवर बस अड्डे की दुकानों, ढाबों और होटलों के बाहर लटके बल्बों की रेशमी किरणों के बीच मेवात बस की छत पर देर तक ख़ामोशी तिरमिराती रही। मोहन की हिम्मत नहीं हुई आगे पूछने की। भूरी फूफी, दादा खैराती और बँटवारे के दौरान पाकिस्तान से आने वाले इस ख़ुदा के बन्दे या कहिए फ़रिश्ते के बारे में जानने की ख़्वाहिश को मोहन ने आगे के लिए मुल्तवी कर दिया। किसी दिन जब अलवर से उनकी बस कश्मीरी गेट लौटेगी, फ़ुरसत मिलने पर वह वहीं जाकर रहमान से इसके बारे में पूछेगा।

अपने तय समय पर अलवर से दिल्ली के लिए रवाना हुई मेवात बस बगड़ का तिराहा (जिसे मेव का तिराहा भी कहा जाता है), रामगढ़, नौगाँव और फ़िरोज़पुर झिरका को पार कर तेज़ी से उत्तर दिशा की ओर बढ़ी जा रही है।

"चलो भई भूरी की प्याऊ आळे तैयार हो जाओ !" मोहन ने बोड़ी कोठी उतरने वाली सवारियों को अचानक याद दिलाते हुए आवाज़ लगायी।

बोड़ी कोठी पहुँचने पर रहमान ने बस प्याऊ के पास ही लगा दी। बस से उतर वह प्याऊ की ओर बढ़ गया। पीछे-पीछे मोहन भी आ गया। आज मोहन प्याऊ के उस दरवाज़े पर नहीं गया जहाँ जाकर रहमान गडुए से पानी पीता है, बल्कि जान-बूझकर उस झरोखे पर गया, जहाँ सभी राहगीर अपनी-अपनी बारी आने पर पानी पीते हैं। जब तक मोहन की बारी आती, उसने ध्यान से गोरी जिल्द में लिपटे हाथों और उन पर उभरी सुर्ख़ नसों को देखा। उन हाथों को, जिनकी अँगुलियों ने बड़े सलीक़े से गंगा सागर की गर्दन पकड़ी हुई है और बड़ी तल्लीनता के साथ उसकी टोंटी से प्याऊ के बाहर दोनों हाथों से बनी ओक में पानी उड़ेल रही हैं। मोहन अपलक इस दृश्य को देखता रहा। एक पल के लिए उसे लगा जैसे पानी पीने वाले की ओक में गिरती सधी हुई धार गंगा सागर की टोंटी से नहीं, बल्कि काले पहाड़ के ढाक, कनेर और दूसरे जंगली पेड़ों के पत्तों से ढके विशाल पत्थरों के

बीच से निकलने वाले किसी किलकते झरने से आकर कुदरती हौज में गिर रही है। इसी बीच मोहन ने देखा कि पानी पीने वाले राहगीर ने अपनी जेब से एक चवन्नी निकाली और उसे चुपचाप गंगा सागर के पास पहले से पड़े सिक्कों के ढेर पर रख दिया। अपनी बारी आने पर मोहन ने भी पानी पिया और पहली बार अपने कंडक्टर वाले थैले से अठन्नी का एक सिक्का निकाला और उसी ढेर पर रख वापस बस में आ गया। इस बीच रहमान भी पानी पीकर आ गया। ड्राइवर की सीट पर बैठ उसने बस स्टार्ट की। एक बार फिर से देश के आज़ाद होने से लगभग तीन साल पहले भारत की राजधानी में स्थापित हुई मेवात ट्रांसपोर्ट प्राइवेट लिमिटेड की बस दिल्ली की ओर दौड़ने लगी।

कश्मीरी गेट अन्तरराज्यीय बस अड्डे पर सवारियों को उतार, रहमान ने बस को उसके निर्धारित स्थान पर लगाया और दोनों ट्रांसपोर्ट कम्पनी के दफ़्तर में आ गये। मोहन ने कैशियर को जाने-आने का सारा कैश जमा कराया और दोनों कम्पनी द्वारा बस अड्डे पर ही अपने कर्मचारियों के लिए बनाये गये विश्राम गृह में आ गये। अपनी-अपनी दिनचर्या के अनुसार शाम को रहमान ख़ाँ ने इशा की नमाज़ पढ़ी और दिन-भर की थकान के चलते खाना खाने के बाद सो गये।

रहमान ने अपना साप्ताहिक अवकाश जान-बूझकर जुम्मे के दिन का करवाया हुआ है। इसकी वजह यह है कि जुम्मे की नमाज़ वह अक्सर कश्मीरी गेट बस अड्डे से कुछ किलोमीटर दूर स्थित जामा मस्जिद में जाकर पढ़ता है। बल्कि जब उसे किसी ईद या दूसरे त्यौहार पर घर जाना होता है, तो जामा मस्जिद से ही बीवी-बच्चों के लिए कपड़े-लत्तों की ख़रीददारी कर लेता है। इस छुट्टी का सबसे बड़ा फ़ायदा यह है कि कश्मीरी गेट स्थित रिट्ज़ सिनेमा हॉल पर इनके मन की कोई फ़िल्म लगती है, तो पहले ही दिन ये दोनों उसे जाकर देख आते हैं। यही वजह है कि 'राजा जानी', 'गोरा काला', 'सीता गीता', 'ज़ंजीर', 'लोफ़र', 'नमक हराम', 'रोटी कपड़ा और मकान', 'अमीर ग़रीब', 'चोर मचाये शोर', 'गीता मेरा नाम' सहित अपने समय की हिट फ़िल्म 'बॉबी' को भी दिल्ली में लगने के बाद रहमान और मोहन ने इसी सिनेमा हॉल में देखा था।

आज रहमान का साप्ताहिक अवकाश है। सवेरे से वह जुम्मे की नमाज़ की तैयारी में लगा हुआ है। जबकि मोहन एक सप्ताह पहले लगी फ़िल्म 'प्रतिज्ञा' के आख़िरी शो के चाव में कहीं नहीं गया।

जामा मस्जिद पर जुम्मे की नमाज़ पढ़ने के बाद रहमान वापस आया, तो उसे यह देखकर हैरानी हुई कि मोहन भी आज कहीं नहीं गया है।

"मोहन, आज ना गयो कहीं ?" आते ही रहमान ने पूछा।

"ना यार...और फिर रात को चलणा तो है धरमेंदर और हेमा मालिनी की फिल्म देखण।" मोहन ने जैसे रहमान को याद दिलाते हुए कहा। उसने अपनी ट्रांसपोर्ट कम्पनी के कश्मीरी बस अड्डे वाले मैनेजर से गुज़ारिश कर रिट्ज़ सिनेमा के मैनेजर से कहकर दो टिकटें बुक करा ली थीं।

"अच्छोऽऽऽ तो या चाव में ना गयो कहीं !" हँसते हुए रहमान बोला।

"तुझे पता तो है कि अपने मैनेजर से कहकर मैंने दो टिकटें मँगा ली ही।"

"वैसे एक बात बताऊँ मोहन, अगर तू मेरे साथ ना होतो न, तो मैं ना देख पातो इतनी फिलम। चल, परे सरक मैं भी अपणी कड़ी थोड़ी-सी सूधी कर लूँ।" इतना कह रहमान ने अपना बिस्तर भी मोहन के बग़ल में लगा लिया।

छत का पंखा पूरी गति से चल रहा है।

मोहन को इससे अच्छा मौक़ा नज़र नहीं आया। उसने धीरे-से पहले रहमान की तरफ़ करवट ली और फिर कुछ क्षण रुककर बोला, "रहमान, यार इस फूफी भूरी की पूरी कहानी क्या है ? बँटवारे के समय उस अल्लाह के बन्दे...मेरा मतलब है पाकिस्तान से आये फरिश्ते का मामला क्या है...और जिस आदमी के पास पन्द्रह-सोळह एकड़ खेत हों, उसकी इकलौती पोती दर-दर की भीख माँगती फिरे... आख़िर यह सारा खेल क्या है ?" मोहन भी रहमान की देखा-देखी भूरी को अब फूफी कहने लगा है।

मोहन की इस जिज्ञासा पर रहमान खाँ से तुरन्त कोई जवाब देते नहीं बना। बस टकटकी लगाये पूरी रफ़्तार से घूमते छत के पंखे को ऐसे निहारता रहा, जैसे उसके पंखों के साथ दौड़ते समय की गति को पकड़ने की कोशिश कर रहा है। देर तक वह यही सोचता रहा कि वह इस कहानी की शुरुआत कहाँ से करे ? दादा खैराती के अतीत से, या फूफी भूरी के बदरंग वर्तमान से ? लोकू सन्नार्थी के परिवार द्वारा बँटवारे में पाकिस्तान से आकर मेवात में शरण लेने से, या उस रिवाज से करे, जिसकी वजह से फूफी भूरी कुछ महीने प्याऊ पर राहगीरों को पानी पिला-पिलाकर, तो साल में ज़्यादातर चौक-चौराहों और जुम्मे के दिन मस्जिदों के सामने भीख माँग-माँग कर अपना गुज़ारा करती है ? हार कर वह अपने बग़ल में लेटे मोहन की तरफ़ पलटा और अपनी दुविधा प्रकट करते हुए बोला, "यार मोहन, समझ में ना आरी है कि कहाँ से शुरू करूँ ?" रहमान अक्सर जब-जब मोहन से बात करता है, तो कभी उसका आधा लहजा मेवाती हो जाता है और कभी शहरी।

"जहाँ से तेरा मन करे !" मोहन ने फ़ैसला रहमान पर छोड़ दिया।

"तो फिर ठीक है। मैं वा असली जड़ सू ही शुरू करता हूँ जाने हम मेवन की बहाण-बेटीन की जिन्दगी ख्वार कर राखी है।"

"ऐसी यह कौन-सी जड़ है ?"

"अन्यायी है एक, जाको नाम रिवाजे-आम है। इंग्लिश में याहे कस्टमरी ला कहवे हैं।"

"मैं कुछ समझा नहीं रहमान ?"

"दरअसल है क्या कि ई एक जमींदारी कानून है जो हरियाणा के पुराणे गुड़गाँव जिले में रहने वाळे मेवों से जुड़ा हुआ है।"

"एक मिनट रहमान !" रहमान खाँ को बीच में रोकते हुए मोहन बोला, "इस पुराणे गुड़गाँव जिले से तेरा क्या मतलब है ?"

"है क्या कि असली गुड़गाँव जिला कभी बहुत बड़ा था। फरीदाबाद, रेवाड़ी, पलवल यहाँ तलक कि हरियाणे का सारा मेवात इसी जिले में आता था। तो यह रिवाजे-आम जिसे आजादी से पहले अंग्रेजों ने एक तरह का कानून बनाया था, हरियाणे के इसी पुराणे गुड़गाँव जिले में रहने वाळे मेवों की औरतों के पति और बेटियों के बाप द्वारा छोड़ी गयी जायदाद के हक को लेकर है।"

"तेरा कहणे का मतलब यो है रहमान कि यो कानून सिर्फ हरियाणा के मेवों में लागू होता है ? राजस्थान और यूपी में रहने वालों पर नहीं ?"

"एकदम सही कहरो है तू। राजस्थान और यूपी में रहने वाळे मेवों में लागू नहीं होता।" रहमान खाँ ने मोहन की जिज्ञासा की पुष्टि करते हुए कहा।

"अगर ऐसा है तो मेरे यार इस कानून में ऐसा क्या है, जिसके बारे में बताते तू इतना लाल-पीळा हो जावे है ?" मोहन ने सिर के नीचे लगे तकिये को ठीक करते हुए पूछा।

"अच्छो एक बात बता, तिहारे हिन्दुओं में बाप-दादा की जायदाद या कहिये विरासत पे कानूनन किसको हक होवे है ?"

मोहन एक पल के लिए रहमान के इस सवाल को सुन अचकचा गया। अचकचा इसलिए गया कि यह भी कोई पूछने की बात है। उसने तुरन्त अपने आपको सँभाला और एक टेढ़ी मुस्कान उछालते हुए बोला, "औलाद का होवे है। फिर चाहे वे लड़का होएँ या लड़की होएँ।"

"पर हमारे मेवात में ऐसा ना है...और ऐसा मेवों में आज से नहीं, बहुत पहले यानी या मुलक की आजादी सू पहले जब हरियाणा पंजाब को ही हिस्सा हो, तब से

चला आ रहा है। और इस कानून के मुताबिक गुड़गाँव जिले के मेवों में औरतों और बेटियों को उनके पति और बाप की विरासत में कोई हक नहीं मिलता है। हालाँकि ऐसा हरियाणा के मेवों के अलावा पंजाब में और भी बहुत-सी जात हैं, जिनमें औरतों और बेटियों को बाप की विरासत में कुछ नहीं मिलता है।"

रहमान द्वारा किये गये इस रहस्योद्घाटन के बाद मोहन की कुछ समझ में नहीं आया। वह समझ नहीं पा रहा है कि वह क्या बोले ?

"और सुन, वा दिन मैंने एक बात बतायी ही कि मक्खन की मौत पीछे रिवाजे-आम के मुताबिक, मक्खन की विरासत सीधे उसके भाई के पास चली गयी...वाकी सारी जमीन का मालिक रसूलन के बजाय उसका ताऊ नवाज खाँ बन गया। जबकि अपने ही बाप की विरासत में से चाँदबी को कुछ नहीं मिला।" रहमान अपने साथी मोहन को पीछे की ओर धकेलते हुए बोला।

"हाँ बतायी तो थी।" मोहन ने स्वीकारते हुए जवाब दिया।

"और वा दिन तू समझ बैठो कि किस्सा यहीं खतम होगो ?" रहमान ने शब्दों को चुबलाते हुए पूछा। इससे पहले कि मोहन कुछ कहता, रहमान स्वयं ही बोलने लगा, "ना, किस्सा तो मेरे बावळे भाई अब शुरू हुओ है...और ऐसो शुरू हुओ कि सुणके तेरी मति खराब हो जायेगी। तो हुओ ई कि पहले मक्खन खाँ अल्लाह कू प्यारो होगो और कुछ दिन पीछे बड़ो भाई नवाज खाँ भी चलतो बणो। अब जब नवाज खाँ अल्लाह कू प्यारो होगो, तो तेरा हिसाब सू वाकी विरासत अब किसके नाम जायेगी ?"

रहमान ने जिस तरह मोहन से पूछा, उसे सुन सचमुच मोहन की मति जवाब दे गयी। रहमान के सवाल का उससे कोई जवाब देते नहीं बना।

"अन्यायी, तू तो मेरा सवाल ए सुणके ऐसे चुप होगो, जैसे मैंने तोसू कोई एलजब्रा को सवाल पूछ लियो होए !"

"मेरे हिसाब से तो मक्खन की जो जमीन उसके मरने के बाद, उसके बड़े भाई नवाज खाँ के नाम चढ़ गयी थी, नवाज खाँ के मरने के बाद सीधी-सी बात है उसकी विरासत, उसकी विधवा के नाम चली जायेगी !" बड़ी सावधानी के साथ झिझकते हुए मोहन ने अनुमान लगाया।

"शाबाश ! तेरो बेटा जीवे ! एकदम सही कही है तैने कि अपने पति से विरासत में मिली जायदाद की मालिक अब वाकी घरवाळी हसनबी बणगी।"

रहमान से मिली शाबाशी के बाद मोहन का चेहरा खिलता चला गया। लेकिन जैसे ही रहमान ने यह कहा उसका चेहरा फिर बुझ गया, "पर ऐसे मालिकपणा का

क्या फायदा मोहन, जब आदमी विरासत में मिली चीज ए ना बेच सके, ना अपणा किसी आरा-प्यारा के नाम कर सके।"

"बेच ना सके, क्या मतलब ?" मोहन उचकते हुए बोला।

"मतलब ई है मेरे प्यारे भाई कि हमारे जमींदारा कानून यानी रिवाजे-आम के मुताबिक हसनबी जैसी बेवा औरत, अपने शौहर से विरासत में मिली जायदाद की मालकिन तो बण जाये हैं, पर खाली इतनी कि जब तलक ऊ जीएगी याहे भोग तो सके है, पर किसी को बेच नहीं सकती। न कहीं रहन रख सकती है। यहाँ तलक इसे वह किसी को अदला-बदली भी नहीं कर सकती...और अगर, अब ध्याण सू सुनियो मोहन कि खुदा-न-खास्ता किसी बेवा को अपणी ऐसी जायदाद बेचणी भी पड़ जाये, या किसी को देनी पड़ जाये तो अपने मरहूम पति के कुणबे के मर्द हकदारों की उसे इजाजत लेणी जरूरी है।"

"यार ऐसे तो हसनबी ही नहीं, किसी भी बेवा मेवणी के पति के कुणबे का कोई मर्द उसे इजाजत नहीं देगा। क्योंकि उसे पता है कि उसके मरने के बाद सारी जायदाद आणी तो उसी के पास है। ऐसे में भला वह बेचने की इजाजत क्यों देगा ?"

"यही तो। हाँ, अगर मेवों में जमीन-जायदाद या विरासत का बँटवारा शरा के मुताबिक होता, तो हसनबी अपने शौहर नवाज खाँ की जायदाद को अपणी मर्जी से बेच सकती थी। जिसे चाहे दान दे सकती थी। किसी के पास उसे गिरवी रख सकती थी, पर इस रिवाजे-आम ने उस पर कई सारी पाबन्दियाँ लगा रक्खी हैं जिनके चलते वह ऐसा नहीं कर सकती।"

इस बार सचमुच मोहन की आँखों के सामने जैसे अँधेरा छाता चला गया।

आगे की कल्पना-भर से मोहन का कलेजा जैसे मुँह को आने लगा। भीतर तक सिहरता चला गया वह। इसके बाद न उसकी रहमान से पूछने की हिम्मत हुई और न 'प्रतिज्ञा' फ़िल्म के देखे जाने वाले आज रात के अन्तिम शो को वह नैराश्य, बेचैनी, विषाद अथवा किसी तरह की निराशा में बदलना चाहता है। इसलिए जान-बूझकर उसने ऐसी मुद्रा बनाई जैसे उसे नींद के झोंके ने दबोच लिया है। उधर अतीत के उघड़े बदरंग पन्नों ने रहमान खाँ की आँखों से जैसे नींद ग़ायब कर दी। वह बस टकटकी लगाये तेज़ी से घूमते छत के पंखे की पंखड़ियों को देखता रहा। उन पंखड़ियों को, जिन्हें देखकर यह अनुमान लगाना मुश्किल है कि कौन-सी पंखड़ी किस पंखड़ी का पीछा कर रही है। कुछ देर बाद उसने भी दूसरी तरफ़ करवट ली और यह कहते हुए मुँह पर साफी डाल ली—

कौन जगत में एकलो, कौन जगत में दोय।
कौन जगत में जागरो, कौन रहो है सोय।।

3

'प्रतिज्ञा' फ़िल्म ने दोनों को बेचैनी और नैराश्य की अन्धी गली से बाहर निकालने में बड़ी मदद की। पूरी रात रहमान खाँ और मोहन रिट्ज़ सिनेमा हॉल के परदे पर तैरते उसके दृश्यों में डूबते-तिरते रहे। उसके दृश्यों में खोये और मधुर संगीत में पगे अपने इस लोकप्रिय गीत 'मैं जट यमला पगला दीवाना / हो रब्बा इत्ती-सी बात ना जाना / के के के वो मैंनू प्यार करती है / साइडे उत्ते वो मर दी है' को मोहन अपने लगभग हरियाणवी अन्दाज़ में, तो रहमान खाँ अपनी ठेठ मेवाती शैली में गुनगुनाते हुए अगले दिन के सफ़र के लिए निकल पड़े। एक बार फिर मेवात बस कश्मीरी गेट से जो चली, धौला कुआँ को पार कर कब वह कूदती-फाँदती हरियाणा में घुस गयी और कब काले पानी मेवात को चीरती हुई, कब राजस्थान की सीमा पर पहुँच गयी, इसका दोनों में से किसी को पता नहीं चला। पता तो तब चलता जब वे बस में जा रहे हों। वे तो फ़िल्म के नायक की तरह अपने-अपने सफ़ेद घोड़े पर

सवार हो मानो हवा में उड़े जा रहे हैं।

बस ने अभी राजस्थान सीमा में प्रवेश किया ही था कि देखा पश्चिम से काले पहाड़ के ऊपर पीली आँधी अपने विशाल डैने के साथ आसमान में तेज़ी-से फैलती जा रही है। जेठ महीने का कोई दिन जाता होगा, जब दोपहर बाद पश्चिम से काली-पीली आँधी न चढ़ती हो। रहमान ने यह सोचकर बस की गति बढ़ा दी कि जितनी जल्दी हो बस किसी तरह नौगाँव पहुँच जाये। इस तरह इधर बस तेज़ी से नौगाँव की ओर बढ़ी जा रही है और उधर आँधी की विशाल चादर तेज़ी से आगे बढ़ी आ रही है। मेवात बस और पश्चिम से चढ़ती आँधी में जैसे होड़ लग गयी कि दोनों में से कौन किससे पहले अपनी कोशिश में कामयाब होता है। लेकिन जीत आँधी की हुई। इससे पहले कि आँधी उन तक आती, रहमान ने बस सड़क के किनारे खड़ी कर दी। पहले पश्चिम में खड़ा काला पहाड़ नज़रों से ओझल हुआ और फिर देखते-देखते आसमान में टँगे आग बरसाते सूरज को भी आँधी ने ढाँप लिया। देखते-ही-देखते सब कुछ नज़रों से ओझल हो गया। आँधी की प्रचण्डता का इसी से अनुमान लगाया जा सकता है कि सड़क के किनारे खड़े नये-पुराने पेड़ों की शाखाएँ साँय-साँय करते हवा के तेज़ झोंकों के साथ ज़मीन से लग-लग जातीं। इसी बीच रहमान ने देखा सामने किसी झोपड़ी की छान हवा में उड़ी जा रही है। सवारियों ने हालाँकि खिड़कियों को पहले ही बन्द कर दिया था, फिर भी आँधी के तेज़ झोंके जब-जब बस से आकर टकराते, तो लगता बस जैसे अब पलटी, तब पलटी। लगभग पौने घण्टे बाद जब आँधी उतर गयी, तब रहमान ने पुनः बस स्टार्ट की और अपनी मंज़िल की ओर चल पड़ा। एक घण्टे में बस अलवर पहुँच गयी। बस अड्डे पर बस को खड़ी कर रहमान ड्राइवर-सीट के बग़ल वाले दरवाज़े से जिस फ़ुर्ती के साथ उछल कर उतरा, उसे देखकर ऐसा लगा मानो यह कोई बस का ड्राइवर नहीं, कल रात देखी गयी फ़िल्म का नायक है, जो अपने लम्बे-लम्बे झबरीले अयाल वाले तुरंग की पीठ से कूद कर उतरा है।

तेज़ हवा चलने के बावजूद गरमी की तुर्शी में आज भी कोई ख़ास कमी नहीं आयी है। इतना ज़रूर है कि पिछले दिनों की तरह आयी आँधी ने आसमान से बरसती धूप को कुछ नरम कर दिया है। अन्य दिनों की तरह सैनी होटल से रात का खाना खाने के बाद रहमान और मोहन ने बस की छत पर अपना-अपना बिस्तर लगाया और लेट गये।

बहुत दिनों के बाद आसमान में बादलों के मोटे-मोटे गुच्छों को देख, रहमान ने जैसे राहत की साँस ली और अपने पास लेटे मोहन को सुनाते हुए बोला, "यार

मोहन, एकाध दिन में दौंगड़ा पड़ता दीख रहा है !"

"दौंगड़ा ! यो क्या होवे है ?" मोहन ने हैरानी के साथ पूछा।

"अन्यायी, तू भी अजीब जमींदार को बेटा है ! ले बता, तोहे दौंगड़ा को मतलब ना पतो।"

रहमान द्वारा की गयी इस मलामत पर मोहन कुछ नहीं बोला।

"अच्छो सुण, तोहे एक किस्सा सुणाऊँ, ध्यान सू सुणियो ! हो सके याहे सुणके तेरे दौंगड़ा को मतलब समझ में आ जाये। तो बात ई है कि एक गौणावली जब पहली दफा अपणा सुसराड़ में गयी, तो अगले दिन वाकी नणद ने पूछी कि भावज कैसी बीती मेरा बीरा के संग तेरी पहली रात ?"

"पहली रात ! मतलब सुहाग रात ?" मोहन ने स्पष्ट करते हुए पूछा।

"हाँ-हाँ यार सुहाग रात ही समझ ले।" इतना कह एक पल रुक कर रहमान ने मुस्कराते हुए मोहन को कुरेदा, "वैसे तू समझ रहो है न मैं कहा कहणो चाहरो हूँ ?"

"हाँ मैं सब समझ रहो हूँ, तू आगे बोल !"

"तो जब नणद ने ई पूछी कि भावज मेरा बीरा के संग तेरी पहली रात कैसी बीती, तो भावज उलाहणा देती हुई बोली, कहा बोली...ध्यान सू सुण ! बोली कि—

गरजो हो बरसो नहीं, रातू गुर्रायो।
नणदी तेरा बीर ने, पाणी ना पियायो।।"

"वा, क्या बात कही कि गरजो हो बरसो नहीं, रातू गुर्रायो। या बात ए सुणके फिर नणद ने क्या जवाब दिया ?" मोहन ने लेटे-लेटे मसकते हुए पूछा।

"नणद पहले तो धीरे-सू हँसी और फिर अपणी भावज की आँखन में अपणी आँख धँसाती हुई बोली...कहा बोली, याहे थोड़ो गौर सू सुणियो मोहन ! बोली कि—

जेठ-षाढ़ का दौंगड़ा, कित बरसाँ कित जाएँ।
बरखा इतनी होएगी, भावज तेरी धरती झेले नाएँ।।"

"यार, नणद ने जवाब तो जबरदस्त दिया कि बरखा इतनी होएगी, तेरी धरती झेले नाएँ। सही तो कही है नणद ने कि अभी तो छोटे-मोटे छींटे पड़े हैं, देखती जा असली बरखा तो आगे होएगी और इतनी होएगी कि..."

"अब तो आगो न समझ में दौंगड़ा को मतलब ?" रहमान ने मोहन की बात पूरी होने से पहले हँसते हुए कहा।

"बिल्कुल समझ में आ गया। वैसे अब इस गरमी से नाक में दम आ गया है रहमान। इन बादलों को देखके एकाध दिन में हल्की-फुल्की बूँदा-बाँदी के आसार

लग तो रहे हैं।" फिर कुछ पल ख़ामोश रहने के बाद मोहन रहमान को वापस पुरानी खोह में ले जाते हुए बोला, "तो इसका मतलब यह हुआ कि चाँदबी की ताई हसनबी, रिवाजे-आम की पाबन्दियों के चलते अपने शौहर नवाज खाँ को विरासत में मिली जायदाद का, नवाज खाँ के मरने के बाद सिवाय इस्तेमाल करने के उसका कुछ नहीं कर पायी ?"

"ना...इधर चाँदबी को निकाह वाकी माँ ने पहले ही कर दियो हो। मालिक की दुआ सू बढ़िया खातो-पीतो घरबार मिलो...और देखते-देखते चाँदबी एक के पीछे एक तीन छोरा और एक छोरी की माँ भी बणगी। सब कुछ ठीक-ठाक चलरो हो। पर यहाँ तो कुदरत ए कुछ और ही मंजूर हो। बखत ने अच्चानक ऐसी पलटी मारी कि सब गड्डमड्ड होगो..."

"ऐ...ऐसी क्या बात हो गयी, जो सब गड्डमड्ड हो गया ?" मोहन की एकाएक साँस तेज़ होती चली गयीं।

"अन्यायी पतो ना, काईं बात पे मियाँ-बीवी में ऐसी खटपट हुई कि हमारा फूफा ने आव देखी न ताव, फट तलाक दे दियो...और एक हँसती-खेलती गिरस्थी टूटी तस्बीह का मणका-सी खिन्ड-मिन्ड होगी।"

"यार रहमान, छोटी-मोटी कहा-सुणी तो हर मियाँ-बीवी में होती रहवे हैं... और फिर तलाक कौण-सी पत्थर की लकीर होगी, जो मिटती ना। अरे, फूफा मना लेता हमारे फूफी को।" बात को हल्का करते हुए बोला मोहन।

"बावळा भाई, इस्लाम में तलाक पीछे औरत को मरद के पै और मरद को औरत के पै लौटनो इतनो आसान ना है, जितनो तू समझरो है। वाके पीछे घणी बीमारी हैं। सबसू बड़ी बीमारी तो हलाला है।"

"यार, या बीमारी के बारे में मैंने भी बहुत सुणी है। एक बात बता आखिर ई हलाला है क्या बला ?"

"मोहन, याकी बहोत लम्बी रामाण है। काई दिन फुरसत में बताऊँगो।" रहमान ने टालने की कोशिश की।

"फिर भी मोटा-मोटी कुछ तो बता !" मोहन आग्रह करते हुए बोला।

"यार, तोहे कैसे बताऊँ कि ई बीमारी कहा है। वैसे एक बात बताऊँ या हलाला-फलाला ए मेवात में कोई ना पूछे है। बल्कि याहे मेवात में घणी बड़ी कुफर समझे हैं। याका नाम सू हमारा मेव बहुत चिड़े हैं।" इतना कह रहमान चुप हो गया।

फिर कुछ पल सोचने के बाद रहमान ने संक्षेप में हलाला के बारे में जो बताया, उसे सुनते ही मोहन की आँखें बन्द होती चली गयीं। कुछ पलों के लिए लगा

जैसे बस अड्डे पर चारों तरफ़ जल रहे बल्बों की रोशनी में कोई असहाय पुतला उसके सामने खड़ा है, जो धीरे-धीरे बोड़ी कोठी यानी पुआल और नये-पुराने टाट के टुकड़ों से जोड़कर बनी भूरी की प्याऊ के अन्दर, गंगा सागर और एल्यूमिनियम के बदने की धार से प्यासे राहगीरों को पानी पिलाती भूरी फूफी में बदल गयी है। इससे पहले कि पानी पीने वालों की क़तार में लगे मोहन की बारी आती, रहमान के शब्द उसे फिर से बस की छत पर ले आये।

"ना भई रहमान, मैं तो ऐसी औरत ए दुबारा कद्दी ना राखूँ, जो दूसरे मरद ने नीचे से निकळके आयी हो। अरे, इससे तो बढ़िया कोई दूसरी औरत ना कर लेए मरद।" हलाला के बारे में सुन मोहन के अन्दर का मर्द जैसे अपने असली रूप में आ गया।

"याही जिल्लत सू बचणा के मारे बहोत-सी तलाकशुदा औरत अपणा पहला शौहर के पै जाणा के बजाय दूसरो घर बसा लेवे हैं। वैसे फूफी भूरी भी अपणा कौल की पक्की निकळी। एक बर वाने अपणा सासरा की जो देहळी छोड़ी, फिर पलटके ना गयी। हलाला-फलाला की तो बात दूर रही।"

"वैसे एक बच्चों की माँ को हलाला शोभा भी ना देवे है।"

"ऐसी बात ना है मोहन। बाळ-बच्चान को मोह कई बर आदमी ए ऐसो काम करणा पे मजबूर कर देवे है। यार, हमारा इस्लाम में एक बर मरद का मुँह सू ये तीन तलाक निकळ जायें, फिर याको अंजाम कहा होवे है याहे हम ही जाणे हैं।"

"मैंने इसके बारे में सुणी तो है पर अंजाम के बारे में ना पता।"

"मेरे भाई, जैसे काई पुराणा दरखत सू वाकी कोई पुराणी डाळ काई आँधी-तोफान में टूटके जमीन पे आ पड़े है, ऐसेई फूफी भूरी एक झटका में तड़ाक सू जमीन पे आ गिरी। वाने बहुत हाथ-मेहनती जोड़ा, खूब रिरियाई, रोई-पीटी पर उन तीन तलाक के आगे वाकी कुछ ना चली।"

"फिर फूफी भूरी ने क्या किया?" इस बार मोहन के शब्द लरज़ने लगे।

इतना सुन रहमान पहले एक भर्राई-सी बेमानी हँसी हँसा, और फिर बमुश्किल अपने आप पर क़ाबू पाते हुए बोला, "करती कहा! अपणा दो-चार कपड़ा-लत्ता उठाया और आ पड़ी अपणी बेवा ताई हसनबी और माँ रसूलन की देहळी पे... और पछाड़ खाके कटी गाय-सी डकराती हुई माँ सू बोली, 'अरी मेरी माई, मैं तो दिन-धुपर्राई लुटगी! तेरी लाडो कहीं की ना रही!' और रसूलन, ऊ तो भतीजी की हालत देख काई पुराणी भींत-सी भरभरा के डहती चलीगी।"

जिस पीड़ा और वेदना के साथ रहमान खाँ इस वाक़ये का बखान कर रहा था, उसके एक-एक शब्द को सुन और उसकी कल्पना करते हुए मोहन के पूरे जिस्म पर जैसे छोटी-छोटी चींटियाँ सरसराने लगीं। देर तक मेवात बस की छत पर सन्नाटा छाया रहा। मोहन नम आँखों से आसमान में धीरे-धीरे पूरब की ओर उड़ते उन्हीं बादलों के गुच्छों को निरखता रहा, जिनके बरसने की थोड़ी-सी आस बनी है।

"पर कहवे हैं न मोहन कि माँ-बाप तो बस जनम का साथी होवे हैं, करम का ना होवें।" रहमान का एक-एक शब्द जैसे किसी गहरी वेदना में भीगा हुआ था।

इसके बाद सचमुच मोहन की आगे पूछने की हिम्मत नहीं हुई।

कुछ दिन पहले आग बरसाती धूप और लू के थपेड़े मिल कर जो कहर बरसा रहे थे, और धूप की जिस प्रचण्डता और आसमान से बरसती गरमी ने लोगों का सफ़र करना दूभर कर दिया था, बल्कि उनका घरों से बाहर निकलना दूभर कर दिया था, अब मौसम काफ़ी हद तक नरम पड़ गया। बीच में पड़े दौंगड़ों के दौरान हुई बुवाई और रह-रह क़र बरसते सावन-भादों के बीच दूर तक ठुके आदमक़द ज्वार, बाजरे और ग्वार के खेतों से निकलने वाली उमस मिली धूप, जिस्म को ऐसे नोचती जैसे पूरे शरीर पर नुकीली बर्छियाँ खुब रही हैं। देह झुलसाती धूप के बीच पुरवा हवा का झोंका थोड़ी राहत ज़रूर देता, लेकिन बावजूद इसके मन करता कि पानी से भरे किसी डबरे में जाकर पड़ा जाये। इसीलिए मेवात में कहा जाता है कि आदमी या तो साझे में मरता है, या भादों में। उमसभरी गरमी का यह सिलसिला असोज यानी क्वार तक बना रहता है। बल्कि असोज में तो यह देह झुलसाती धूप जैसे जान लेने के लिए तत्पर रहती। ऐसे में मेव तो मेव, जाट और बनिया सबकी कोशिश रहती कि बस घर में ही रहा जाये। इसीलिए कहा भी गया है कि—

आसोजा की तावड़ी जोगी हो गया जाट।
मेव फकीरी ले लई, बणियान्ने ले ली खाट।।

कंडक्टर मोहन को एक बार बातों-बातों में उसके ड्राइवर रहमान खाँ ने जब यह दोहा सुनाया, तो कई दिनों तक जब-जब मेवात बस दिल्ली से अलवर या अलवर से दिल्ली जाती, वह इसे गुनगुनाये बिना नहीं रहता।

4

चाँदबी अर्थात फूफी भूरी के इस स्याह अतीत को सुन मोहन इस तरह सदमे में आ गया कि उसकी कई दिनों तक यह पूछने की हिम्मत नहीं हुई कि जब भूरी फूफी अपनी माँ के घर आ गयी, तब उसके बाद क्या हुआ ? हाँ, इस बीच यह ज़रूर होता रहा कि अलवर से दिल्ली या दिल्ली से अलवर जाते समय मेवात बस जैसे ही बोड़ी कोठी के नज़दीक आती, मोहन बेचैन हो उठता। भले ही यहाँ की कोई सवारी नहीं होती, फिर भी उसकी सीटी बज जाती। एकाध बार तो रहमान ने झल्लाते हुए अपने कंडक्टर से कह भी दिया, "यार मोहन, जब कोई बोड़ी कोठी की सवारी ना होए न, तो तू अपणा या पपइया ए मत बजाय कर !"

"बात सवारी की ना है रहमान, या बहाने भूरी फूफी के हाथ से पिये पानी से थोड़ी तसल्ली-सी हो जावे है।"

प्यास के बहाने मोहन असली बात छिपा जाता। जबकि असल बात यह होती कि पानी पीने के बहाने दूसरे राहगीरों की तरह उसकी भूरी फूफी को छोटी-सी

इम्दाद करने की कोशिश रहती। अब यह इम्दाद अठन्नी के रूप में होती अथवा चवन्नी के रूप में होती, यह दीगर बात है।

उस दिन मोहन को पूछने की ज़रूरत नहीं पड़ी। रहमान खाँ अपने आप बताने लगा।

"जब तलक हसनबी और रसूलन जिन्दी रही, दोनूँ दौर-जिठाणीन्ने चाँदबी अपनी हथेळीन पे राखी। बेटी का कळेश में पहले एक दिन रसूलन अल्लाह कू प्यारी होगी और साल-भर के भीतर हसनबी भी चल बसी। जैसे ही चाँदबी का सिर सू एक-एक करके पहले माँ और पीछे ताई को साया हटो, वापे मुसीबतन का पहाड़ टूट पड़ा। दादा खैराती का छोटा भाई का छोरा उमर खाँ जैसे याही ताक में बैठो हो, कि कब वाकी ये दोनूँ भावज रसूलन और हसनबी रस्ता सू हटें, और कब ऊ अपणो पासा फैंके।"

"तो अभी और बुरे दिन देखने बाकी रह गये थे क्या फूफी भूरी को ?" मोहन ने अचकचाते हुए पूछा।

"बुरा दिन ! बुरा दिन तो वाका अब चालू होंगा। अन्यायी, तू सुणेगो तो तेरी छाती फट-फट जायेगी। हुओ ई कि जैसे ही चाँदबी की माँ रसूलन और ताई हसनबी दुनिया सू बिदा हुई, वाके काका उमर खाँ और वाका छोरान्ने आँख दिखानी शुरू कर दी। शुरू में तो उन्ने कुछ ना कही, पर एक दिन जैसे ही फूफी भूरी अपणा खेतन में सावणी ओरन गयी, सारा बाप-बेटा पहोंचगा लट्ठ लेके।"

"यार रहमान, यह क्या बात हुई। जब खेत फूफी भूरी के थे तो उसके काका का क्या मतलब था उसके पास लट्ठ लेकर जाने का ? जो जायदाद मक्खन खाँ के मरने के बाद रिवाजे-आम के मुताबिक उसके भाई नवाज खाँ के नाम चढ़ गयी थी, वह अब दादा खैराती की एकमात्र वारिस होने के चलते कानूनन हसनबी और रसूलन के मरे पीछे फूफी भूरी के नाम चढ़ गयी होगी ?" मोहन तमतमाते हुए बोला।

"अन्यायी पहले सुण तो ले ! जब ये सब पहोंचा तो जाते ही उमर खाँ को सबसू छोटा छोरा कासिम, हाळी के पै गयो और वाने बुआई रुकवा दी। फिर उमर खाँ अपनी भतीजी चाँदबी सू बोलो कि लाली, तू ई कहा कररी है ? तो या बात ए सुण फूफी बोली, काका अपणा खेतन् की बुआई करवारी हूँ। भूरी फूफी के इतनी कहतेई पहले तो उमर खाँ जोर-सू हँसो और फिर बोलो कि तेरा खेत ? लाली, ये तेरा खेत कद सू होगा ? तो भई मोहन, इतनी सुणके फूफी को ऊपर को दम ऊपर और नीचे को नीचे रहगो। बीच खेत गश खाके गिरती-गिरती बची ऊ। फूफी भूरी अकबकाई-सी खड़ी रहगी।"

"ऐसा क्यों ?" मोहन रहमान की आँखों में देखते हुए बोला।

"मोहन, तोहे याद है एक दिन मैंने तोसू पूछी ही कि तिहारे हिन्दुओं में बाप-दादा की विरासत पे किसको हक होवे है ?"

"पूछी ही और मैंने कहा था कि उनकी औलाद का। फिर चाहे वे लड़का होएँ या लड़की होएँ।"

"बिल्कुल ठीक कही ही, पर याके आगे मैंने एक बात और बतायी ही कि हमारे मेवन में ऐसा ना है। पुराणे गुड़गाँव जिले के मेवों की बेटियों को उनके पति और बाप की विरासत में उनका कोई हक ना होवे है।"

"यो भी याद है।" मोहन ने हामी भरते हुए कहा।

"पर मैंने एक बात ना बताई पट्ठे कि इसके लिए एक शर्त है।"

रहमान के इतना कहते ही मोहन चौंकते हुए बोला, "कौन-सी शर्त ?"

"यही कि उनके कोई भाई ना होणो चहिए।"

"मैं कुछ समझा ना ?"

"मेरे कहने का मतलब ई है कि रिवाजे-आम यानी जमींदारा कानून के मुताबिक ऐसी बेटी-बेटियाँ जिनके कोई भाई ना है, माँ-बाप के मरते ही उनकी जायदाद उनके कुणबे के चाचा-ताउओं में बराबर बँट जायेगी।"

सुनते ही इस बार मोहन की आँखों के आगे जैसे छोटे-छोटे जुगनू तिरमिराने लगे। आँखों की पुतलियों पर झीने जाले चढ़ गये। एक पल के लिए भूरी की प्याऊ यानी बोड़ी कोठी के चौराहे पर भाँय-भाँय करते लू के थपेड़ों से जूझती और पतली जिल्द में लिपटा भूरी फूफी का चेहरा उसकी आँखों के सामने तैर गया। उसके दिलो-दिमाग़ में रहमान के कहे शब्द ज़ोर-ज़ोर से बजने लगे। धीरे-धीरे रहमान के इस वाक्य की गिरह अब खुलने लगी है कि जिस आदमी के पास अच्छी-ख़ासी जंगल की ज़मीन हो, उसकी बेटी दर-दर की भीख माँगती फिरे है। उसकी आँखों के सामने अपने खेतों की मेंड़ों पर हिरणी की तरह कुलाँचें भरती मासूम चाँदबी का चेहरा घूम गया। अपने खेतों में ठुके आदमक़द ज्वार-बाजरा और गेहूँ के रूप में दूर तक हरहराते पीले सोने के समन्दर की लहरों पर जैसे हिचकोले खा रही है। लेकिन अगले ही पल उसे लगा जैसे अपने ही खेतों की मिट्टी में सनी चाँदबी का जनाज़ा पड़ा हुआ है।

देर तक सोचने के बाद मोहन बोला, "रहमान, क्या तुम्हारा यह जमींदारा कानून पाकिस्तान के उन मेवों में भी लागू होता है, जो बँटवारे में वहाँ चले गये हैं ?" मोहन ने जिज्ञासा प्रकट करते हुए पूछा।

"या बारा में एक दिन मैंने रोशन खाँ को छोरा, जो एक बर अपणा कुणबा सू इमामनगर में मिलण आयो हो, वासू पूछी ही। वाने बताई कि बँटवारा के पीछे जो मेव पाकिस्तान के लाहौर और कसूर जिलों में जाकर बस गये, तो जमीन अलोटमेंट के बखत पाकिस्तान की सरकार ने उनसू पूछी ही, कि ई बताओ तुम अपने जमींदारा कानून मेरो मतलब है रिवाजे-आम पे चलोगा या इस्लामी कानून पे ?"

"यार रहमान, इसका फैसला करना तो उनके लिए बड़ा मुश्किल रहा होगा ?" मोहन ने एक तरह से अपनी दुविधा व्यक्त करते हुए पूछा।

"बिल्कुल। रोशन खाँ का वा छोरा ने बड़ी जोरदार बात बतायी कि या बात पे पाकिस्तान गया मेव दो धड़ा में बँटगा। कुछ ने अलोटमेंट लैटर में रिवाजे-आम लिख दियो, तो कुछ ने शरीयत लिख दियो। अब उन्ने ये दोनूँ बात लिख तो दी, पर असली दिक्कत तब खड़ी हुई, जब इनकी लड़कियों के शादी-ब्याह होण लगे।"

"दिक्कत ! कैसी दिक्कत होने लगी ?"

"यही कि जिन मेवन्ने अलोटमेंट लैटर में यह लिख दिया कि वे शरा के मुताबिक चलेंगे, तो उनकी बेटियों को मरने वाले की जायदाद में हिस्सा मिलने लगा, और जिन्ने रिवाजे-आम लिखवाया उनकी बेटियाँ और बीवियाँ दादालाई विरासत से बेदखल हो गयीं।"

मोहन ने इस बार अपना सिर पकड़ लिया। वह जैसे किसी अन्धी सुरंग में फँस कर रह गया।

"अब तो मोहन जैसे पाकिस्तान की पूरी मेव बिरादरी में भूचाळ मचगो कि अन्यायी ई कहा हुओ। आखिर पाकिस्तान सुप्रीम कोर्ट ने ही ई फैसला दियो कि जो मेव बँटवारे के बखत हिन्दुस्तान के पुराने गुड़गाँव जिले से आये हैं, उन्ने ताउम्र रिवाजे-आम मानने की छूट तो है, पर उनकी मौत के बाद यह कानून अपने आप खतम हो जायेगो...और मरने वाले की सारी जायदाद का बँटवारा शरीयत के मुताबिक होगा। लेकिन कुछ मेव इससे भी राजी नहीं थे। उनका कहना था कि भले ही हमें पुश्तैनी जायदाद का बँटवारा शरा के मुताबिक करना चाहिए, पर जो सहूलियत रिवाजे-आम में है, वह शरा के मुताबिक बँटवारे में नहीं है।"

"यानी जिनके भाई ना हैं वे हमारी फूफी भूरी की तरह दर-दर की ठोकर खाती फिरें...चौक-चौराहा और मस्जिदों के बाहर भीख माँगती डोलें। बाप की जिस जमीन-जायदाद पर उसकी बहन-बेटियों का हक होणा चहिए, उसे उनके उमर खाँ जैसे चाचा-ताऊ हड़प लें। वा, बस दौलत चहिए...नाता-रिश्ता गया चूल्हा-भाड़ में !" इस बार मारे ग़ुस्से के मोहन की मुट्ठियाँ बँधती चली गयीं।

"एक बात कहूँ मोहन, हमारे मेवात में कुछ पढ़े-लिखे मेव तलक इस रिवाजे-आम ए अच्छा ही नहीं, बहुत अच्छा बतावे हैं। इसकी पैरवी करते हुए वे कहवे हैं कि इनके भाई, चाहे वे चाचा-ताऊ के क्यों ना हों, जिन्दगी-भर अपणी बहन का ख्याल तो रखते हैं।"

"रहमान, ये सब कहने की बातें हैं...कोई ख्याल-व्याल नहीं रखता है। मेरे भाई, भाइयों से अपनी सगी बहन-बेटियों के भात-छूछक जैसे रीति-रिवाज तो निभाये जाते नहीं हैं, ये जिन्दगी-भर ख्याल जरूर रखेंगे, वे भी चाचा-ताऊ की बहन-बेटियों का।"

रहमान खाँ मोहन को देखता रह गया। वह जान-बूझकर आगे नहीं बोला। बस, मोहन की प्रतिक्रिया का इन्तज़ार करने लगा।

"मजे की बात तो ई है मोहन कि जो आदमी तस्बीह पे चौबीस घण्टा अल्लाई-अल्लाह पुकारे हैं, सबसू ज्यादा रोजा-निवाज पढ़णा को ढोंग करे हैं...आये दिन बदना-गूदड़ी उठाके जमातन में चल देवे हैं और कुरान मजीद की तिलावत करता फिरे हैं, जैसे ही जमीन-जायदाद में छोरी-छापरीन का हिस्सा की बात आवे है, या डोकरी की रिवाज ए लेके बैठ जाये हैं। भूल जावे हैं कि कुरान में भी सल्लल्लाहु अलैहि वसल्लम ने कुछ कही है। सबसू ज्यादा इनको ही दीन डूबो पड़ो है। ऐसान की वजह सू ही आज मेवात बदनाम हुओ पड़ो है।"

"यार, अगर कुरान में ऐसा कुछ लिक्खा है तो बिचारी भूरी फूफी जैसी बेसहारा और यतीम का जायज हिस्सा उसके काका उमर खाँ को नहीं मारना चाहिए। वैसे भी कानून के हिसाब से उसका हक बनता है।"

"लालच के आगे मोहन सारा कायदा-कानून, सारा वेद-कुरान और सबसू बड़ी बात, आदमी को ईमान धरो-क-धरो रह जावे हैं। मेरे भाई, सवाब और गुनाह सब कहण की बात हैं। आज ना कोई शरा की माने है, ना काई शास्त्रन की परवाह करे है। सबकी नीत बेईमानी में डूबी पड़ी है। कोई ना डरे भगवान और खुदा सू।"

मोहन इससे पहले अपने बग़ल में लेटे रहमान खाँ को निरा एक ड्राइवर मानने का भ्रम पाले हुए था। मगर उसकी सामाजिक समझ और साफ़गोई का वह कायल होकर गया। अलवर बस अड्डे और उसके आसपास के अधिकतर बल्बों के बुझने के बावजूद, कुछ जलने वाले बल्बों की मद्धिम रोशनी में भीगा रहमान का चेहरा ऐसे लग रहा है, जैसे किसी अलौकिक उजाले ने उसका सारा रक्त निचोड़ लिया।

बस, आख़िरी रास्ता रह गया था। मोहन ने उसके बारे में भी पूछ लिया।

"तो क्या फूफी भूरी इस मामले को पंचायत में लेके नहीं गयी ?"

मोहन की इस बात को सुन रहमान ने उसकी तरफ़ करवट लेते हुए जवाब दिया, "तू कहा समझ रहो है फूफी भूरी ने ई काम ना करो होएगो ? सब करो हो। पहले तो गाँव का जो मोजज आदमी हा, एक-एक करके उनके पै गयी और जब उनसू बात ना बणी, तो आखिर में फूफी अजमत सरपंच के पै गयी। अजमत सरपंच ए ई बात पहले सू पतो ही, या मारे ऊ कुछ ना बोलो और गाँव की बेटी होण के नाते पंचायत बुलाणा पे राजी होगो।"

"तूने अभी कहा कि फूफी एक-एक करके गाँव के मोजज आदमियों के पास गयी। जब यह गाँव के इन मोजज आदमियों के पास गयी थी, तब क्यों नहीं बणी बात ?"

"बात इसलिए ना बणी मोहन कि सबने चाँदबी को दो टूक जवाब दे दिया कि रिवाजे-आम के मुताबिक उसका अपने बाप की जायदाद पे कोई हक ना है। कायदा सू अब ई विरासत उमर खाँ के हक में चलीगी है। पर पतो ना हमारी या फूफी भूरी, मेरो मतलब है चाँदबी ए पंचात पे बहोत भरोसा हो कि ऊ वाहे न्याव दिवाके मानेगी।"

"रहमान, फूफी भूरी को ई भरोसा ऐसे ही ना हो। इसकी एक वजह है और वो यह कि हमारे समाज में पंचों को परमेश्वर माना जाता है। पंच कभी किसी के हक में गलत फैसला दे ही ना सकें। वे किसी के साथ अन्याय कर ही ना सकें।"

"तू सही कहरो है मोहन। याही भरोसा पे वाने पंचायत बुलवा ली।"

इसके बाद आसपास जलने वाले बल्बों की मद्धिम रोशनी में भीगा रहमान न जाने कब छोटे-छोटे ठिठके हुए क़दमों के साथ थड़ी पर लगने वाली पंचायत में जाकर बैठ गया, और सुनाने लगा पंचायत का आँखों देखा हाल।

5

इशा की नमाज़ के बाद एक-एक कर लोग थड़ी पर इकट्ठा होना शुरू हो गये। कुछ तो नमाज़ पढ़ कर घर जाने के बजाय सीधे थड़ी पर ही आ गये। इधर बिल्लू नाई से सरपंच अजमत ने पहले ही कह दिया कि वह कुछ बंगलों-बैठकों से पाँच-छह फ़र्शी-हुक़्क़ों का इन्तज़ाम करके रखे। साथ में उसी से झब्बन बाल्मीकि को भी यह सन्देश भिजवा दिया कि झब्बन पूरे गाँव में थड़ी पर सातों जात की होने वाली पंचायत के बारे में मुनादी पीट दे। इसके अलावा सरपंच अजमत ने बिल्लू को यह भी निर्देश दे दिया कि वह पंचायत की दोनों गैसों (पेट्रोमेक्स) के मेंटल और उनमें तेल-फूल डलवा कर तैयार रखे। दरअस्ल, सरपंच अजमत अपने सिर किसी तरह की तोहमत या बुराई नहीं बँधवाना चाहता। इसलिए उसने सारी जाति के लोगों को पंचायत में शामिल होने की मुनादी करवा दी। वैसे भी मामला गाँव की बहन-बेटी का है। वह अपने मुँह से जाने-अनजाने कोई ऐसी बात कहने से बचना चाहता है जिससे उस पर कोई तोहमत लगे। आख़िर बहन-बेटियाँ तो सबकी साझे की होती हैं। किसी एक जाति, समुदाय या धर्म की थोड़े ही होती हैं।

वैसे ऐसा भी नहीं है कि इस गाँव में इससे पहले पंचायतें नहीं हुई हैं। हुई हैं और एक-से-एक पेचीदे मसलों को लेकर हुई हैं लेकिन इस मसले पर होने वाली यह पहली पंचायत है। इसलिए पंचायत के फ़ैसले को सुनने की उत्सुकता में पूरी थड़ी भर गयी। थड़ी तो थड़ी बल्कि आसपास की छतों की मुंडेरें और उसके सामने के चौतरे-चबूतरे भी मुँह पर ढाठा लगे कुछ ब्याहे व कुछ ऐसे चेहरों से अट गये, जिनकी अगुवाई एक अकेली, बेबस और यतीम चाँदबी को करनी है। भविष्य की अनेक चाँदबी की आँखें, आज के पंच-फ़ैसले को सुनने के लिए हुक़्क़ों और फ़र्शियों की गुड़गुड़ाहट के बीच हवा में उड़ते धुओं में लिपटे, तथा रह-रहकर थड़ी पर मची चिल्ल-पों के बीच बैठे पंचों पर टिक गयीं। अलग-अलग दिशाओं में जलती दोनों गैस की रोशनी में भीगी थड़ी की परछाइयाँ आपस में गुँथी हुई हैं। सबको बेसब्री से इन्तज़ार है तो इसका कि कब पंचायत शुरू होती है ? कैसे फूफी भूरी अपने काका के ख़िलाफ़ अपना पक्ष रखती है। उसका काका उमर खाँ व उसके तीनों बेटे मौज खाँ, सलीम व कासिम अपने तरकश के किन बाणों से उसके तर्कों को काटते हैं, और सबकी दलील व बातें सुनने के बाद आख़िर में पंचायत किसके पक्ष में फ़ैसला देती है ?

अचानक सरपंच अजमत के बग़ल में बैठा पंचायत का एक सदस्य अपनी जगह से उठा, और थड़ी पर मचती चिल्ल-पों को शान्त करते हुए बोला, "भाइयो, ई तो तमन्ने पतो ही होएगी कि आज ई पंचात किस मसला पे बुलाई है। फिर भी जिन्ने ना पतो है उनकी जानकारी कू बता दूँ कि आज पूरो गाँव मरहूम मक्खन खाँ लम्बड़दार की छोरी चाँदबी का कहणा पे इकट्ठो हुओ है। तो चाँदबी सू गुजारस है कि ऊ खुद अपणा मुँह सू अपणी बात पूरा गाँव के आगे कहे ! चाँदबी, लाली बता तोहे कहा परेसानी है ?"

चाँदबी ने खड़े होने से पहले सारी पंचायत पर सरसरी-सी निगाह डाली और फिर अपनी जगह से 'अरे मेरे अल्लाह' कहते हुए घुटनों पर हाथ रख ऐसे खड़ी हुई, जैसे उसके जिस्म में जान ही ना हो।

"पंचो, तिहारे आगे मैं एक बेसहारा कहा बोलूँ ? तमन्ने सब तो पतो है कि मेरा काका उमर खाँ ने मेरा बाप की जमीन जुतवाणा सू रोक दी।" चाँदबी ने गैस की रोशनी में भीगे चेहरों पर नज़र मारते हुए कहा।

चाँदबी के इतना कहने पर पंचायत में कुछ पलों के लिए ख़ामोशी छा गयी। जिन हुक़्क़ों और फ़र्शियों की गुड़गुड़ाहट कुछ देर पहले थड़ी के शोर में सुनाई भी

नहीं दे रही थी, वही गुड़गुड़ाहट रह-रहकर अब साफ़ सुनाई देने लगी। एक मौन सुगबुगाहट के बीच सब इस इन्तज़ार में चुप्पी साध गये कि देखते हैं चाँदबी के कहे पर सबसे पहले कौन प्रतिक्रिया व्यक्त करता है।

जब पूरी थड़ी की तरफ़ से देर तक कोई प्रतिक्रिया नहीं आयी, तब हारकर सरपंच अजमत को ही बोलना पड़ा, "उमर खाँ, तेरी भतीजी सही कहरी है ?"

"सोलह आने सही कहरी है सरपंच साब।" उमर खाँ ने चाँदबी के कहे को बिना झिझक स्वीकारते हुए जवाब दिया।

"भई तैने ऐसो काईं लू करो ? अरे, ई वाका बाप की जमीन है...ऊ वाको कुछ भी करे। चाहे वाहे जोते या चाहे खाली छोड़े ?" सरपंच अजमत ने हिम्मत जुटाते हुए कहा।

"सरपंच, तू भी कैसी बावळी बात कररो है ! अन्यायी, मेवात का कौण-सा कानून में ई लिखी पड़ी है कि याका बाप मरे पीछे मेरी भतीजी को अपणा बाप की जायदाद पे हक है ?"

उमर खाँ ने जिस अन्दाज़ में पलटते हुए सरपंच से सवाल किया, उसे सुन अजमत सरपंच की बोलती बन्द हो गयी। उसे लगा कि शायद दूसरे पंच इस पर कुछ कहेंगे, लेकिन कोई नहीं बोला।

हारकर एक बार फिर अजमत को बोलना पड़ा, "हाँ भई पंचो, कुछ बोलो न !"

"यामें पंच कहा बोलें सरपंच साब। इन्ने ना पतो है हमारा कानून को। ये कोई बावळी बूच हैं जो तू इनसू पुछवा रो है...और फिर तोहे भी तो पतो है कि हमारो जमींदारा कानून या बारा में कहा कहवे है ?" इस बार उमर खाँ के सबसे बड़े लड़के मौज खाँ ने तमतमाते हुए कहा।

मौज खाँ की बात सुनने के बाद एक बार फिर पूरी थड़ी ख़ामोश हो गयी। किसी से कुछ भी कहते नहीं बना।

"लाला, मोहे ना पतो कि हमारा जमींदारा कानून में कहा लिखो पड़ो है। चल, तू ही बता दे !"

"सरपंच, ऐसे जाण-बूझके बूबक मत बण। तोहे सब पतो है।" मौज खाँ के बजाय इस बार उसका पिता उमर खाँ पूरी थड़ी को सुनाते हुए बोला।

"सरपंच, उमर खाँ एकदम सही कहरो है। हमारा मेवात का मेवन में दादालाई या बाप की जादाद को बँटवारो शरा, मेरो मतलब है मुस्लिम कानून के मुताबिक ना

बल्कि रिवाजे-आम के मुताबिक होवे है।" एक बार फिर उसी ने जिसने चाँदबी से कहा था कि चाँदबी, लाली बता तोहे कहा परेसानी है, एक वक्र मुस्कान उछालते हुए उमर खाँ के मन्तव्य को स्पष्ट करते हुए कहा।

"नसरू, मेरे यार जब तोहे इतनो ही पतो है कि मेवन में जायदाद को बँटवारो शरा के मुताबिक ना बल्कि रिवाजे-आम के मुताबिक होवे है, तो तोहे ई भी पतो होएगी कि ई रिवाजे-आम है कहा ?"

"बिल्कुल पतो है। तू कह तो या भरी पंचात में बता दूँ ?"

"हाँ-हाँ बता नसरू !" इससे पहले कि सरपंच अजमत कुछ कह पाता, उससे पहले पूरी थड़ी बोल पड़ी।

सरपंच अजमत का तीर एकदम निशाने पर लगा। वह यही चाहता था कि उसके बजाय यह बात यहाँ मौजूद कोई पंच या कोई दूसरा व्यक्ति बताये। एक जाने-अनजाने गुनाह से बच गया वह। उसका काम उसके इस पंच नसरू ने हल्का कर दिया।

"तो सब कान खोलके सुणो ! अगर हमारा पुराणा गुड़गाँव जिला के काई मेव के छोरी ही छोरी हैं, और खुदा-न-खास्ता उनका माँ-बाप अल्लाह कू प्यारा हो गया, तो रिवाजे-आम मेरो मतलब है जमींदारा कानून के मुताबिक उनके मरने के पीछे सारी जायदाद का मालिक अपणे आप वाका चाचा-ताऊ हो जायेंगा। अगर साफ-साफ कहूँ तो याको सूधो मतलब ई है कि मक्खन खाँ की विरासत वाका काका का भाई उमर खाँ के पै चली जायेगी। वैसे भी दादा खैराती के अब कोई मरद वारिस ना बचो है। नवाज खाँ और मक्खन जो हा, वे पहले ही या दुनिया सू चलागा हैं। यामें अब रत्ती-भर की गुंजाइस ना है कि याको असली मालिक अब उमर खाँ है।"

"मगर अहले हदीस और शरीयत में तो ऐसा कहीं नहीं लिखा है। बल्कि सूरा अन-निसा में तो साफ़-साफ़ लिखा है कि..."

"लाला, तू चुपचाप बैठ जा ! इन सूरा और आयतन्ने धरी राख अपणे पै। तू देवबन्द सू कुरान, हदीस और ई कहा कहवे हैं सरीयत का बारा में पढ़के अभी नयो-नयो मौलवी बणके आयो है। तोहे ना पतो जात-बिरादरी का कायदा-कानूनन का बारा में।" हल्की दाढ़ीवाले जालीदार टोपी पहने एक युवक द्वारा किये गये हस्तक्षेप से आहत होते हुए, उसे डपटने के बाद नसरू ने अपनी बात जारी रखते हुए आगे कहा, "हाँ, अगर याकी माँ रसूलन जिन्दा होती तो दूसरी बात ही...पर वाके होते हुए भी रसूलन वा जमीन ए बस बरत तो सके ही, पर वाहे काई ए ना बेच पाती।

ना काई ए दान दे पाती...ना काई बणिया-महाजन के पै गिरवी रख पाती...और तो और रसूलन वाहे अपणी छोरी के नाम भी नहीं कर पाती।" नसरू ने एक तरह से रिवाज़े-आम की एक-एक गिरह को पूरी पंचायत के सामने बड़े सलीक़े के साथ खोल कर रख दिया।

"इसका क्या मतलब हुआ ? वैसे तो सारे मामलों में आप शरअ को सबसे आगे रखते हैं और जब वालिद या शौहर की जायदाद में उसकी बेवा और बेटियों के हक़ की बात आती है, तो इस रिवाज़े-आम को आगे कर देते हैं।" हल्की दाढ़ीवाले जालीदार टोपी पहने युवक ने फिर से हिम्मत जुटाते हुए कहा।

"अरे यार, ई किसको है ?" पंच नसरू ने जैसे पूरी थड़ी से पूछा।

"रहमत खाँजादा को पोता है।" नसरू के पास बैठे एक अन्य पंच ने बताया।

"ई कहीं ऊ. तो न है जो पेश इमाम को कोरस-सो करो है ?" नसरू ने जालीदार टोपी अर्थात रहमत खाँजादा के पोते पर हिक़ारतभरी नज़र डालते हुए अपने अनुमान की पुष्टि करते हुए पूछा।

"हाँ वही है। देवबन्द में पढ़रो है।" नसरू के बग़ल में बैठे उसी पंच ने नसरू के अनुमान की पुष्टि करते हुए बताया।

"ओ भई इमाम साब, थोड़ी देर तू अपणी या चोंच ए बन्द राख ! अपणा या इमामपणा ए तू खाँजादाण में ही चलियो। हमारा मेवन का मामला में टाँग मत अड़ा।" नसरू ने जाली टोपी को फिर डाँट दिया।

इसके बाद तो थड़ी पर मौजूद अधिकतर लोग जालीदार टोपी पर टूट पड़े। सबने मिलकर उसे चुप करा दिया। थोड़ी देर बाद वह युवक ख़ुद ही थड़ी से उठ कर चला गया।

"चाँदबी, लाली सुण ली ! बीरा मैंने तो तोसू वाही दिन कही ही कि कुछ ना धरो है पंचात में। कोई फायदा ना है आदमी भेळा करणा को...पर तैने मेरी बात ना मानी।"

"काका अजमत, ऐसो मत करो ! पूरा गाँव के आगे मैं अपणी झोळी फैलाके भीख माँगरी हूँ। या यतीम पे कुछ तो रहम करो ! मैं किसकी देहळी पे जाके पड़ूँगी !" पूरी पंचायत के सामने गुहार करती चाँदबी सचमुच अपने दुपट्टे की झोली फैलाकर घुटनों के बल बैठ ज़ोर-ज़ोर से रोने लगी, "अरे मेरा बाबल, तू मोहे अपणे साथ ही काईं लू ना लेगोऽऽऽ...तैने पैदा होतेई मेरो क्यों ना गळा घोट दियो !" चाँदबी किसी मिट्टी की कच्ची दीवार-सी भरभराकर ढहती चली गयी।

बमुश्किल मदद के लिए तेज़ी से बढ़े कुछ हाथों ने चाँदबी को सहारा दिया। एक लड़का दौड़कर पास के घर से एक गिलास पानी लाया और चाँदबी को लाकर दे दिया। चाँदबी ने पानी पिया और पानी पीने के बाद लम्बी-लम्बी साँस लेने लगी।

इस दृश्य को देख थड़ी तो थड़ी उसके सामने के चौतरा-चबूतरों और आसपास की छतों की मुँडेरों पर ढाठा लगे मुँह और भविष्य की कुछ चाँदबियों की आँखें डबडबा आयीं। भविष्य की जिन चाँदबियों की अगुवाई थड़ी पर अकेली, बेबस और यतीम चाँदबी कर रही थी, उनकी आँखों में भी डर, दहशत और अनिश्चितताओं के सुर्ख़ डोरे उतर आये। सबके बीच एक अजीब-सी अदृश्य बेचैनी व्याप गयी।

"काकी मलूकी, हरामी ई भलो रिवाज हुओ कि माँ-बाप मरा पीछे सारी जादाद का मालिक हमारा चाचा-ताऊ हो जायें...उनके मरा पीछे हमसू उनकी जमीन-जादाद ही छीन लेओ!" थड़ी के ठीक सामने चबूतरे पर पहली बार रिवाजे-आम के ख़िलाफ़ हल्का-सा प्रतिरोध हुआ।

"और रहमत खाँजादा का पोता ने थोड़ो-सो उजर उठायो, तो वा नसरू ने देखी ना ऊ कैसे धमका के चुप कर दियो। ऐसे तो हमारी वे छोरी जिनके भाई-भतीजा ना हैं वे काई दीन की ना रहँगी। अरे, आधो पीहर तो माँ-बाप मरे पीछे छुट जावे है और बाकी अब छुट जायेगो जब कुछ ना बचेगो।" मुँह पर लगे एक ढाठे ने दूसरे ढाठे से सहमति जताते हुए कहा।

"अब बता काकी, ई फूफी भूरी कहाँ जाके मरेगी? एक तो बिचारी पहले ही खसम ने दर-बदर कर दी, रही-सही कसर या रिवाज ने पूरी कर दी। अब बता ई किसके सहारे अपणा दिन काटेगी?"

"काकी, तू कहे न कुछ!" दूसरे ढाठे ने मलूकी को उकसाते हुए कहा।

"माई, तू मत दीजो काई का फटा में पाँव। ई उमर खाँ को कुणबा को मामलो है...और फिर बैठी तो है पंचात।" मलूकी की बहू मरियम ने अपनी सास को टोकते हुए कहा।

"मरियम, दारी तू तो बोलेगी ही। तेरी तीन छोरीन के चार-चार भाई जो हैं। पर उनका बारा में सोच जिन बिचारीन के कोई भाई-बीरा ना हैं। वे कहान जाके मरेंगी? मैं तो कल ही नौगाँवा अपणी भावज ए खबर भिजवा दूँगी कि भले ही अपणी छोरीन्ने काई कुआँ-पोखर में धकेल दीजो, पर खुदा के वास्ते पिरोजपर, नूँह, नघीणा, ताउड़ू, पुण्हाणा, पिनगवाँ, पलवल और होडल, हथीन का काई गाँव में मत द्रीजो।"

"रंडी, कहा बुराई है इन गाँवन में जो तू इन्ने ऐसे गलियारी है ?"

"निगोडी, तोहे ई बुराई ही ना दीखरी है कि बिना भाईन के हमारे साथ हीं कहा सल्लूक होवे है।" कुलसुम आपा खोते हुए बोली।

अपनी बहू मरियम और कुलसुम के बीच बढ़ती तकरार को देख काकी मलूकी यह कहते हुए अपनी जगह से खड़ी हो गयी, "दारी कुलसम, तू कह तो सही रही है। एक मिनट, मैं जाके बात करूँ इन पंचन सू।"

कुलसुम के तर्क से अपनी सास मलूकी को सहमत होता देख, मरियम नर्म पड़ गयी। चाहकर भी वह आगे कुछ नहीं बोली।

इससे पहले कि थड़ी पर कोई फ़ैसला होता, काकी मलूकी पहुँच गयी पंचों के बीच।

"पंचो, बिचारी या मरी-मराई के साथ ऐसो अन्याव मत करो। कहाँ सू माँग-माँग के खाएगी ई। उमर खाँ तू भी थोड़ो-सो रहम खा अपणी या यतीम भतीजी पे। अरे, ई कहा या जायदाद ए अपणी छाती पे लेके जायेगी। याका मरा पीछे सब तिहारो ही तो है।"

काकी मलूकी के इतना कहते ही पत्थर बनी चाँदबी की देह में पहले तो हरकत हुई, और फिर यह कहते हुए वह लपक कर मलूकी से लिपट गयी, "काकी, मैं कहाँ जाके मरूँगीऽऽऽ!"

"मलूकी, ऐसा जज्बाती होणा सू कायदा-कानून ना बदला जावे हैं।" बीच में मलूकी को दख़ल देता देख उमर खाँ सख़्त लहजे में बोला।

"काकी तू चुपचाली पड़ी रह ! उमर खाँ सही कहरो है। ऐसे तो कल कोई भी अपणा हिस्सा ए लेण आ जायेगी।" नसरू पंच ने बिना एक पल गँवाए उमर खाँ के पक्ष में उतरते हुए कहा।

नसरू द्वारा उमर खाँ का समर्थन करते ही थड़ी पर कानाफूसी शुरू हो गयी।

इसी दौरान उमर खाँ का बीच का लड़का सलीम खड़ा हुआ और मौक़ा ताड़ते हुए बोला, "काकी, हम हैं तो सही याका तीन-तीन भाई। याको घर है जैसे चाहे ई हमारे पै रहे। अरे, हमारा असनाव ने याहे तलाक ही तो दियो है। अब बता, कल याका बालकण को ब्याह-शादी होएगो, तो हम उनको छूछक-भात ना भरंगा। जहाँ तलक रहण की बात है जब तक याको जी करे, अपणी हवेली में रह लेएगी।"

सलीम ने जिस धैर्य, संयम और ठण्डेपन का परिचय देते हुए अपनी बात कही, उसे सुन जगह-जगह से उसके समर्थन में आवाज़ें आने लगीं।

"और सुण काकी मलूकी, अभी तो बात आपस में ही सुलट जायेगी। पीछे कहीं ऐसो ना होए कि भूरी जमीन-जायदाद सू तो हाथ धो ही बैठे बल्कि याको पीहर

और ना छूट जाये। छूछक-भात की तो बात दूर रही, कहीं ऐसो ना होए ई अपणा गाँव का रूखन कू भी तरस जाये।" नसरू पंच ने मसले को लम्बा खींचने के बजाय चेतावनी भरे अन्दाज़ में कहा।

"नसरू सही कहरो है मलूकी। कहा फायदा जब मामला कोरट-कचेड़ी में जायेगो। भूरी कहाँ तलक ठोकर खाती फिरेगी ?" पहली बार सरपंच अजमत लगभग टूटने का अभिनय करते हुए बोला।

"और फिर हम कोई गैर-कानूनी काम थोड़े की करत हैं। वही करत हैं जो हमारा कानून में लिखी पड़ी है।" उमर खाँ इस बार पिघले हुए मोम की तरह बड़ी मुलामियत के साथ बोला।

अपने काका उमर खाँ को भरी पंचायत में दृढ़ता पर अडिग होता देख, चाँदबी खच्च से ज़मीन पर बैठ गयी। काकी मलूकी चाँदबी को अकेला छोड़ छोटे-छोटे क़दमों से वापस अपने चौतरे पर कुलसुम, मरियम और मुँह पर लगे ढाठों के पास आकर बैठ गयी। एक पल के लिए उसे लगा जैसे भरी सभा में कौरव ही कौरव बैठे हुए हैं। मजाल है इनमें से एक भी कौरव ने उसका समर्थन तो किया हो। थड़ी पर ख़ामोशी छा गयी।

"चलो रे चलो ! कर दियो पंचन्ने फैसला।" थड़ी पर छाये सन्नाटे को भाँप नसरू पंच ने एक तरह से पंचायत के विसर्जन की घोषणा कर दी।

इस घोषणा के बाद एक-एक कर लोग अपनी जगह से उठने लगे और थड़ी की सीढ़ियों से अपने-अपने घरों की ओर बढ़ गये। थड़ी के सामने के चौतरे-चबूतरे और मुँडेर भी देखते-देखते ख़ाली होते चले गये। किसी ने इस ओर ध्यान नहीं दिया कि थड़ी पर कोई बचा भी है या नहीं।

थड़ी के जिस आँगन, आसपास की मुँडेरों और सामने के चबूतरे पर कुछ देर पहले उम्मीदों के जुगनू टिमटिमाते नज़र आ रहे थे। आशा-निराशाओं की रंग-बिरंगी तितलियाँ उड़ती दिखाई दे रही थीं। कातरता, बेबसी व लाचारगी की सिसकियों में लिपटी फ़रियाद, थड़ी की दीवारों से सर पटक-पटककर अपने ज़िन्दा रहने के लिए दुहाई देते हुए भीख माँग रही थी; वहाँ अब एक ऐसा मटमैला सन्नाटा छाया हुआ है, जिसे देखकर डर लगने लगा है।

ठण्डे हो चुके हुक़्क़ों और फ़र्शियों के साथ दोनों गैस की उनींदी रोशनी में अचानक बिल्लू नाई की नज़र एक कसमसाती गठरी पर पड़ी। बिल्लू ने जैसे ही इस निढाल गठरी को छुआ, छूते ही उसका कलेजा जैसे मुँह को आ गया। अकबकाते हुए उसके मुँह से केवल इतना ही निकला, "चाँदबी तू...तूऽऽऽ..."

लेकिन दूसरी ओर से कोई जवाब नहीं मिला।

"तू...तू ना गयी अपणे घर ?" बिल्लू ने उनींदी गैस को वापिस थड़ी की कमर तक ऊँची चहारदीवारी पर रखते हुए पूछा।

"घर ! मेरो कौण सो घर बीरा ? हम जैसी निरभागन का भी कोई घर होवे हैं ? हम तो जैसी ब्याही, वैसी ही अनब्याही हैं।"

"चल, मैं छोड़के आऊँ तोहे हवेली तलक !" बिल्लू ने आग्रह किया।

"बीरा, तू अपणो काम कर। मैं तो जैसी वा हवेली में पड़ी रहू हूँ, वैसी या थड़ी में पड़ी रहूँगी।"

"ऐसे मत कर। जाड़ा-पाळा को मौसम है। चल खड़ी हो, मैं छोड़ दूँगो हवेली तलक।"

इतना कह बिल्लू ने चाँदबी का बाज़ू पकड़ा और उसे खड़ा कर थड़ी से लेकर चल दिया। थड़ी में बिछी रेत में लिपटी चाँदबी बिल्लू के साथ-साथ चल दी। जैसे ही हवेली से पहले पड़ने वाली सूनी एक अँधेरी गली के मुहाने पर वे दोनों पहुँचे, चाँदबी बोली, "बिल्लू , बीरा अब मैं चली जाऊँगी। तू जा !"

"मैं देहळी तलक छोड़ आऊँ ?"

"ना रहण दे बीरा।" चाँदबी ने बिल्लू की तरफ़ से मिलने वाले किसी भी जवाब का इन्तज़ार नहीं किया, और छोटे-छोटे क़दमों से हवेली की ओर जाती अन्धी गली में उतर गयी।

जड़ बना बिल्लू नाई चाँदबी को तब तक देखता रहा, जब तक गली के गाढ़े अँधेरे में उसका साया बिला नहीं गया।

6

रिवाज़े-आम के मुताबिक़ हुए इस पंच-फ़ैसले की महीनों तक इमामनगर के गैल-गलियारों, गली-मोहल्लों, चौतरे-चबूतरों, घर-आँगन और साँझ-सवेरे बैठक-बंगलों में हुक़्क़े-फ़र्शियों की चिलमों से उड़ते धुओं के गुबारों के बीच चर्चा रही। देश के बँटवारे से पहले बने इस दोहरे क़ानून के बीच विरासत से जुड़े अधिकारों से बेदख़ल, कठपुतली की तरह नाचती-झूलती अनगिनत चाँदबी के भविष्यों पर बहस होती रही।

अभी यह चर्चा दम तोड़ते हुए स्मृतियों के गर्त में समाने वाली थी कि अचानक जैसे पूरे इमामनगर में भूचाल आ गया। सरपंच अजमत मस्जिद से मग़रिब की नमाज़ पढ़कर अपनी बैठक पर आया ही था कि, पहले से वहाँ नसरू पंच के साथ उमर

खाँ और उसके बेटों को बैठा देख, उसे कुछ खटका हुआ। खटका इसलिए हुआ कि ये तो बिना मतलब किसी की तरफ़ झाँकते भी नहीं हैं। सरपंच ने मन-ही-मन तरह-तरह के अनुमानों को खँगाला, मगर उसके हाथ कुछ नहीं आया कि ये सारे बाप-बेटे इस समय उसकी बैठक पर क्या करने आये हैं ?

दुआ-सलाम के बाद सरपंच अभी खाट पर बैठा ही था कि उमर खाँ ने पहले अपनी मूढ़ी को धीरे-से सरकाया और फिर बेहद सधे हुए अन्दाज़ में बोला, "सरपंच साब, जब सारी बात पूरी पंचात के आगे निपटगी ही, तो फिर ई नयो रफ्फड़ कहा है ?" नसरू पंच ने बात की शुरुआत की।

"कैसो रफ्फड़ ?" सरपंच अजमत ने उमर खाँ के बजाय अपने पंच नसरू से पूछा। क्योंकि अगर इनके साथ नसरू आया है, तो अवश्य ही कोई गम्भीर मुद्दा है।

"उमर खाँ, वाहे दिखाए न !" नसरू इस बार उमर खाँ की तरफ़ पलटते हुए बोला।

उमर खाँ ने अपने कुर्ते की बग़लवाली जेब में हाथ डाला और उसमें से एक पुर्ज़े को बाहर निकाल सरपंच के सामने फैलाते हुए बोला, "कहा है ई ?"

"देख उमर खाँ, मैं तो हूँ निरो भैंस को फूफा...निखालस गूँठा टेक। मेरे यार, तू ही बता दे ई कहा है ?" अजमत ने शब्दों को चुबलाते हुए पूछा।

"है कहा हमारे हाथ या हिबानामा की नकल हाथ लगी है, जो हमारी ताई हसनबी चुपचाप अपणा मरणा सू पहले अपणी या लाडली भतीजी चाँदबी के नाम करवाके गयी है।" उमर खाँ के बड़े बेटे मौज खाँ ने संक्षेप में पूरी कहानी बता दी।

"तिहारे हाथ ई कहाँ सू लगी है ?" अजमत सरपंच ने हैरानी के साथ एक स्वाभाविक सवाल किया।

"मिली कहाँ सू, ये तो हम जब इंतकाल-ए-विरासत अपणे बाप के नाम चढ़वाणा का चक्कर में पटवारी के पै गया, तो वाने ई बात बतायी ही।" उमर खाँ के बीच वाले लड़के सलीम ने बताया।

"और तुम तीनूँ बाप-बेटान्ने याकी कानो-कान पतो ना चली ?"

"ना।" इस बार सबसे बड़ा लड़का मौज खाँ बोला।

"तो उमर खाँ, याको मतलब ई हुओ कि नवाज खाँ की घरवाळी हसनबी और चाँदबी की माँ रसूलन मरणा सू पहले चुपचाप या खेल ए करगी।" इतना कह वही भैंस का फूफा और ख़ालिस अँगूठा टेक निरक्षर सरपंच अजमत अपने सामने फैले पुर्ज़े अर्थात हिबानामा की नक़ल को ऐसे देखने लगा, जैसे वह इसके एक-एक

शब्द का अर्थ अपने अन्तर्मन में उतार रहा है। देर तक नक़ल को निहारने के बाद उसने धीरे-से पहले उमर खाँ समेत अपने पंच नसरू और उमर खाँ के तीनों बेटों पर सरसरी नज़र डाली, और आख़िर में नसरू से बोला, "नसरू, हिबानामा तो मैंने देख लियो, पर अब ई बताओ कि मैं यामें कहा कर सकू हूँ ?"

"हम यही तो सलाह लेण आया हैं तेरे पै कि अब कहा करो जाये ?" नसरू ने उलटा अपने सरपंच से कहा।

"देख नसरू, पंचात के हाथ में जो हो ऊ हमने कर दियो। अब रही या हिबानामा की बात तो याको ईलाज हमारे पै भी ना है।" सरपंच ने काग़ज़ के पुर्ज़े को पहले की तरह तह बनाते हुए कहा।

"सरपंच साब, कुछ तो तोड़ होएगो या बला को ?" उमर खाँ की जैसे घिग्घी बँध गयी। उसी उमर खाँ की, जो इससे पहले अजमत को उसके पद से नहीं नाम से सम्बोधित करता था, आज सरपंच साब कहकर बुला रहा है।

सरपंच अजमत ने मन-ही-मन कहा कि तीर एकदम निशाने पर लगा है। भय बिन प्रीत ना होई गोपाला का सिद्धान्त सही समय पर काम आ गया। अपने सामने बैठे उमर खाँ और उसके तीनों बेटों के चेहरों पर उड़ती हवाइयों और ढीले पड़ गये जिस्म की भाषा को बड़ी बारीकी से बाँचने के बाद, सरपंच अजमत ने भी अपनी मुद्रा इतनी गम्भीर बना ली कि किसी के लिए यह अनुमान लगाना मुश्किल हो गया कि इसके भीतर आख़िर खदबदा क्या रहा है ?

"हाँ जी सरपंच साब, अन्यायी कुछ तो तोड़ होएगो ?" सरपंच को न जाने किन ख़यालों में डूबा देख उमर खाँ रिरियाते हुए बोला।

"यही तो मैं भी सोचरो हूँ कि या बीमारी को इलाज कहा है।" सरपंच अजमत का बीमारी से आशय उस हिबानामे की नक़ल से है, जो इन्हें पटवारी की मदद से प्राप्त हुई है।

"कुछ सोच मेरे यार ! तेरो तो कोरट-कचैड़ी में रात-दिन को उठणो-बैठणो है।"

अचानक उमर खाँ ने जैसे सरपंच की मुश्किल हल कर दी। उसने पहले एक लम्बी साँस ली और उसे बाहर छोड़ते हुए नसरू की ओर देखकर बोला, "मेरा हिसाब सू याको तोड़ अगर कुछ है तो ऊ कानून है। कानून ही निकाळ सके है कोई रस्ता।" अपनी सामाजिकता, अनुभव, व्यावहारिकता और सबसे बड़ी बात ऐसे अवसरों पर इस्तेमाल होने वाले घाघपने का सहारा ले, सरपंच अजमत ने धीरे-से गेंद उमर खाँ के पाले में सरका दी।

"मैंने भी इन्ने यही सलाह दी है कि कानून की लड़ाई कानून सू ही लड़ी जाणी चहिए। अल्लाह ने चाही तो जीत हमारी ही होएगी।" नसरू ने एक घाघ और घिसे हुए राजनीतिज्ञ की तरह अपने आपको एक तरह से उमर खाँ का हितैषी बना लिया।

सरपंच अजमत ने बड़ी सफ़ाई के साथ उमर खाँ और उसके बेटों से नज़र बचाकर जैसे ही अपने पंच नसरू की आँखों में देखते हुए कुछ कहना चाहा, नसरू ने आँखों-आँखों में न जाने क्या इशारा किया कि सरपंच कहते रुक गया।

"बाप, ये दोनूँ सोलह आने सही सलाह देरा हैं। अब अदालत में जाणा के और कोई रस्ता ना है। चल खड़ो हो ! अब ई चाँदबी ही देखणी है।" इतना कह उमर खाँ का सबसे छोटा लड़का कासिम जाने के लिए खड़ा हो गया।

"सरपंच साब, यही एक हथियार बचो है।" बेटे कासिम से सहमत होने के बाद वे चारों जाने के लिए खड़े हो गये।

अभी वे सब सरपंच की बैठक से चलने ही वाले थे कि सरपंच अजमत बड़ी गम्भीरता के साथ बोला, "उमर खाँ, कोई बढ़िया सो उकील करियो ! वैसे पिरोजपर में एक-सू-एक उकील हाँ मेरी जानकारी में। अगर जरूरत पड़े तो मोहे बता दीजो ! वैसे मेरी सलाह है या काम में हमन्ने देर ना करणी चहिए।" अजमत ने बड़ी आत्मीयता के साथ नसरू की तरह अपने आपको भी उमर खाँ के पक्षकार के रूप में शामिल कर लिया।

"मैंने भी यही सोची है कि हमन्ने देर ना करणी चहिए। मेरी तो सलाह है कि हमन्ने धैरे ही पिरोजपर चलणो चहिए, क्यों नसरू ?" उमर खाँ ने पलटकर नसरू से पूछा।

लेकिन सरपंच अजमत के शागिर्द और ख़ास आदमी नसरू ने कोई कच्ची गोलियाँ नहीं खेली हैं। अगले दिन का नाम सुन वह एकाएक किसी सोच में डूब गया।

"कहा हुओ ?" उमर खाँ ने नसरू के पास आते हुए पूछा।

"धैरे तो मोहे अपणी बहाण की सुसराड़ जाणो है। ऐसो है, पाँच-सात दिन रुक जा। फिर चलंगा आराम सू।"

"अन्यायी, ऐसो मत कर !" उमर खाँ चिरौरी करते हुए रिरियाया।

इधर सरपंच भी समझ गया कि पट्ठा यह नसरू उमर खाँ को सलीक़े से पकाना चाह रहा है। इसी बीच नसरू ने चुपके से सरपंच की आँखों में देखा। सरपंच तुरन्त समझ गया नसरू की आँखों की इस मौन भाषा को।

"नसरू, मेरे यार अपणी बहाण की सुसराड़ तो काई और दिन चलो जइयो। पहले या सवाब का काम ए निपटवा।" उमर खाँ की चिरौरी को सरपंच और वज़नी बनाते हुए बोला।

"हम्बै यार नसरू। तेरा या एहसान ए हम जिन्दगी-भर ना भूलंगा !"

नसरू का तीर एकदम सही निशाने पर लगा।

"जब तम सब कहरा हो तो ठीक है...परऽऽऽ..."

"मैं सब समझरो हूँ। तू जितना दिन या काम में मेरे संग रहेगो, तेरी पूरा दिन की दिहाड़ी मैं दूँगो। दिहाड़ी के अलावा रोटी-पाणी सब मेरे जिम्मे रहेगो।" उमर खाँ ने कहा।

"सरपंच, फिर धैरे ही पिरोजपर चलणो ठीक रहेगो।" उमर खाँ द्वारा बिना कहे नसरू की शर्तें मान लेने के बाद, नसरू के नथुनों में फ़िरोज़पुर झिरका के लाल कुआँ के आसपास की हलवाइयों की दुकानों पर छनती देसी घी की ताज़ा-ताज़ा इमरती और बनने वाले गाजर के हलुए से उठती गन्ध समाती चली गयी।

"ठीक है सरपंच, मैं और मौज खाँ धैरे-धैरे तेरी बैठक पे पहोंच जांगा। नहा-धोके तैयार रहियो !"

इतना कह उमर खाँ अपने बेटों को साथ लेकर अजमत की बैठक की सीढ़ियों तक पहुँचा ही था कि, उनके साथ जाते नसरू को पीछे से सरपंच ने टोकते हुए कहा, "नसरू, हीं आ एक मिनट !"

"मौज खाँ, तम चलो। मैं अभी आयो !" नसरू भाँप गया कि उसके सरपंच ने उसे क्यों बुलाया होगा। वह बीच रास्ते से अपने सरपंच के पास लौट आया।

नसरू पंच ने पहले अपने अजमत सरपंच की आँखों में झाँका और फिर ज़ोर-से हँसते हुए कहा, "सरपंच साब ! कहे न, कैसो रहो मेरो दाव ?"

"मैं तो तोहे वाही बखत भाँपगो, जब तैने ई कही ही कि कानून की लड़ाई कानून सू ही लड़ी जाणी चहिए...अल्लाह ने चाही तो जीत हमारी ही होएगी।"

"सरपंच, हमारी बला सू कोई जीते या कोई हारे। अन्यायी, हमन्ने तो बस बूढो मरे या जुआन, हत्या सू काम है।"

"वैसेऽऽऽ नसरू तेरो कहा बिचार है ? अगर या उमर खाँ ने हिबानामा के खिलाप अदालत में अर्जी लगा दी, तो कहा फैसला रहेगो ?"

"अभी कुछ भी कहणो मुसकल है। वैसे जहाँ तलक अन्दाजो है, फैसला उमर खाँ के हक में जाणो चहिए। याही मारे तो मैंने कही ही कि अल्लाह ने चाही जीत हमारी होएगी।"

"अच्छोऽऽऽ...!" इस बार सरपंच निराशा में डूब गया। किन्तु कुछ पल बाद इस निराशा से उबरते हुए बोला, "अब जो होएगी देखी जायेगी। वैसे एक सलाह दूँ नसरू !" इतना कह सरपंच ने पहले आसपास का जायज़ा लिया और फिर बेहद धीमी आवाज़ में बोला, "देख वाड़ी, उमर खाँ जैसी मोटी मुर्गी कदी-कदी हाथ लगा हाँ। झटका के बजाय ई धीरे-धीरे हलाल करणो है। इतनो धीरे कि दरद भी ना होए और हलाल भी हो जाये !"

"सरपंच, घबराए मत। इतना दिनाँ सू तेरी पणाह ऐसेई सूधी ना करो हूँ। वैसे एक बात बताऊँ, इन्ने मैं तेरे पै जाण-बूझके लायो हो।"

"ऊ बात तो तेरी ठीक है, पर कुछ मेरो भी ख्याल रखियो। ऐसो करियो, तहसील के सामईं जो उकील है न गुप्ताजी, तू इन्ने वाहे करणा की सलाह दीजो ! अन्यायी, या बहाने कुछ मेरो भी खर्चा-पाणी निकळ जायेगो !"

"तू बेफिकर रह सरपंच। तू आगे-आगे और हम पीछे-पीछे। बस समझ ले, आज सू अपणी छुरी पैनाणी सुरू होगी है।"

"वा मेरे बब्बर शेर ! तो फिर ले, जाते-जाते या पंडून कौ कड़ा ए और सुणतो जा—

कौरव-पाँडव भिड़ मरा, छिड़ी जंग घणघोर।
बण अरजन को सारथी, दे गीता को गियान।
करतब तो हा इसी का, और चलावैं बाण।

करके नाश अधर्म को, बजा धरम को शंख।
कितलू उड़गो सायबा, किसने देखा पंख।

गैल नन्द का छैल की, चलणो ना आसान।
बंसी बाजी बाँस की, रीझो सकल जहान।"

"चिन्ता मत कर सरपंच, समझ ले बस होगो ई कौरव-पाँडव।" इतना कह नसरू पंच, सरपंच अजमत की बैठक से जो चला, उसने सीधा उमर खाँ के घर आकर दम लिया। क्योंकि उसे आज से ही अपनी छुरी जो पैनानी है।

रास्ते-भर नसरू *पंडून कौ कड़ा* की इसी पंक्ति को दोहराता रहा—

कौरव-पाँडव भिड़ मरा, छिड़ी जंग घणघोर।

इस बीच जब-जब उसे लाल कुआँ की हलवाइयों की दुकानें याद आतीं, वह उनसे उठती देसी घी की ताज़ा-ताज़ा इमरती और गाजर के हलवे से उठती गन्ध

को ज़ोर से अपने फेफड़ों में भरने की कोशिश करता। हालाँकि इसके चक्कर में इमामनगर के कच्चे रास्ते में ठोकर खाकर वह कई बार गिरते-गिरते बचा। हर बार जैसे ही उसे यह गन्ध याद आती, उसकी चाल में वैसे ही तेज़ी आ जाती।

जिसने भी सुना उसे मानो अपने कानों पर यक़ीन नहीं हुआ।

इमामनगर में अन्दर खाते दो थोक बन गये। गाँव की आधी आबादी में जिनके भाई नहीं हैं, वे इसकी दुआ करने लगीं कि अदालत का फ़ैसला चाँदबी के हक़ में जाये। दूसरी ओर जिनकी नज़र उमर खाँ की तरह अपने घर-कुनबे और सगे-सम्बन्धियों की जायदाद पर टिकी हुई है, उनकी दिली इच्छा है कि निर्णय उमर खाँ के पक्ष में हो। हाँ, कुछ ऐसे भले मानुष भी हैं जो चाहते हैं कि इस अदालती फ़ैसले में किसी के साथ अन्याय ना हो। जिसका जो असली हक़ है, वह उसे ज़रूर मिलना चाहिए। इस तरह इमामनगर के जो गैल-गलियारे, गली-मोहल्ले, चौतरे-चबूतरे, घर-आँगन और बैठक-बंगले जिस मामले को लगभग भूल चुके थे; इस ख़बर ने उसे फिर से ताज़ा कर दिया। कुछ घरों में तो एक अबोला तनाव-सा फैल गया। पक्ष-विपक्ष में तस्बीह के मणकों पर दुआओं, प्रार्थनाओं, मन्नतों और अरदासों के सरसराते पोरों में तेज़ी आ गयी।

ख़बर इसकी कुलसुम के कानों में भी पड़ी। सुनते ही सबसे पहले उसने मन-ही-मन ऊपर वाले का शुक्रिया अदा किया और निकल आयी काकी मलूकी की तरफ़। अच्छा हुआ जो उसे काकी मलूकी अपने चौतरे पर ही दिखाई दे गयी। कुलसुम ने काकी मलूकी के पास बैठने से पहले बड़ी बारीकी के साथ खुले हुए दरवाज़े से भीतर तक निगाह मारी। उसे जब लगा कि अन्दर कोई, यानी उसकी बहू मरियम नहीं है, तब उसने बड़ी मुलामियत के साथ चौतरे पर चढ़ते हुए कहा, "काकी सलाम !"

"सलाम। तेरा बीरा बणा रहें...तिहारी कमाई में बरक्कत होती रहे !" आशीर्वाद देते हुए मलूकी ने अपने पास पड़ी बोरी को कुलसुम की ओर यह कहते हुए फेंक दिया, "ले, यापे बैठ जा !"

कुलसुम ने बोरी बिछायी और उस पर बैठ गयी। एक बार फिर से उसने खुले दरवाज़े से अन्दर का जायज़ा लिया। जब उसे पूरा यक़ीन हो गया, तब लगभग दबी ज़बान में बोली, "काकी, ई खबर सही है कै हसनबी अपणी विरासत ए चाँदबी के नाम करके मरी है ?"

"दारी, सुणी तो मैंने भी है।" इतना कह मलूकी कुछ पल चुप रही और फिर बोली, "वैसे एक बात कहूँ कुलसम, हसनबी करके तो बढ़िया गयी है। बता जब डोकरा खैराती की असल वारिस ई चाँदबी है, तो या उमर खाँ की यापे काईं लू नीत खराब होरी है ?"

"पर मैंने तो सुणी है कि ई हरामी उमर खाँ या हिबानामा ए खारिज करण कू कोरट में जारो है ?"

"दारी, या बात की तो पूरा गाँओ में हल्ला मचो पड़ो है।" मलूकी ने कुलसुम की ख़बर की तसदीक करते हुए कहा।

"एक बात कहूँ काकी, ऊपरवाळा का घर में देर है अँधेर ना है।"

"तू सही कहरी है कुलसम। वाकी लाठी में बहोत दम है।"

"मेरी तो अल्लाहताला सू यही गुजारस है कि या यतीम की ऊ लाज रख लेए। काई तरह याहे दर-बदर होणा सू बचा लेए।" कुलसुम ने दोनों हाथों को जोड़ आसमान की ओर नज़र उठाते हुए कहा।

"कुलसम, हम और तू बस दुआ ही कर सके हैं। बाकी सब ऊपर वाळा के हाथ में है।"

"ठीक है काकी, मैं तो बस यही पूछण आयी ही कि तोहे याकी खबर है कै ना।" कुलसुम अधिक देर नहीं बैठी मलूकी के पास। कहीं ऐसा ना हो कि इसकी बहू मरियम आ जाये और बिना मतलब यहाँ महाभारत हो जाये।

7

अपने वायदे के अनुसार उमर खाँ बड़े बेटे मौज खाँ को लेकर सरपंच अजमत की बैठक की ओर चल दिया। दूर से बैठक पर नज़र पड़ी तो उसे देखकर बड़ी ख़ुशी हुई कि सरपंच अजमत और नसरू पंच पहले से तैयार बैठे हैं। मानो ये दोनों उसी का इन्तज़ार कर रहे हैं। इधर इन दोनों की भी नज़र अपनी तरफ़ आते बाप-बेटों पर पड़ी, तो अपनी-अपनी जगह से ये खड़े हो गये।

"सरपंच ले, तेरी मोटी मुर्गी चली आरी है।" नसरू ने एक कुटिल मुस्कान उछालते हुए कहा।

"लगे है आज अच्छी बोहणी हो जायेगी ! वैसे तोहे मेरी बात याद तो है न कि ई मुर्गी हौळे-हौळे हलाल करणी है...इतनी हौळे कि दरद भी ना होए और बिना कुड़के हलाल भी हो जाये !" चलने से पहले सरपंच ने नसरू को याद दिलाया।

"तू चिन्ता मत कर। मैंने छुरी की ऐसी धार लगायी है कि ई उमर खाँ भी कहा याद राखेगो।"

इससे पहले कि नसरू कुछ और कह पाता, उमर खाँ और मौज खाँ बैठक के एकदम पास आ गये। उन दोनों को पास आया देख, सरपंच और नसरू बैठक से नीचे उतर आये। चारों अब बस लेने के लिए चल पड़े। इमामनगर से पहले वे बड़कली आये। यहीं से उन्हें फ़िरोज़पुर झिरका के लिए बस लेनी है। अभी ये चारों बड़कली पहुँचे ही थे कि देखा उत्तर दिशा से एक बस दनदनाती हुई आ रही है। राजस्थान परिवहन निगम की आनेवाली यह बस दिल्ली से आयी है जिसे अलवर जाना है। चारों बस में सवार हो गये।

बस से उतर वे चारों अभी तहसील की तरफ़ बढ़ते, लाल कुआँ के पास पहुँचते ही नसरू पंच अचानक ठिठका और जान-बूझ कर अपनी जेब में हाथ डालने का अभिनय करता हुए बोला, "सरपंच, एक मिनट !"

एकाएक नसरू को रुकता देख सबको, ख़ासकर उमर खाँ को हैरानी हुई।

"कहा हुओ ? कैसे रुकगो ?" सरपंच अजमत भी नहीं समझ पाया कुछ।

"मैं एक किल्लू हलवा लिआऊँ। मेरे यार, एक अच्छा काम सू उकील के पै जारा हैं। कम-सू-कम कुछ तो ले चलें वाकू। अच्छा थोड़ेई लगंगा ऐसे खाली हाथ जाता हुआ।" नसरू ने तर्क दिया।

कहते हैं कि समझदार के लिए इशारा ही काफ़ी होता है। वैसे भी वे एक शुभ काम के लिए जा रहे हैं, इसलिए कुछ तो साथ ले जाना चाहिए। उमर खाँ इस बार अपने बेटे मौज खाँ की ओर मुड़ा, "मौज खाँ, भगके एक किल्लू गाजर को हलवा लिया !"

बाप के आदेश पर मौज खाँ जैसे ही हलवाई की दुकान की तरफ़ बढ़ा, पीछे से नसरू टोकते हुए बोला, "एक मिनट मौज खाँ। ऐसो करियो लगे हाथ आधा किल्लू इमरती और तुलवा लइयो...और हाँ, दो चारमिनार की डिब्बी भी पटक लइयो साथ में ! तू लिआ हम चलरा हैं...तहसील के सामईं उकील साब को दफ़्तर है, हूनी आ जइयो !"

इसके बाद नसरू ने मौज खाँ की तरफ़ पलटकर भी नहीं देखा।

अपने कमरे में इमामनगर के सरपंच अजमत और पंच नसरू के साथ दो अनजान लोगों को दाख़िल होता देख, वकील नेमचन्द गुप्ता ने मन-ही-मन कहा कि लगता है आज अच्छी-ख़ासी बोहनी होनेवाली है।

"आइये सरपंच साब !" वकील नेमचन्द गुप्ता ने बड़े अदब के साथ सरपंच अजमत के साथ आनेवाले आज के पहले भगवान अर्थात ग्राहक की अगवानी करते हुए कहा, "आओ बैठो !" इसके बाद अपने यहाँ काम करनेवाले एक किशोर को निर्देश देते हुए बोला, "चमन, भागकर तीन चाय लेके आ...और हाँ अदरक-वदरक बढ़िया डलवाके लाना !"

"लाला, तीन ना चार लइयो ! एक आदमी और आरो है।" सरपंच अजमत ने चमन से कहा।

"हाँ जी सरपंच साब, बताओ और क्या सेवा की जाये ?" वकील नेमचन्द गुप्ता इस बार सीधे मुद्दे पर आ गया।

"सेवा कहा उकील साब, एक नयी जाखंदणी आ पड़ी है सिर पे।" माथे पर त्योरियाँ चढ़ा सरपंच ने उमर खाँ की ओर देखा।

उमर खाँ समझ गया सरपंच द्वारा इस तरह देखने का अर्थ। उसने बिना एक पल गँवाए जेब से वही पुर्ज़ा अर्थात हिबानामा की नक़ल निकाली, और उसे वकील की तरफ़ बढ़ा दिया।

वकील नेमचन्द गुप्ता हिबानामा की नक़ल को देर तक देखता रहा। उसके एक-एक शब्द को बार-बार बड़े ध्यान से पढ़ने लगा। पढ़ने के बाद उसने पहले अपनी पीठ को कुर्सी के पिछले हिस्से पर टिकाया और उसके बाद कुछ सोचने की मुद्रा में अपने ठीक सामने दरवाज़े के ऊपर टँगी, हाथ में केसरिया ध्वज धारण किये शेर के साथ खड़ी भारत माता की तस्वीर को देर तक निरखता रहा। वकील के चेहरे पर एक के बाद एक आते-जाते भावों को देख उमर खाँ का हलक़ सूखने लगा। इसी बीच वकील के यहाँ काम करनेवाला युवक और मौज खाँ ने अन्दर एक साथ प्रवेश किया।

"लो, पहले चाय पिओ ! फिर सोचते हैं इसके बारे में कुछ।"

अपने मालिक के इतना कहने पर युवक ने एक-एक चाय सबके सामने मेज़ पर रख दीं।

"लाला, इन्ने दो पलेटन में घाल ला !" इस बीच मौज खाँ द्वारा लायी गयी गरमा-गरम इमरती और ताज़ा-ताज़ा बने गाजर के हलुए से बहते देसी घी में लथपथ, दो अख़बारी लिफ़ाफ़ों को सरपंच ने युवक की ओर बढ़ा दिया।

जैसे ही गरमा-गरम इमरती और ताज़ा-ताज़ा गाजर का हलुआ दो प्लेट में रखकर लाया गया, उनकी गन्ध वकील के पूरे कमरे में फैल गयी। इस तरह चाय

की चुस्कियों के बीच सामने रखे गाजर के हलुए और इमरतियों को ख़त्म करने का अभियान शुरू हो गया।

वकील नेमचन्द गुप्ता ने अपने सामने रखे हिबानामा की नक़ल पर फिर से सरसरी नज़र मारी और फिर दाढ़ में फँस गये गाजर के किणके को जीभ से निकालने का प्रयास करते हुए बोला, "सरपंच साब, पहले यह बताओ कि यह नक़ल मिली कैसे ?"

सरपंच अजमत के जवाब देने के बजाय उमर खाँ ने वही कहानी यहाँ भी दोहरा दी, जिसे वह पहले ही सरपंच को बता चुका है।

"इतना बड़ा काण्ड हो गया और तुम्हें कानो-कान ख़बर नहीं लगी ?" वकील ने तमतमाते हुए कहा।

"खुदा तोड़ी उकील साब, हमन्ने बिल्कुल भी याको पतो ना चलो।" मारे बेचारगी के उमर खाँ दोहरा होता चला गया।

उमर खाँ के इतना कहते ही वकील ने हिबानामा उठाया और यह कहते हुए उसे उसकी तरफ़ फेंक दिया, "अब ना हो सके कुछ।"

"कहा मतलब उकील साब ?" उमर खाँ के इस बार होंठ पपड़ा गये।

"मतलब यह कि हसनबी ने अपने पति से मिली सारी जायदाद की बतौर उपहार अपनी भतीजी और खैराती परिवार की एकमात्र वारिस चाँदबी के नाम रजिस्ट्री करा दी है।"

"अब ई उपहार कहा होवे है उकील साब ?" उमर खाँ ने बड़े भोलेपन के साथ पूछा।

"वही जो तेरे सामने पड़ा है।"

"पर ई तो हिबानामा है ?"

"उपहार को ही हिबानामा कहते हैं। सरल और सादा शब्दों में कहूँ तो हसनबी ने अपनी सारी जायदाद चाँदबी को उपहार...वो क्या कहते हैं दान कर दी है।"

"ए...ऐसे कैसे हो सके है ? कैसे हसनबी हमसू बिना पूछे अपनी जायदाद ए अपणी भतीजी कू दान कर देएगी उकील साब ?" वकील की बात सुन उमर खाँ के शब्द टूटने लगे।

"कर नहीं देगी, कर चुकी है।" वकील नेमचन्द गुप्ता ने जैसे क़िस्सा ही ख़त्म कर दिया।

"उ...उकील साब, कुछ तो कर ! काई भी तरह या हिबानामा की रजिस्ट्री ए तुड़वाओ !"

"मुश्किल है। मामला थोड़ा पेचीदा है।"

"पेचीदा ? उकील साब कहा कहरा हो ? मैं या उमर खाँ ए बड़ी उम्मीद के साथ आपके पै लेके आयो हूँ।" सरपंच अजमत ने थोड़ा आगे सरकते हुए कहा।

"हाँ, बहुत पेचीदा है। वैसे भी इसकी फ़िरोज़पुर में बात नहीं बनेगी। इसे ख़ारिज करवाने के लिए तो सिविल जज की अदालत में अपील करनी पड़ेगी और सिविल जज गुड़गाँवा में बैठता है, इसलिए..." इसके बाद वकील नेमचन्द गुप्ता बात पूरी करने से पहले चुप्पी साध गया।

"इसलिए क्या उकील साब ?" सरपंच अजमत ने असहज होते हुए पूछा।

"इसलिए यह कि इसके लिए मुझे गुड़गाँवा में किसी वकील से बात करनी पड़ेगी, जिसमें मोटा ख़र्चा आयेगा।" वकील ने इस बार अपनी अधूरी बात पूरी करते हुए कहा।

"हाँ भई उमर खाँ बताए न ?" सरपंच धीरे-से उमर खाँ की ओर मुड़ा।

"सरपंच साब, यामें बताणा की कौन-सी बात है। अरे, ज्यादा सू ज्यादा इन पन्द्रह एकड़ चार बिसवा में सू एकाध एकड़ बिसवा बिक जाँगा और तो कुछ ना होएगो।" मौज खाँ ने अपने बाप की जगह पूरा हिसाब लगाते हुए कहा।

"इनमें से कितने बिकेंगे और कितने बचेंगे यह बाद की बात है। पहले फ़ैसला तुम्हारे हक में तो आये। अगर तैयार हो तो बताओ, मैं गुड़गाँवा में किसी वकील से बात करूँ ? क्योंकि मेरी समेत गुड़गाँवा वकील की फ़ीस और दूसरा ख़र्चा-पानी का एडवांस पहले देना पड़ेगा।"

वकील नेमचन्द गुप्ता द्वारा वकीलों की फ़ीस और दूसरे ख़र्चे-पानी की बात सुन, मौज खाँ का जोश थोड़ा ठण्डा पड़ गया।

काफ़ी देर से उमर खाँ को चुप बैठा देख, इस बार नसरू पंच उससे बोला,"यार उमर खाँ, तू तो बोल कुछ ? अगर आगे तक लड़ना को तिहारे गूदा है तो बता, नहीं अल्ला-अल्ला और खैर सल्ला। तू अपणे घर और उकील साब अपणे घर।"

"बाप बताए न !" मौज खाँ भी झल्लाते हुए बोला।

"सरपंच साब, जब ओखळी में मूँड दे ही दियो है तो मूसळ सू कहा डरणो। उकील साब, मोहे मंजूर है।"

"मंजूर तो है उमर खाँ पर एक बात ध्यान सू और सुण ले कि पैसा तो इसमें लगेगा ही, टाइम का भी नहीं पता इसमें कितना लग जाये। हमें गुड़गाँवा कितनी बार जाना पड़ेगा, इसके बारे में कुछ भी कहना मुश्किल है। इसलिए आराम से सोचकर बता दे। अभी तो बेटी बाप के है।"

"उकील साब, हमन्ने सब मंजूर है। भले ही चौड़ा में चित्तौड़ हो जाये, पर अब पीछे हटणो मंजूर ना है।"

बेटे की हिम्मत और हौसला देख गर्व से उमर खाँ का सीना चौड़ा होता चला गया।

"तो फिर ठीक है मैं वकील से बात कर अपील की अर्ज़ी तैयार कराता हूँ। ठीक है न सरपंच साब ?" वकील नेमचन्द गुप्ता ने इस बार सरपंच अजमत से पूछा।

वकील ने जिस तरह आँखों-आँखों में सरपंच से कहा, अनुभवी अजमत उसके इशारे को समझ गया।

"मौज खाँ, उकील साब ए कुछ पेशगी दे देओ !"

सरपंच अजमत ने सास को सुनाते हुए जैसे बहू से कहा। उमर खाँ अपनी कुर्सी से खड़ा हुआ और क़मीज़ को ऊपर कर, कमर में बँधी कपड़े की नौळी खोल न जाने कब से इकट्ठे किये गये एक-एक के नोटों को अँगुली से बाहर निकालकर, उन्हें वकील को न देकर सरपंच अजमत की तरफ़ बढ़ा दिया।

सरपंच की अभ्यस्त अँगुलियों ने नोटों को सीधा करते हुए, उन्हें बड़ी सावधानी के साथ गिनने के बाद यह कहते हुए वकील नेमचन्द गुप्ता की तरफ़ बढ़ा दिये, "उकील साब, अभी तो बीस हैं। इन्ने धर लेओ। बाकी जैसे-जैसे आप कहोगे, उमर खाँ पीछे ना हटेगो।"

"ठीक है। आज जुम्मा है। परसों इतवार को मैं गुड़गाँवा जाकर वकील साब से मिलता हूँ।" रुपयों को कोट की अन्दरवाली जेब के हवाले करते हुए नेमचन्द गुप्ता ने आगामी कार्रवाई के बारे में बताया।

"उकील साब, हमारा चलणा की जरूरत तो ना है ?"

अपने लगे-बँधे आदमी का भाव वकील नेमचन्द गुप्ता भाँप गया कि वह क्या कहना चाह रहा है।

"मेरे हिसाब से जब तक जज साब की अदालत में हमारी अपील मंज़ूर नहीं हो जाती, आपको साथ चलना चाहिए। पता नहीं हमारा वकील क्या पूछ बैठे।"

"उकील साब, आप सही कहरा हो। इनके आगे ही तो पंच-फैसला हुओ हो।" उमर खाँ का इशारा अजमत सरपंच और पंच नसरू से था।

"फिर तो इन दोनों का साथ चलना बहुत ज़रूरी है। पंच-सरपंच होने के नाते इनकी भी गवाही हो जायेगी।"

वकील नेमचन्द गुप्ता ने जैसे सरपंच अजमत और नसरू की दिल की बात कह दी। उमर खाँ द्वारा स्वीकृति के बाद दोनों के भीतर गुड़गाँव जाने की इच्छा भीतर-ही-भीतर ऐंठने लगी। थोड़ी देर पहले खाये गये गाजर के हलुए और देसी घी की गरमा-गरम इमरतियों का स्वाद एकाएक दुगुना हो गया। मारे ख़ुशी के नसरू ने तो चुपचाप अपने बग़ल में बैठे सरपंच का हाथ दबाकर, एक तरह से गुड़गाँव जाने की बधाई भी दे डाली।

"तो उकील साब, इजाजत हो तो अब हम चलें ?" सरपंच अजमत कुर्सी से उठते हुए बोला।

"चले तो जाओ, पर यह तो बताते जाओ कि इतवार को मिलोगे कहाँ ?" फिर ख़ुद ही वकील ने कहा, "ऐसा है फ़िरोज़पुर से सुबह नौ बजे रोडवेज की बस दिल्ली के लिए रवाना होती है। वह बड़कली साढ़े नौ बजे तक पहुँच जाती है। इसलिए ऐसा करते हैं आप सब वहीं मिल जाना।"

कार्यक्रम और समय तय होने के बाद वे चारों वकील नेमचन्द गुप्ता के दफ़्तर से बाहर आ गये।

वकील के दफ़्तर से बाहर आते ही अचानक जैसे नसरू को याद आ गया, "यार मौज खाँ, तोसू चारमिनार की एक डिब्बी लाणा की कही ही ?"

मौज खाँ ने तुरन्त जेब से एक डिब्बी निकाली और उसे नसरू को दे दिया। नसरू ने उसमें से एक सिगरेट निकाल अपने सरपंच को दी, एक उमर खाँ को दे दी और एक को निकाल उसने अपने होंठों में दबा लिया। धूम्रपान की पुरातन शिष्टता का सम्मान करते हुए, नसरू ने माचिस की एक ही तीली से बड़ी कुशलता के साथ पहले सरपंच, फिर उमर खाँ और अन्त में अपनी सिगरेट जलाई। इस कार्य को नसरू ने बड़ी निपुणता और सफ़ाई के साथ सम्पन्न किया। बस अड्डा आने तक जब-जब चारमिनार की सिगरेट के धुएँ के छल्ले हवा में उड़ते, तो लगता जैसे आसमान में बादलों के गुच्छे उड़ रहे हैं। बहुत दिनों बाद पेट-भर मिली देसी घी की इमरतियों, गाजर के हलुए और चारमिनार के तम्बाकू का नशा नसरू पंच और सरपंच अजमत पर तारी होने लगा। बस अड्डे पर पहुँचने के कुछ ही देर बाद उन्हें बस मिल गयी। बस के फ़िरोज़पुर झिरका पार करते ही नसरू और सरपंच की आँखें ऐसी लगीं कि उन्हें पता ही नहीं चला कब बड़कली आ गयी।

8

वकील नेमचन्द गुप्ता द्वारा किया वकील, जो वास्तव में उसका ही दूर का एक रिश्तेदार था, उसने घर पर ही बनाये अपने दफ़्तर में अपने सामने फैले हिबानामा की नक़ल के एक-एक शब्द और वाक्य को बड़े ध्यान से पढ़ा। उसे देर तक पढ़ने के बाद वह अपनी अलमारी से एक किताब निकाल कर लाया। वापस अपनी कुर्सी पर बैठ बड़ी संजीदगी के साथ उसके कुछ पन्नों को पलट, पेंसिल से कुछ पंक्तियों को चिन्हित करने लगा। पंक्तियों को चिन्हित कर उन पन्नों पर काग़ज़ की छोटी-छोटी पट्टियाँ लगा उसने उस खुली किताब को एक तरफ़ रख दिया। वह फिर से उठा और इस बार पहली वाली किताब से ज़्यादा मोटी किताब को निकाल लाया, और उसके पन्नों को पलटने के बाद उसकी नज़र एक जगह रुक गयी। फिर से उसने पेंसिल से उसकी पंक्तियों को चिन्हित किया और पहली किताब की तरह उसने उन पृष्ठों के बीच काग़ज़ की छोटी-छोटी पट्टियाँ लगाईं और उसे भी एक ओर रख दिया। इधर जब-जब सामने बैठे वकील की मुंडी, उसके पल-पल बदलती और वक्र होते होंठों की मुद्राओं के साथ हिलती, और इस दौरान रह-रहकर

सरपंच और नसरू की नज़र उमर खाँ से मिलती, तब-तब लगता जैसे उमर खाँ किसी विजयी रथ पर दौड़ा जा रहा है।

कहते हैं कि अच्छा डॉक्टर और वकील वही होता है जो अपने मरीज़ और मुवक्किल पर पूरा ध्यान दे। डॉक्टर अपने मरीज़ के मर्ज़ और वकील अपने मुवक्किल की परेशानी का निदान या उपचार करने से पहले उनका तसल्ली से मुआयना करे। जितनी देर मरीज़ की नाड़ियों-धमनियों पर डॉक्टर की अँगुलियों के पोर सरसराते रहेंगे, मरीज़ की नज़र में उसका क़द पहले फ़रिश्ता और बाद में भगवान का हो जायेगा। इसी तरह वकील जितना मोटी-मोटी पोथियों के पन्ने पलटता रहेगा, उसका मुवक्किल इसी कल्पना में डूबा रहेगा कि फ़ैसले को उसके हक़ में होने से कोई नहीं रोक सकता।

देर तक वकील के दफ़्तर में फैले सन्नाटे के बीच जैसे ही वकील का स्वर उभरा, उमर खाँ ने अपने विजयी रथ के अश्वों की लगामों को ज़ोर से खींचा।

"गुप्ताजी, मामला इतना सीधा नहीं है जितना लग रहा है। फिर भी मैं पूरी कोशिश करूँगा कि फ़ैसला हमारे हक़ में हो।" वकील नेमचन्द गुप्ता के बताये गुड़गाँवा वाले वकील अर्थात उसके दूर के रिश्तेदार ने चेहरे पर अर्द्ध निराशा का लेप चढ़ाते हुए, हिबानामा और अपनी क़ानून की किताबों को देखने के बाद पहली बार प्रतिक्रिया व्यक्त की।

"उकील साब, बड़ी उम्मीद लगाके आया हैं आपके पै।" उमर खाँ एकदम दोलड़ होते हुए बोला।

"गर्ग साब, आप इन्हें अपना मुवक्किल मत समझना। यह समझना कि ये अपने घर के आदमी हैं।" वकील नेमचन्द गुप्ता ने अपने चेहरे पर गम्भीरता और अपनत्व का भाव लाते हुए कहा।

"देखो जी, उम्मीद पर ही यह दुनिया टिकी हुई है। मैं तो पैरवी करने में अपनी पूरी ताक़त लगा दूँगा। बाकी ऊपरवाले के हाथ में है। मुझे थोड़ा समय चाहिए। मैं जैसे ही कोर्ट में अपील दायर कर दूँगा, गुप्ताजी को बता दूँगा और जब की तारीख़ लगेगी इनको बता दूँगा।"

"आपकी बहोत-बहोत मेहरबानी उकील साब !" इस बार उमर खाँ के दोनों हाथ जुड़ते चले गये।

कहा जाता है कि अच्छा डॉक्टर और वकील वही होता है, जो गुड़ नहीं तो कम-से-कम गुड़ जैसी बात करे। इस कसौटी पर गुड़गाँव वाला यह वकील पूरी तरह खरा उतरा है।

इस बीच वकील नेमचन्द गुप्ता ने अपनी कोट की जेब से कुछ रुपये निकाले और उन्हें अपने दूर के रिश्तेदार यानी गुड़गाँव वाले वकील की ओर बढ़ा दिये। ये कितने रुपये अर्थात वकील की फ़ीस होगी, किसी ने इस पर ध्यान नहीं दिया। देने की ज़रूरत भी नहीं है क्योंकि उनका सौदा फ़िरोज़पुर झिरका के वकील नेमचन्द गुप्ता से हुआ है, न कि इस गुड़गाँव वाले इस वकील से।

सरपंच अजमत जब भी किसी काम से फ़िरोज़पुर झिरका जाता वकील नेमचन्द गुप्ता से बिना मिले नहीं आता। उस दिन सरपंच उसके दफ़्तर पहुँचा ही था कि उसे देखते ही वकील मुस्कराते हुए बोला, "आ यार सरपंच, मैं कई दिनों से तेरी ही बाट देख रहा था।" इतना कह उसने अपने दफ़्तर में काम करनेवाले लड़के से कहा, "चमन, फटाफट दो चाय लेकर आ!"

सरपंच अजमत समझ गया कि वकील नेमचन्द गुप्ता उसकी क्यों राह देख रहा होगा।

"ऐसा है कि गुड़गाँवा से वकील ने ख़बर भिजवाई है कि अगले महीने की पाँच तारीख़ को केस की तारीख़ लग गयी है, जाकर उमर खाँ को बता देना! साथ में यह भी बता देना कि वकील साब की फ़ीस भी लेता चले!" वकील नेमचन्द गुप्ता ने जाते ही मतलब की बात की।

"कह दूँगो उकील साब।" इसके बाद सरपंच अजमत ने पहले पलटकर पीछे देखा कि कोई अन्दर तो नहीं आ रहा है। उसे जब पूरी तसल्ली हो गयी, तब उसने पोजीशन लेते हुए पहले अपने आपको सीधा किया और फिर धीरे-से बोला, "उकील साब, कुछ हमारो भी ख्याल है या बेमतलब इमामनगर सू पिरोजपर और पिरोजपर सू लेके गुड़गाँवा तलक ऐसे ई पणहाँ तोड़ता डोलरा हैं?"

"सरपंच, बेफ़िक्र रहे। तू क्या मुझे बेवकूफ़ समझ रहा है। मेरे यार, तुम जैसों के बदौलत ही तो हमारी वकालत चल रही है। मैंने लड़के को ऐसे ही चाय लेने नहीं भेजा है।" इसके बाद मेज़ की दराज़ को खोल वकील नेमचन्द गुप्ता ने कुछ रुपये निकाले और उन्हें सरपंच अजमत की ओर बढ़ा दिया, "ले, रख ले अपने कमीशन की पहली किस्त।"

सरपंच अजमत ने इतनी तेज़ी से वकील के हाथों से रुपये लिए कि दोनों में से किसी को पता नहीं चला कि, वे कब एक-दूसरे के हाथों से होते हुए सरपंच की जेब में समा गये।

"औऽऽऽर नसरू को हिस्सा ?" हिचकते हुए सरपंच ने वकील से पूछा।

"ऐसा है इसमें दोनों का हिस्सा है। अब तू उसे इसमें से कितना देता है, मुझे कोई मतलब नहीं।"

"मैंने तो बस ऐसेई पूछ ली। वैसे एक बात बताऊँ उकील साब, या मुर्गी ए मेरे पै ई नसरू ही पकड़के लायो हो और मैं याहे आपके पै ले आयो।" सरपंच अजमत का मुर्गी से आशय उमर खाँ से था।

"ऐसे दो-चार लोग होने भी चाहिए।"

"एक बात कहणी है उकील साब कि मामला पूरो पन्द्रह एकड़ को है। वैसे भी मोटी आसामी है या मारे मेरी सलाह है कि..." कहते-कहते रुक गया सरपंच।

"मैं तेरे कहने का मतलब समझ रहा हूँ। तू चिन्ता मत कर। वैसे जहाँ तक मेरा अन्दाज़ा है यह मामला लम्बा चलेगा। मेरी जानकारी में यह रिवाज़े-आम से जुड़ा पहला मामला है। इसलिए यह ऊपर भी जा सकता है। इतनी आसानी से नहीं निपटने वाला।"

"बस, मेरो यही कहणा को मतलब हो। ऐसा मोटा सिकार कदी-कदी फँसा हाँ।"

इस तरह हर तारीख़ पर गुड़गाँव वाला वकील, जो वास्तव में वकील नेमचन्द गुप्ता का दूर का रिश्तेदार था, अपने मुवक्किल उमर खाँ के पक्ष में पैरवी करते हुए जब-जब इस देश के विभाजन से पहले बने रिवाज़े-आम के आधार पर पुश्तैनी जायदाद के बँटवारे को लेकर बने ज़मींदारा क़ानून का हवाला देता, उसे सुन उमर खाँ के फेफड़ों में जैसे ढेर सारी हवा भर जाती। मगर दूसरी तरफ़ इस क़ानून की वैधता पर सवाल उठाते हुए चाँदबी का वकील क़ुरआन से लेकर शरीअत, और शरीअत से लेकर भारतीय क़ानून का हवाला देता, उसे सुन सिविल जज अपना माथा पकड़ लेता। जज की यह हालत देख उमर खाँ का दिल बैठने लगता और फेफड़ों में भरी ताज़ा हवा कब बाहर निकल जाती, उसे पता ही नहीं चलता। अपने-अपने वकीलों के साथ खड़े काका-भतीजी यानी उमर खाँ और चाँदबी कब एक-दूसरे के दुश्मन बन गये, इसका दोनों को एहसास ही नहीं हुआ।

गुड़गाँव सिविल जज की अदालत के ये दृश्य देखनेवाले होते। धीरे-धीरे बाद में हालत यह हो गयी कि अदालत के अधिकतर नये-पुराने वकील इस बहस को देखने के लिए उमड़ पड़ते। दोनों पक्षों के वकील जब-जब अपने मुवक्किलों के पक्ष में आपस में भूखे भेड़ियों की तरह घूरते हुए, एक-दूसरे के तर्कों को तर्कों से और तथ्यों को तथ्यों से काटते हुए बहस करते, वह दृश्य देखते ही बनता। सुनवाई के बाद जैसे ही जज अगली तारीख़ देता, उमर खाँ और मौज खाँ दोनों बाप-बेटे कोर्ट से सीधा वकील नेमचन्द गुप्ता के साथ बस लेने के लिए सोहना चौक पर आ जाते। लेकिन कोर्ट से निकलने के बाद चाँदबी कहाँ चली जाती किसी को पता नहीं चलता।

और वह दृश्य जिस दिन सिविल जज ने दोनों पक्षों के वकीलों की दलील सुनने, सबूतों को देखने और गवाहों की गवाहियाँ सुनने के बाद जो फ़ैसला सुनाया, उसकी गुड़गाँव के वकीलों के बीच महीनों नहीं, कई साल तक चर्चा रही।

9

लगता है आज सिविल जज इस केस का फ़ैसला सुना ही देगा, ऐसा सारे वकीलों से लेकर वकील नेमचन्द गुप्ता, उमर खाँ, मौज खाँ, उनके साथ आये सरपंच अजमत और नसरू का मानना है। इसलिए सबका ध्यान इस जिज्ञासा को लेकर है कि जज आख़िर इसमें क्या फ़ैसला देगा। दादा खैराती की पन्द्रह एकड़ चार बिसवा का मालिकाना हक़ किसे मिलेगा ? खैराती परिवार की एकमात्र स्त्री वारिस चाँदबी के नाम उसकी ताई हसनबी द्वारा पंजीकृत किया गया हिबानामा वैध बना रहेगा, अथवा खैराती के भाई के बेटे उमर खाँ की अपील पर दीवानी अदालत का न्यायाधीश रिवाज़े-आम के आधार पर उमर खाँ के दावे को सही मानते हुए हिबानामा को ख़ारिज करने का आदेश पारित करता है ?

जज के आने और अदालत की कार्यवाही शुरू होने से पहले कोर्ट के अन्दर और गलियारे में तरह-तरह के अनुमान-अन्दाज़े लगने शुरू हो गये। कोर्ट रूम में पहले से तैयार वादी-प्रतिवादी अर्थात दोनों पक्षों के वकीलों की नज़र जज के बग़ल में बैठे पेशकार के सामने रखी फ़ाइलों के ढेर पर टिकी हुई है। कानों के पर्दों को एकदम ढीला छोड़ा हुआ है। एक ख़ास क़िस्म की पोशाक पहने और पेशकार से

कुछ दूरी पर उसके निर्देश के इन्तज़ार में तैनात प्यादे की हरकत पर नज़रें जमी हुई हैं। वरना ऐसा ना हो कि मुवक्किलों और वकीलों को हाज़िर होने वाली प्यादे की आवाज़ सुनाई न दे। ऐसा कई मामलों में हो चुका है कि प्यादे की आवाज़ कई बार सुनाई नहीं देती है।

इस केस की सुनवाई करते हुए जज ने पेशकार को अगली सुनवाई के पक्षकारों को हाज़िर होने का हुक्म दिया और पेशकार ने प्यादे को इन्हें हाज़िर होने का निर्देश दिया। पेशकार के निर्देश पर प्यादा तेज़ी से कोर्ट रूम से बाहर आया और दरवाज़े पर आकर आवाज़ दी, "उमर खाँ-चाँदबी हाज़िर होंऽऽऽ...!"

इस आवाज़ को सुन कोर्ट रूम से लेकर बाहर गलियारे में खड़े उमर खाँ, मौज खाँ सहित चाँदबी, सरपंच अजमत और नसरू तेज़ी से लपकते हुए अपने-अपने वकीलों के पास आ गये। सबकी धड़कनें एकाएक तेज़ हो उठीं।

सिविल जज ने इस बीच उमर खाँ की फ़ाइल के पन्ने पलटने के बाद, पहले सामने दायें-बायें खड़े दोनों पक्षों के वकीलों पर एक रहस्यमयी मुस्कान उछाली, जो चाँदबी के वकील पर आकर ठिठक गयी।

"हाँ जी वकील साब, आपको इस मामले में और कुछ दलील पेश करनी है ?" जज ने पहले चाँदबी के वकील से पूछा।

"जनाब, दलील क्या क़ुरआन, हदीस और शरा के मुताबिक़ मेरे मुवक्किल को उसके जायज़ हक़ से महरूम नहीं किया जा सकता। यह देखिए जनाब, क़ुरआन मजीद में चौथी सूरा अन-निसा की सातवीं आयत में साफ़-साफ़ फ़रमान है कि मर्दों का उस माल में हिस्सा है जो उसके माँ-बाप और नातेदारों ने छोड़ा हो... और औरतों का भी उसमें हिस्सा है जो माँ-बाप और उनके नाते-रिश्तेदारों ने छोड़ा हो, अब चाहे वह थोड़ा हो या ज़्यादा हो...और जनाब यह हिस्सा इस मुल्क के किसी क़ानून ने नहीं हमारे हजरत मुहम्मद सल्लल्लाहु अलैहि वसल्लम ने तय कर रखा है।" चाँदबी के वकील हाजी अली मोहम्मद ने बड़े अदब के साथ क़ुरआन के खुले हुए पन्ने को दिखाते हुए दलील दी।

सिविल जज ने खुले पन्ने पर इस तरह सरसरी निगाह मारी जैसे वह कह रहा है कि चाँदबी का वकील हाजी अली मोहम्मद झूठ थोड़े ही बोलेगा।

चाँदबी के वकील द्वारा पेश की गयी इस दलील से एक हद तक जज को सहमत हुआ देख, हाजी अली मोहम्मद ने क़ुरआन को अपनी ओर खींचा तथा पहले से लगी काग़ज़ की पट्टीवाले पृष्ठ को खोलते हुए बोला, "इतना ही नहीं जनाब,

इसी सूरा की दूसरी आयत में चाँदबी जैसी बेबस और यतीम के बारे में फ़रमान दिया हुआ है कि और यतीमों को उनकी दौलत दो और अपनी बुरी चीज़ को उनकी अच्छी चीज़ से ना बदलो। उनके माल को अपने माल के साथ हेरा-फेरी ना करके उसे हड़प लो। अगर ऐसा किया तो यह बहुत बड़ा गुनाह है।"

जज ने जैसे ही हाजी अली मोहम्मद द्वारा पेश की गयी क़ुरआन की इस आयत पर नज़र मारी, वैसे ही इस बार क़ुरआन को वापस अपनी तरफ़ सरका लिया। फिर धीरे-से उमर ख़ाँ के वकील की तरफ़ अपनी गर्दन घुमाई।

गुड़गाँव शहर का सबसे अनुभवी और उमर ख़ाँ के केस की पैरवी करने वाला वकील खूबचन्द गर्ग, सामने डायस पर विराजमान न्यायाधीश द्वारा इस तरह अपनी तरफ़ गर्दन घुमाने का आशय समझ गया। वह धीरे-से बड़े अदब के साथ आगे आया और एक महीन मुस्कान के साथ अपनी दलील पेश करते हुए बोला, "जज साब, ये एकदम सही कह रहे हैं। यह मुझे भी पता है कि क़ुरआन में ऐसा फ़रमाया गया है। लेकिन सवाल यहाँ किसी वेद-पुराण या शरा-हदीस के हुक्म और फ़रमानों का नहीं है। सवाल उस क़ानून का है जो पार्टीशन से पहले 1849 में पंजाब के तत्कालीन गवर्नर जनरल द्वारा पैतृक जायदाद के बँटवारे को लेकर गठित किये गये बोर्ड ऑफ़ एडमिनिस्ट्रेशन की एक सिफ़ारिश पर बनाया गया है। इस सिफ़ारिश में कहा गया था कि पंजाब स्टेट में बसने वाली किसानी जनजातियों की दादालाई जायदाद के बँटवारे का कोई ऐसा हल निकाला जाये, जिससे इन जातियों में ख़ानदानी रंजिश पैदा ना हो।"

"तो क्या इस सिफ़ारिश पर कोई अमल हुआ ?"

"हुआ न जज साब। उस समय इस मुश्किल काम की ज़िम्मेदारी लाहौर के न्यायाधीश जस्टिस बोलनोइस, जिसे बाद में हम सब सर डब्ल्यू. एच. रेट्टीगन के नाम से जानते हैं, उनको सौंपा गया। आप जानते होंगे जज साब कि तक़रीबन तीस साल की कड़ी मेहनत के बाद 1880 में उन्होंने जो रिपोर्ट तैयार की, उसमें वे लिखते हैं कि पंजाब स्टेट में बसने वाली ऐसी बहुत-सी किसान जनजातियाँ हैं, जो अपनी पुश्तैनी जायदाद के बँटवारे को लेकर न मुस्लिम क़ानून को मानती हैं, न शास्त्रों में लिखे क़ानून को।"

"यह कहाँ लिखा हुआ है, इसका कोई सबूत है ?" सिविल जज ने उमर ख़ाँ के वकील की आँखों में झाँकते हुए पूछा।

"सबूत है जनाब और पक्का सबूत है।" अपने साथ खड़े वकील नेमचन्द गुप्ता की तरफ़ मुड़ते हुए उमर खाँ के वकील ने उससे एक किताब ली। उसके बीच में लगे काग़ज़ के पट्टीवाले पन्ने को खोला और उसे जज की ओर बढ़ाते हुए बोला, "जज साब, सर डब्ल्यू.एच. रेट्टीगन की इस किताब 'कस्टमरी लॉ ऑफ़ पंजाब' में दर्ज है यह सब।"

सिविल जज देर तक बड़े ध्यान से उस पन्ने को पढ़ने लगा। फिर कुछ देर बाद सोचते हुए बोला, "यह सही है कि मेव कौम पंजाब की खेतिहर जनजातियों में आती होगी..."

"आती होगी नहीं जज साब, आती है।" अपनी दलील पर अडिग रहे वकील खूबचन्द गर्ग।

"चलिए, मैं आपकी इस बात से सहमत हूँ। मैं अब यहाँ दूसरी बात जानना चाहता हूँ और वो यह कि ऐसा कोई और सबूत है जिससे पता चल सके कि मेव कौम को किसी और स्टेट में भी जनजाति माना गया हो ?"

"जी जनाब, उत्तर प्रदेश के कुछ ज़िलों जैसे अलीगढ़, बुलन्दशहर, राजस्थान की अलवर और भरतपुर रियासतों में इन्हें जनजाति माना गया है। यह देखिए, मेरे पास यू.पी. डिस्चार्ज्ड प्रिज़नर्स एंड सोसाइटी के भूतपूर्व और पब्लिक सर्विस कमीशन, यू.पी. के चेयरमैन रहे गोपीचन्द श्रीवास्तव की यह किताब है। जज साब, इसमें मेवों को जनजाति ही नहीं कहा गया है बल्कि एक अपराधी कौम तक कहा गया है।"

"आपके कहने का मतलब है क्रिमिनल ट्राइबस ?"

"जी जज साब।"

सिविल जज के लिए यह एकदम नयी जानकारी है कि मेव जाति को भी कभी अपराधी जनजातियों में भी शामिल किया गया है। जज ने किताब को उलट-पुलट कर देखा और फिर मुस्कराते हुए कहा, "इसका मतलब है यह तो बड़ी लड़ाका कौम रही है।"

"जनाब इतनी लड़ाका और बहादुर कौम रही है यह कि एक ज़माने में शाम होते ही दिल्ली के दरवाज़े बन्द हो जाया करते थे।"

"वकील साब, तो क्या कस्टमरी लॉ इस देश की पूरी मेव कौम पर लागू होता है ?" सिविल जज एक बार फिर मुद्दे पर आते हुए बोला।

"नहीं जज साब। यह सिर्फ़ पार्टीशन से पहले के पंजाब स्टेट में आने वाले ज़िलों के मेवों में लागू होता है...और आप तो जानते ही हैं यह गुड़गाँवा ज़िला इस समय पंजाब स्टेट का हिस्सा है, तो ज़ाहिर है कस्टमरी लॉ इसी ज़िले के मेवों में लागू होता है।"

"ठीक है।" इसके बाद सिविल जज ने एक बार फिर चाँदबी के वकील हाजी अली मोहम्मद की तरफ़ देखा, "हाँ जी वकील साब, एक बात बताइये कि जब चाँदबी की ताई ने अपनी भतीजी के नाम हिबानामा रजिस्टर्ड कराया था, तब क्या उसने अपने कुनबे के, मेरा मतलब है अपने मरहूम शौहर के मर्द हक़दारों, जैसी रिवाज़े-आम में शर्त है, उनसे कोई इजाज़त ली थी।"

"जनाब, इस जायदाद की मालिक चाँदबी के वालिद के इन्तिक़ाल के बाद पहले इसकी माँ रसूलन थी, जब इसकी माँ का भी इन्तिक़ाल हो गया तो उसकी विरासत इसके ताऊ नवाज खाँ के नाम चली गयी। नवाज खाँ के मरने के बाद जब उसकी जायदाद उसकी बीवी हसनबी के नाम चली गयी, तो हसनबी ने उस जायदाद को हिबानामा के रूप में खैराती परिवार की अकेली वारिस होने के नाते अपनी इस भतीजी चाँदबी के नाम रजिस्टर्ड करा दिया। ऐसे में इसके लिए किसी से इजाज़त लेने की क्या ज़रूरत थी। वैसे भी मुस्लिम क़ानून के मुताबिक़ किसी भी तरह की जायदाद को तोहफ़े के तौर पर दिया जा सकता है।"

"जज साब, अदालत के फ़ैसले किसी शरा या शास्त्र के क़ानून से नहीं, सरकारी क़ानून से होते हैं। और यहाँ बात उस क़ानून की हो रही है जिसकी बुनियाद रिवाज़े-आम है। मेरे क़ाबिल दोस्त इस बात से अच्छी तरह वाक़िफ़ होंगे कि रिवाज़े-आम के मुताबिक़ चाँदबी की माँ अपने शौहर मरहूम मक्खन खाँ के इन्तिक़ाल के बाद मालिक ज़रूर थी, लेकिन इस मालिकाना हक़ का मतलब सिर्फ़ इतना था कि वह अपने ज़िन्दा रहने तक इस जायदाद का इस्तेमाल कर सकती थी। चाँदबी की माँ रसूलन की मौत के बाद इसी रिवाज़े-आम के मुताबिक़ उसकी विरासत इसके ताऊ नवाज खाँ के नाम चली गयी। नवाज खाँ के मरने के बाद उसकी जायदाद उसकी बीवी हसनबी के नाम चली गयी। क्यों वकील साब, यहाँ तक सब ठीक है ?" उमर खाँ के वकील खूबचन्द गर्ग ने चाँदबी के वकील हाजी अली मोहम्मद से पूछा।

"जी जनाब।" चाँदबी के वकील हाजी अली मोहम्मद ने जज को उत्तर दिया।

"रिवाज़े-आम के मुताबिक़ हसनबी भी उस जायदाद का सिर्फ़ इस्तेमाल कर

सकती थी। यह भी सही है ?" एक बार फिर उमर खाँ के वकील खूबचन्द गर्ग ने चाँदबी के वकील हाजी अली मोहम्मद से पूछा।

चाँदबी के वकील हाजी अली मोहम्मद ने किसी तरह का जवाब न देकर केवल हाँ में सिर हिला दिया।

"जज साब, हम सब जानते हैं कि रिवाज़े-आम, जिसे हम ज़मींदारा क़ानून भी कहते हैं, वह यह कहता है कि कोई बेवा अपने शौहर की जायदाद का अपने मरने तक इस्तेमाल तो कर सकती है, मगर उसे वह न तो किसी को दान कर सकती है। न किसी के पास उसे गिरवी रख सकती है...और तो और वह उसे किसी प्रकार से ट्रांसफ़र भी नहीं कर सकती है। इतना ही नहीं जज साब, अगर उस जायदाद को वह बेवा बेचना चाहे या किसी को देना चाहे, जैसा हसनबी ने इस केस में किया है, तो उसे अपने परिवार के मर्द हक़दारों की इजाज़त लेनी ज़रूरी है...और यहाँ तो जज साब, हसनबी ने अपनी भतीजी के नाम उमर खाँ से इजाज़त लिये बिना चाँदबी के नाम हिबानामा रजिस्टर्ड ही करा दिया ! जब सारा काम रिवाज़े-आम के मुताबिक़ हुआ, तब हिबानामा के मामले में इस क़ानून का पालन क्यों नहीं किया गया ?"

उमर खाँ के अनुभवी वकील खूबचन्द गर्ग ने जिस आत्मविश्वास के साथ दलीलें पेश कीं, उन्हें सुन अदालत में ख़ामोशी छा गयी।

"वकील साब, क़ुरआन, हदीस और शरीयत के अलावा कुछ और दलील पेश करनी है ?" सिविल जज ने चाँदबी के वकील हाजी अली मोहम्मद से पूछा।

"एक सच्चे मुसलमान के लिए क़ुरआन, हदीस और शरीयत से बड़ा कुछ नहीं होता जज साब। वह तो अपने रसूल हज़रत मुहम्मद सल्लल्लाहु अलैहि वसल्लम के फ़रमानों का पाबन्द है।"

"ठीक है।" इतना कह जज ने अपने सामने रखे छोटे-से कैलेंडर पर नज़र मारी और यह कहते हुए फ़ाइल अपने दायें तरफ़ पटक दी, "इसका फ़ैसला अगली तारीख़ को सुनाया जायेगा...और अगली तारीख़ है..." तारीख़ देने के बाद सिविल जज ने अगले केस की फ़ाइल उठा ली।

कोर्ट से बाहर निकलने के बाद वकील नेमचन्द गुप्ता, सरपंच अजमत, उमर खाँ, मौज खाँ और नसरू सब अपने वकील के चैम्बर की ओर बढ़ गये। जबकि चाँदबी को उन्होंने कोर्ट से उसके वकील हाजी अली मोहम्मद के साथ जाते हुए देखा।

अपने वकील के चैम्बर में पहुँचने पर वकील नेमचन्द गुप्ता ने सरपंच अजमत को एक तरफ़ बुलाया, "सरपंच, उमर खाँ वकील साब की फ़ीस तो लाया है न ?"

"एक मिनट उकील साब।" इतना कह थोड़ी दूर खड़े उमर खाँ को सरपंच ने आवाज़ दी, "उमर खाँ, थोड़ो सो इतलू आ!"

अपने नाम की आवाज़ सुन उमर खाँ लपका हुआ आया, "हाँ बोल?"

"उकील साब की फीस-वीस तो लायो है ना?"

"एक मिनट।" उमर खाँ ने कमर में लिपटी नौळी खोली और उसमें पहले से गिनकर गोल करके घुसड़े हुए नोटों को बाहर निकालकर, सरपंच अजमत की ओर बढ़ा दिया।

"कितना हैं?" सरपंच ने नोटों को लेते हुए पूछा।

"पूरा बीस हैं।"

इधर उमर खाँ ने बीस का नाम लिया, उधर सरपंच अजमत जैसे आग-बबूला हो गया, "यार सरपंच, ई कोई रहटी है कि जब देखो तू इन बीस रुपल्लीन्ने पकड़ा देवे है। इनसे क्या माता पूजेगी!"

"यार सरपंच, बीस रुपया रुपल्ली होवे हैं? इतना में तो कोई छोटो-मोटो बिसवा आ जावे है।" उमर खाँ ने हिम्मत जुटाते हुए प्रतिवाद किया।

"ई कोई बिसवा-बाड़ी ना है, मुकदमा है। अगर तू केस जीतगो तो ये जो पन्द्रह एकड़ तेरा हिस्सा में आएँगा उनकी कीमत कहा होगी, पतो है?"

सरपंच अजमत और उमर खाँ के बीच होती बहस को देख, वकील नेमचन्द गुप्ता धीरे-से उनके पास आया, "क्या बात हो गयी सरपंच साब?"

सरपंच अजमत ने बहस की वजह बता दी।

"देख सरपंच, डॉक्टर और वकील के पास जाते समय कभी जेब नहीं देखनी चाहिए। वैसे भी केस का फ़ैसला आनेवाला है। अगर ऐसे में वकील साब नाराज़ हो गये तो सारी मेहनत और भाग-दौड़ पर पानी फिर जायेगा। समझा इस उमर खाँ को। मेरे यार, तू अपनी भतीजी की तो हिम्मत देख बेचारी अकेली औरत तुझसे टक्कर ले रही है। तुझे क्या लगता है उसका वकील फ्री में केस लड़ रहा होगा? वह नहीं बहा रही होगी पानी की तरह पैसा?" वकील नेमचन्द गुप्ता ने एक सुलझे हुए और घाघ वकील की तरह कहा।

वकील नेमचन्द गुप्ता की इस तक़रीर का उमर खाँ और उसके लड़के मौज खाँ ने बुरा नहीं माना। दोनों चुपचाप सुनते रहे।

"एक बात बता उमर खाँ, ये सरपंच और नसरू पागल हैं, जो अपने सारे काम-धन्धे छोड़कर बसों में तेरे साथ धक्के खा रहे हैं। इनके बाल-बच्चे नहीं हैं...

और चल हम सबको छोड़, हमारे वकील साब को देख, पता नहीं वे कहाँ-कहाँ से किस-किसकी और कब-कब की किताबों को ढूँढ़कर जज साब के सामने पेश कर रहे हैं।"

वकील नेमचन्द गुप्ता के इस तर्क पर उमर खाँ खिसियाते हुए बोला, "उकील साब, एक बर जज साब को फैसला हमारे हक में हो जाये, काबा सोईं हाथ उठाके कहरो हूँ मैं तिहारो पूरो पेट भर दूँगो।"

"फैसला तो ऊपरवाले के हाथ में है। वकील और डॉक्टर तो बस कोशिश कर सके हैं।" इस बार वकील नेमचन्द गुप्ता एकाएक जीवन-दर्शन और दार्शनिकता के बीहड़ में उतर गया। कुछ पल बाद उससे बाहर निकला, तो यह कहते हुए अकेला ही अपने वकील खूबचन्द गर्ग के चैम्बर में घुस गया, "देख, इस बार तो वकील साब को समझा देता हूँ। लेकिन अगली तारीख़ पर किसी तरह की कोताही नहीं होनी चाहिए ! तुम सब यहीं रुको, मैं अभी आया।"

वकील नेमचन्द गुप्ता और उमर खाँ के बीच चल रहे इस संवाद को सरपंच और नसरू चुपचाप सुनते रहे। दोनों में से किसी ने किसी तरह का दख़ल देना मुनासिब नहीं समझा। वैसे भी उनका काम उमर खाँ नाम की इस मोटी मुर्गी को घेर-घार कर वकील नेमचन्द गुप्ता के दड़बे तक लाना था, सो वे ले आये। अब यह वकील जाने, उसका दड़बा जाने और दड़बे में फड़फड़ाती यह मुर्गी जाने।

इमामनगर की आधी दुनिया के बहुत बड़े हिस्से की दुआएँ चाँदबी के साथ हैं। इसलिए सबको अपने परवरदिगार पर पूरा भरोसा है कि वह एक बेसहारा और यतीम के साथ नाइन्साफ़ी नहीं करेगा। इसलिए जब तक वह गुड़गाँव से इमामनगर और वहाँ से अपनी हवेली नहीं पहुँच जाती, कुलसुम काकी मलूकी के चौतरे के आसपास ही मँडराती रहती। कई बार तो ऐसा हो चुका है कि मक्खन की हवेली को जाती पतली गली में अँधेरा भर जाता, लेकिन वह साया न तो कुलसुम को नज़र आता जिसे देखने की चाह में वह काकी मलूकी के चौतरे के आसपास मँडराती रहती; न ही काकी मलूकी को दिखाई देता, जिसके इन्तज़ार में वह मग़रिब की नमाज़ पढ़ते ही चौतरे पर आ बैठती।

10

चाँदबी को पूरी रात नींद नहीं आयी। रात-भर वह निश्चय-अनिश्चय के बवंडर में हिचकोले खाती रही। रह-रह कर आने वाले फ़ैसले के भँवर की लहरों के किनारे बैठी निष्प्रभ आँखों से अपने आपको ताकती रहती। इसी आस में पूरी रात सिजदे में उसके हाथ उठे रहे कि हे मेरे मौला, मेरे साथ किसी तरह का दग़ा मत करना। इधर उमर खाँ भी बेसब्री से फ़ज्र की अज़ान का इन्तज़ार करता रहा कि कब फ़ज्र की अज़ान लगे और कब वह मस्जिद में जाकर नमाज़ अदा करके आये। आधी रात के बाद तो जैसे उसकी नींद ही ग़ायब हो गयी। इस बीच वह कई बार पौळी से बाहर आ, पूरब में धुँधयायी आभा की तरफ़ देख यह अनुमान लगाने की कोशिश कर चुका है कि अज़ान में अभी कितनी देर है। हालाँकि अन्य दिनों की तरह भोर होने से पहले बीच-बीच में खेतों की जुताई के लिए पौळी के पिछवाड़े से जाते बैलों के गले में बँधे घुँघरुओं की आवाज़ पड़ने लगी।

बड़े इन्तज़ार के बाद मस्जिद की मुँडेर से अलसायी और कुनमुनाती अलस्सुबह के बीच उसके कानों में फ़ज्र की अज़ान के मद्धिम बोलों के ये आख़िरी

शब्द *हय-य अलल्फ़लाह / अस्सलातु खैरुम मिनन्नौमि* अर्थात आओ निजात पाने के लिए नमाज़ नींद से बेहतर है, पड़े उमर खाँ मस्जिद की ओर चल दिया।

रास्ते में पड़ने वाले नमाज़ियों से दुआ-सलाम के बीच उमर खाँ ने वज़ू की और नमाज़ अदा करने लगा। इधर चाँदबी ने भी अज़ान लगते ही अपना मुसल्ला अर्थात जा-नमाज़ उठाया, उसे पूरब-पश्चिम दिशा में बिछाया और क़िब्ला की तरफ़ मुँह कर, नमाज़ की नीयत कर नमाज़ पढ़ने लगी।

चाँदबी इसका पूरा ध्यान रखती है कि यदि तारीख़ वाले दिन उसकी नज़र, बस के लिए जाते अपने काका उमर खाँ, उसके लड़के मौज खाँ और उनके साथ जाते वकील नेमचन्द गुप्ता, सरपंच अजमत व नसरू पर पड़ जाती; तब वह यह ज़रूर करती कि यदि वे अगले दरवाज़े से बस में चढ़ते, तो वह पिछले दरवाज़े से चढ़ती। वे पिछले दरवाज़े से चढ़ते, तो वह अगले से चढ़ती। अब तो अपने काका और मौज खाँ से चाँदबी की दुआ-सलाम तो दूर रही, उनसे न तो वह नज़र मिलाती है और न ही वे दोनों उससे नज़र मिलाने की कोशिश करते हैं। हाँ, सरपंच अजमत और नसरू से कभी-कभार उसकी दुआ-सलाम हो जाती है। इस तरह देखते-देखते जायदाद के लिए ख़ूनी रिश्ते तार-तार हो गये। एक-दूसरे के दरम्यान तलवारें खिंच गयीं।

अपने-अपने वकीलों के साथ पहुँचने वाले दोनों पक्षों की धड़कनें बढ़ी हुई हैं कि पता नहीं आज जज किसके पक्ष में फ़ैसला सुनाएगा।

आज सिविल जज की कोर्ट में अधिक केस नहीं लगे हैं। सबसे आख़िर में लगने के कारण सब इत्मिनान से अपने केस का इन्तज़ार करने लगे। लगभग दो घण्टे बाद जैसे ही हलकारे ने कोर्ट रूम के बाहर उमर खाँ-चाँदबी का नाम पुकारा, अन्दर पहले से इस केस के फ़ैसले के इन्तज़ार में बैठे वकीलों में सुगबुगाहट शुरू हो गयी।

सिविल जज सम्बन्धित फ़ाइल के एक-एक पन्ने को पलटने लगा। कभी उसकी नज़र किसी पन्ने पर ठिठक जाती, तो कभी सरसरी निगाह मार वह आगे बढ़ जाता। जैसे-जैसे जज की अँगुलियाँ फ़ाइल के पन्ने पलटती हुई आगे बढ़ने लगीं, चाँदबी से अधिक दोनों बाप-बेटों यानी उमर खाँ और मौज खाँ की साँसें तेज़ होने लगीं। बीच-बीच में जज पेंसिल से कुछ लिख भी रहा है। फ़ाइल के लगभग अन्त में जाकर जैसे ही पन्ने पलटते जज का तेज़ दौड़ता अँगुली का पोर थमा, सबकी निगाहें उस पर टिक गयीं।

सिविल जज ने सबसे पहले कोर्ट में अपने सामने बैठे वकीलों और उनके मुवक्किलों पर एक नज़र मारी। फिर दायीं तरफ़ रखे पानी के गिलास से एक घूँट भरा और उसे हलक़ से नीचे उतार बड़े सधे हुए अन्दाज़ में बोलना शुरू किया, "मेरी जानकारी में रिवाज़े-आम से जुड़ा यह पहला मामला है जो सिविल कोर्ट में आया है।" इतना कह जज ने मुस्कराते हुए चाँदबी के वकील हाजी अली मोहम्मद की तरफ़ देखकर जैसे अपने अनुमान और जानकारी की पुष्टि करते हुए कहा, "क्यों वकील साब, मैं सही कह रहा हूँ न ?"

"जी...जी जनाब ! आपने दुरुस्त फ़रमाया। यह पहला मामला है।" वकील हाजी अली मोहम्मद ने बड़े अदब के साथ जज के अनुमान की पुष्टि की।

"हसनबी द्वारा अपनी भतीजी चाँदबी के नाम कराये गये हिबानामा को पेटिशनर उमर खाँ ने ख़ारिज करने की जो अपील की है, उसके फ़रीक़ में वकील साब ने अनेक दलीलें और सबूत पेश किये हैं। मैं जब रिवाज़े-आम के बारे में कुछ जानकारियाँ हासिल कर रहा था, तो मुझे इसके बारे में कुछ ऐसी मज़ेदार जानकारियाँ मिलीं, जिन्हें रिवाज़े-आम से जुड़े मामलों और फ़ैसलों के लिए जानना ज़रूरी है। मसलन, हमारे इसी पंजाब में सिर्फ़ मेव ही नहीं, हिन्दुओं में भी ऐसी बहुत-सी ज़मींदार कौम हैं जिनमें पुश्तैनी जायदाद को लेकर, जैसे मेवों में शरा को तरजीह नहीं दी जाती, उसी तरह हिन्दू क़ानून या कहिये शास्त्रों को भी तरजीह नहीं दी जाती...क्यों वकील साब, मैं ठीक कह रहा हूँ न ?" इस बार उमर खाँ के वकील की ओर मुख़ातिब हो जज ने पूछा।

"एकदम सही कहा आपने। जज साब, मैं आपको पार्टीशन से पहले पंजाब के एक ज़िले मुज़फ़्फ़रगढ़ के बारे में बताता हूँ कि इसमें जाट और ब्राह्मण रहते हैं। मज़ेदार यह है जनाब कि इस ज़िले के ये ब्राह्मण वैसे तो अपने सारे रीति-रिवाज़ और कर्मकाण्ड हिन्दू रीति के मुताबिक़ पूरा करते हैं। मगर जब पुश्तैनी जायदाद के बँटवारे का मसला आता है, तो यह बँटवारा शास्त्रों के मुताबिक़ नहीं, जाटों की तरह ही रिवाज़े-आम के मुताबिक़ करते हैं। जज साब, पंजाब में जैसे हिन्दुओं में कुछ गोत्र बचाकर शादी-ब्याह किये जाते हैं, वैसे ही रिवाज़े-आम के मुताबिक़ बहुत-सी ज़मींदार मुसलमान जनजातियों में भी गोत्र बचाकर शादी-ब्याह किये जाते हैं।"

"तो क्या मेवात के मेव भी गोत्र बचाकर शादी करते हैं ?"

"जी जज साब।" इतना कह उमर खाँ के वकील ने चाँदबी के वकील हाजी अली मोहम्मद की तरफ़ ऐसे देखा, जैसे वह सामने बैठे जज से कह रहा है कि विश्वास नहीं है तो आप इससे पूछ सकते हैं।

चाँदबी का वकील हाजी अली मोहम्मद बिना एक पल गँवाए सहमति जताते हुए बोला, "जनाब, मेरे क़ाबिल वकील दुरुस्त फ़रमा रहे हैं।"

"...और जज साब, जस्टिस सर चार्ल्स रो ने अपनी किताब ट्राइबल लॉ में यहाँ तक लिखा है कि यह रिवाज़े-आम हर ज़िले, हर तहसील...यहाँ तक हर गाँव में अलग-अलग हो सकता है। यह वहाँ रहने वाली जातियों के सामाजिक बदलाव और हालात पर निर्भर करता है। यह देखिये, सर रेट्टीगन ने गुड़गाँव ज़िले के मेवों के बारे में बहुत साफ़ लिखा है कि मेव अपनी पुश्तैनी जायदाद का बँटवारा मुस्लिम क़ानून के मुताबिक़ नहीं, बल्कि रिवाज़े-आम के मुताबिक़ करते हैं। उनके मुताबिक़ मेवों में किसी आदमी की पुश्तैनी जायदाद में उसकी बेटी या बेटियों का कोई हक़ नहीं है। बेवा होने पर एक औरत अपने शौहर की जायदाद का उम्र-भर इस्तेमाल तो कर सकती है, मगर वह उसे बेच नहीं सकती। उसे वह किसी को दान नहीं दे सकती। उसे रहन नहीं कर सकती। कहने का मतलब यह है जज साब कि वह ख़ुद सिर्फ़ इसका इस्तेमाल कर सकती है। उसके इन्तिक़ाल के बाद उसकी वह जायदाद उसके शौहर के भाइयों में बराबर हिस्सों में बँट जायेगी।"

उमर खाँ के वकील खूबचन्द गर्ग की इस दलील को सुन सिविल जज ने एक लम्बा और गहरा हुंकारा भरा। इसके बाद उसने आपने सामने रखा पानी का गिलास उठाया और लम्बा घूँट लिया। जिस तरह सामने बैठे जज ने हुंकारा भरा, उसे सुन जहाँ चाँदबी की देह में बहता रक्त ठिठक-सा गया, वहीं उमर खाँ की धमनियों में यह तेज़ी से दौड़ने लगा।

सिविल जज ने धीरे-से अपनी गर्दन उठायी और अपनी नज़रें चाँदबी के वकील हाजी अली मोहम्मद पर जमा दीं, "हाँ जी वकील साब, आपके क़ाबिल दोस्त जो कह रहे हैं, सही कह रहे हैं?"

चाँदबी के वकील हाजी अली मोहम्मद को इसकी क़तई उम्मीद नहीं थी कि वह वादी की दलील की उसी से पुष्टि करने लगेगा। यह जानते हुए कि उमर खाँ का वकील सही कह रहा है, हाजी अली मोहम्मद जज को ऐसे देखने लगा जैसे उसकी समझ में नहीं आया कि जज ने क्या पूछा है।

"मैं यह पूछ रहा हूँ वकील साब कि क्या गुड़गाँव ज़िले के मेवों में जायदाद का बँटवारा रिवाज़े-आम के मुताबिक़ होता है?"

जज के एकदम साफ़-साफ़ पूछने पर हाजी अली मोहम्मद ने अपने मुवक्किल चाँदबी की तरफ़ देखा। जिस बेचारगी के साथ उसने चाँदबी को देखा, चाँदबी का पूरा जिस्म काँप कर रह गया।

"जी...जी जनाब।" चाँदबी के वकील हाजी अली मोहम्मद के शब्द बिखरने लगे जैसे।

"ठीक है। लंच के बाद मिलते हैं फिर से।" इतना कह सिविल जज ने अपने सामने की दीवार पर टँगी और क्रिश्चियन हाइगेंस द्वारा आविष्कृत अखरोट की लकड़ी से बनी क्लासिक घड़ी के क्रोम कोटिंग वाले चमकीले टक-टक अर्थात टेपिंग की आवाज़ के साथ पूरी तन्मयता से स्विंग करते पेंडुलम पर नज़र मारी। इसके बाद सफ़ेद डायल पर उकरे रोमन अंकों को स्पर्श करने को आतुर घण्टे व मिनिट की सूइयों को देखा तथा अपनी कुर्सी से उठ गया। जज की जगह अब उसकी कुर्सी के पीछे दीवार पर टँगी चिर-परिचित मुद्रा वाले अशोक स्तम्भ के बेजान शेरों की अनुकृति रह गयी।

लंच समाप्त होते-होते एक बार फिर कोर्ट रूम की सारी कुर्सियाँ भर गयीं। चाँदबी और उसका काका उमर खाँ भी समय से पहले अपने-अपने वकीलों के साथ आ गये। ठीक समय पर पेशकार ने यह कहते हुए जज के आने की सूचना पूरे कोर्ट रूम को दी, "जज साब, आ रहे हैं!"

इस सूचना के साथ जैसे ही सिविल जज ने कोर्ट में प्रवेश किया, पूरा कोर्ट रूम उनके सम्मान में खड़ा हो गया।

सिविल जज ने पुनः सम्बन्धित केस फ़ाइल के कुछ पन्नों को पलटा। पन्नों को पलटने के बाद अपने काले फ्रेमवाले चश्मे को ठीक किया। कुछ पल रुककर दोनों वकीलों, उनके मुवक्किलों और खचाखच भरी अदालत को सम्बोधित करते हुए बोलने लगा, "दोनों फ़रीक़ के वकीलों की दलीलों को सुनने, सबूतों और गवाहों को पेश करने के बाद यह बात तो साबित होती है कि इस गुड़गाँव ज़िले के मेव, अपनी जायदाद का बँटवारा मुस्लिम क़ानून या शरा के मुताबिक़ नहीं, बल्कि रिवाज़े-आम के मुताबिक़ करते हैं। इसकी ताईद, चाँदबी के वकील साब भी करते हैं। मगर सबसे पहले मैं बात करता हूँ इस हिबानामा की कि क्या हसनबी ने इसे चाँदबी के नाम रिवाज़े-आम के मुताबिक़ रजिस्टर्ड कराया था? हिबानामा को ध्यान से पढ़ने के बाद यह पाया गया है कि इसमें एक बहुत बड़ी ख़ामी है और वो यह कि, हसनबी ने जब इसको चाँदबी के नाम रजिस्टर्ड कराया था, तब उसने अपने शौहर के परिवार के मर्द हक़दारों से किसी तरह की कोई इजाज़त नहीं ली है। अगर ली हुई होती तो इस पर उनके दस्तख़त या अँगूठे ज़रूर होते। लिहाज़ा पहली नज़र में यह हिबानामा ग़ैर-क़ानूनी लगता है, इसलिए अदालत इसे ख़ारिज करने का हुक्म देती है।"

सिविल जज ने जैसे ही यह कहा, उमर खाँ वकील नेमचन्द गुप्ता के और निकट आ गया।

"उमर खाँ मुबारक़ हो !" वकील नेमचन्द गुप्ता ने लगभग फुसफुसाते हुए कहा।

इधर इस फ़ैसले को सुनते ही चाँदबी यह कहते ही कटे दरख़्त की तरह भरी अदालत में खच्च से बैठ गयी, "अरे मेरे अल्लाह, तैने ई मेरे साथ कैसो अन्याव करो है !"

अचानक पैदा हुए इस दृश्य से कोर्ट रूम में अफ़रातफ़री मच गयी। चाँदबी की कातर गुहार पूरे कोर्ट रूम में गूँज उठी।

"वकील साब, इसे बाहर ले जाइए ! यह अदालत है कोई मछली बाज़ार नहीं है।" जज ने चाँदबी के वकील हाजी अली मोहम्मद से तल्ख़ी के साथ कहा।

जज का आदेश सुन सबसे पीछे चुपचाप कार्यवाही देख रहे सरपंच अजमत और नसरू लपककर आगे आये, और चाँदबी को सँभालने लगे।

"सरपंच, मेरा काका ने तो मैं पहले ही अधमरी कर दी ही, पर या अदालत ने मैं जिन्दी ही मार दी। बता मैं अब कहाँ भीख माँगती डोलूँगी !"

जब तक सरपंच अजमत और नसरू चाँदबी को सहारा देकर कोर्ट रूम से बाहर नहीं ले गये, उसका चीत्कार रह-रहकर अदालत में मौजूद वकीलों और गलियारे में आते-जाते मुवक्किलों के कानों से टकराता रहा। गलियारे के फ़र्श पर बैठी चाँदबी कभी अपने मरहूम पिता मक्खन खाँ, कभी अपनी माँ रसूलन को याद करते हुए, तो बीच-बीच में अपने शौहर, जिसने उसे तलाक़ दिया था, उसको कोसते हुए रोने लगी। इस दृश्य को देख वहाँ मौजूद बहुत से लोगों की आँखें भर आयीं। कई महिलाएँ तो अदालत की दीवार से लग सुबकने भी लगीं। जबकि कुछ उन्हीं में से और कुछ वहीं खड़ी चाँदबी के पास आकर उसे दिलासा देने लगीं। चाँदबी के चारों तरफ़ मानो किसी अभेद्य खँडहर दुर्ग की अभेद्य दीवार खड़ी हो गयी। भले ही यह दीवार अभेद्य है लेकिन चाँदबी की कर्णभेदी सिसकियों को यह रोकने में पूरी तरह असफल है। इसमें रह गये किसी-न-किसी सूराख़ से ये बाहर आ ही जाती हैं।

चाँदबी को पता ही नहीं चला कि कोर्ट की कार्यवाही कब समाप्त हुई, और कब एक-एक कर लोग अन्दर से बाहर आ गये। अगर उसका वकील हाजी अली मोहम्मद उसके पास आकर उसे आवाज़ नहीं देता, तो न जाने वह कब तक आँखों पर पट्टी बाँधे न्याय की देवी के इस मन्दिर के गलियारे में बैठी विलाप करती रहती।

फ़ैसला सुनने के बाद उमर खाँ ने सबसे पहले जीत दिलाने वाले अपने वकील खूबचन्द गर्ग की फ़ीस दी और सरपंच अजमत, नसरू पंच, मौज खाँ और फ़िरोज़पुर झिरका वाले वकील नेमचन्द गुप्ता को साथ लेकर सोहना अड्डा के बजाय सदर बाज़ार आ गया। सदर बाज़ार की मशहूर हलवाई की दुकान पर सबको जी भरकर नाश्ता कराया। नाश्ता करने के बाद जब सब सोहना अड्डा जाने लगे, तो सरपंच अजमत ने इशारे से उमर खाँ को बुलाया और नसरू के साथ उसे एक तरफ़ ले गया।

"उमर खाँ, अन्यायी तोमें थोड़ो-बहोत सहूर है कै ना!" सरपंच ने बिना किसी भूमिका के उमर खाँ को मलामत देते हुए कहा।

उमर खाँ की समझ में नहीं आया कि उससे ऐसी क्या बेशऊरी हो गयी, जो सरपंच उसे एक तरफ़ लाकर इस तरह डाँट रहा है ? उसने हिम्मत करते हुए उससे पूछ ही लिया, "सरपंच, मोसू ऐसी कौन-सी खता होगी जो तू मेरी ऐसी आरती उतार रो है ?"

"एक बात बता, तैने आज इतनो बड़ो मुकदमो जीतो है। अन्यायी, कम-सू-कम या खुसी का मौका पे तोहे उकील साब ए एक किल्लू को डिब्बा तो देणो चहिए ! खाली हाथ घर जातो ई अच्छो लगेगो ?" सरपंच अजमत ने नज़र बचाते हुए नसरू की ओर आँख मारते हुए कहा।

नसरू अपने सरपंच द्वारा ऐसे मौक़ों पर इस्तेमाल किये जाने वाले ऐसे इशारों को अब खूब समझने लगा है। इसलिए बिना एक पल गँवाए बोला, "वाड़ी उमर खाँ, सरपंच की या बात में दम तो है।"

"यार, ई बात तो तैने सही कही है। या बारा में तो मैंने सोची ही ना। एक मिनट मैं अभी लायो।"

इतना कह उमर खाँ वापस दुकान की ओर मुड़ता, सरपंच ने उसे पीछे से टोका, "सुण, या नसरू ए साथ लेतो जा !"

उमर खाँ नसरू पंच को लेकर दुकान पर आ गया। कुछ देर बाद वे दोनों वापस आये, तो सरपंच अजमत ने उनके हाथों में एक नहीं बल्कि मिठाई के कई डिब्बे देखे। वह मन-ही-मन बोला, 'तीर एकदम निशाने पर लगा है।' शिष्टाचार का पालन करते हुए उमर खाँ ने सबसे पहले वकील नेमचन्द गुप्ता को मिठाई का डिब्बा दिया और फिर एक-एक सरपंच और नसरू की ओर बढ़ा दिया।

सोहना अड्डे से उन्हें सीधी अलवर वाली बस मिल गयी। बस में बैठने के बाद उमर खाँ ने एक टिकट फ़िरोज़पुर झिरका की ली और बाकी चार टिकटें बड़कली

की ले लीं। इस बीच इनमें से किसी का इस ओर ध्यान ही नहीं गया कि अदालत से बाहर निकलने के बाद चाँदबी अपने वकील के साथ कहाँ ग़ायब हो गयी ?

इस तरह हसनबी द्वारा अपने पति से मिली सम्पत्ति को बतौर उपहार, अपनी भतीजी और दादा खैराती की एकमात्र वारिस चाँदबी के नाम हिबानामा पंजीकृत किया गया था, उसे सिविल कोर्ट द्वारा ख़ारिज करने के बाद, उमर खाँ मक्खन खाँ की छोड़ी गयी पन्द्रह एकड़ चार बिसवा ज़मीन का क़ानूनी रूप से मालिक हो गया। यह बात अलग है कि इस हिबानामा को ख़ारिज करवाने में लगभग तीन एकड़ खेत ज़िबह हो गये।

अदालत के इस फ़ैसले की ख़बर जैसे ही इमामनगर पहुँची, इस छोटे-से पूरे गाँव में यह सूखे हुए कपास में लगी आग की तरह फैल गयी।

उमर खाँ और मौज खाँ के आने का तो सबको पता चल गया क्योंकि इनसे रास्ते में कइयों की दुआ-सलाम हुई है, किन्तु चाँदबी किसी को नहीं दिखाई दी। मग़रिब की नमाज़ के बाद जैसे-जैसे शाम का मटमैलापन अँधेरे की शक्ल लेने लगा, लोगों के मन में तरह-तरह के बुरे ख़याल आने लगे कि कहीं चाँदबी ने इस ग़म में किसी कुआँ-पोखर में कूद कर जान तो नहीं दे दी है ? कहीं उसने अपने बाप की हवेली में ना आने का मन तो नहीं बना लिया है ? अँधेरा होते-होते अनिष्टताओं में लिपटे अनुमान और आशंकाएँ चमगादड़ों की मानिंद पूरे इमामनगर में उड़ने लगे। कुलसुम तो एकाध बार मक्खन की हवेली की ओर जा भी चुकी है लेकिन उसे उसमें से किसी के होने की कोई आहट सुनाई नहीं दी।

इशा की नमाज़ के बाद काकी मलूकी अपने चौतरे पर आ बैठी। यहाँ से मक्खन की हवेली की तरफ़ जाती यह गली साफ़ दिखाई देती है। उसे अपने चौतरे पर आये अभी कुछ ही देर हुई होगी कि आसपास के घरों से छन कर आते डिबरी-लालटेन के मद्धिम उजाले में लिपटा अचानक एक साया नमूदार हुआ। जब तक काकी मलूकी कुछ समझ पाती, वह साया एक छोटे-से अँधेरे टापू में समा गया। समझ गयी मलूकी कि हो न हो यह चाँदबी ही है। वह तेज़ी से अपने चौतरे से उतरी और इससे पहले कि वह साया उसकी नज़रों से ग़ायब होता, मलूकी उस तक पहुँच गयी।

"चाँदबीऽऽऽ...!"

मलूकी ने अँधेरे में उस साये को छूते हुए अपने अनुमान की जैसे ही पुष्टि करनी चाही, वह साया उससे यह कहते हुए लिपट गया, "भावज मेरीऽऽऽ...! मैं तो काई दीन की ना रही...मेरो तो सबकुछ लुटगोऽऽऽ...!"

जब तक मलूकी साये को सहारा देकर सँभालती, साया भरभरा कर कच्ची मिट्टी की खोखली दीवार-सी ढहती चली गयी। अँधेरे में लिपटी सूनी गली से जिस तरह एकाएक चीत्कार गूँजा, आसपास के घरों को पता चल गया कि यह किसका आर्तनाद है। देखते-देखते अँधेरे में डूबी पूरी गली अपने-अपने घरों से निकलकर आये ज़िन्दा सायों से भर गयी। ज़मीन पर पस्त पड़ी चाँदबी को रह-रहकर सांत्वना, तसल्ली, ढाढ़स, हिम्मत बँधायी जाने लगी, यह जानते हुए कि अदालत के इस फ़ैसले के बाद इनका कोई मानी नहीं है। यह बात अलग है कि ये बेमानी तो उसी दिन हो गये थे, जब थड़ी पर पंचायत ने फ़ैसला उमर खाँ के पक्ष में सुना दिया था। भले ही पंच-फ़ैसले के बाद उसने खेतों को जोतना-बोना छोड़ दिया था, लेकिन हिबानामा को उसने इसलिए छिपाकर रखा हुआ था कि समय आने पर वह इसका इस्तेमाल करेगी। उसे क्या पता था कि उसके काका उमर खाँ के हाथ इसकी नक़ल लग जायेगी, और वह इसके ख़िलाफ़ सिविल जज की अदालत में चला जायेगा ?

महीनों तक गाँव का कोई ऐसा घर नहीं था, जिसमें इसकी चर्चा न होती हो। इतना ही नहीं कई घरों में तो कई दिनों तक चूल्हे तो जले, मगर उनमें पहले जैसा ताप नहीं था। सिविल जज के इस फ़ैसले ने बहुत-सी भावी चाँदबियों और उनकी माँओं की जैसे रातों की नींद उड़ा दी। बहुतों ने मक्खन खाँ की अशुभ हवेली वाला रास्ता ही बदल लिया। जबकि कइयों ने रात-बिरात उस तरफ़ रुख़ करना ही छोड़ दिया। देखते-देखते तरह-तरह की किंवदन्तियाँ मक्खन की हवेली के बारे में उड़ने लगीं। कुछ का कहना है कि हवेली से रात-भर चाँदबी की सिसकियाँ सुनाई देती हैं, तो कुछ ने पूरी-पूरी रात उसे अपनी हवेली के इर्द-गिर्द चक्कर लगाते देखा है। कहना होगा जितनी मुँह उतनी बातें। पर हाँ, पंच-फ़ैसले के बाद चाँदबी को अक्सर पुन्हाना-बड़कली सड़क से लगे एक साथ पाँच एकड़ खेतों की ओर जाते हुए देखा जाता। कइयों ने उसे अपने इन खेतों को घण्टों ताकते हुए देखा है। बल्कि कुलसुम ने तो उसे कई बार अपने एक खेत में खड़े पुराने नीम से लिपट कर हूक मारते हुए इस तरह रोते हुए देखा है, जैसे वह किसी दरख़्त से नहीं अपने मरहूम पिता से लिपट कर रो रही है। कुलसुम की हिम्मत नहीं होती कि वह उसे किसी तरह की तसल्ली तो दे दे। उलटा होता यह कि उधर चाँदबी की हिलकियाँ सुनाई देतीं, और इधर दूर तक फैले गेहूँ की लहराती बालियों के बीच छिप कर, ख़ामोशी के साथ इस दृश्य को देखने वाली ख़ुद कुलसुम की सिसकियाँ उसी के कानों में घुल रही होतीं।

11

और जैसे ही एक दिन इमामनगर ने यह ख़बर सुनी, सुनते ही पूरे गाँव में भूचाल आ गया। किसी को अपने कानों पर यक़ीन नहीं हुआ। उमर खाँ उसकी तो जैसे बत्तीसी ही भिंचती चली गयी। जिस्म से जैसे पूरा रक्त निचुड़ गया और हाथ-पाँव एकाएक सुन्न हो गये। विश्वास तो एक बार काकी मलूकी और कुलसुम को भी नहीं हुआ लेकिन जब उनके विश्वस्त सूत्रों के हवाले से उनके कानों तक इसकी ख़बर पहुँची, उन्हें भी यक़ीन करना पड़ा। कुलसुम दौड़ी हुई काकी मलूकी के पास आयी।

कुलसुम ने आते ही इस ख़बर के बारे में बताया तो काकी मलूकी से रहा नहीं गया, और दोनों हाथों को हवा में उठाते हुए बोली, "कुलसुम, ऊपरवाळा के घर देर भले ही है, पर अँधेर ना है।"

"पर काकी, सबसू बड़ी बात तो ई है कि ई बैरण चाँदबी हिम्मत ना हाररी है।" कुलसुम ने हुलसते हुए कहा।

"देखो, ई तो अब बखत ही बतायेगो कि चाँदबी कद तलक हिम्मत ना हारेगी।" काकी मलूकी ने एक अर्द्ध-आश्वस्ति भरी साँस ली।

सुबह-सुबह उमर खाँ लगभग गिरता-पड़ता-सा सरपंच अजमत के पास पहुँचा, तो देखा नसरू पंच पहले से वहाँ बैठा हुआ है। उमर खाँ भी समझ गया कि इन दोनों को पता चल चुका है, उधर वे दोनों भी भाँप गये कि उमर खाँ बदहवास-सा यहाँ क्यों चला आ रहा है। एक बार फिर पुरानी मुर्गी को आता देख दोनों की बाँछें खिलती चली गयीं। अपने भीतर उछाल मार रही ख़ुशी को छिपा, दोनों ने अपना चेहरा एकदम मातमी बना लिया।

"आ भई उमर खाँ!" ग़मगीन मुद्रा अपनाते हुए अजमत ने कहा।

"सरपंच, या चाँदबी ने ई अच्छो ना करो!" नसरू ने उमर खाँ के आते ही उसके घाव को धीरे-से कुरेदा।

"यार सरपंच, अब कहा होएगो?" उमर खाँ की जैसे साँसें चढ़ने लगीं।

"थोड़ो हिम्मत सू काम ले! ऐसे घबराणा सू काम ना चलेगो।" सरपंच अजमत उमर खाँ को ढाढ़स बँधाते हुए बोला।

"मेरे यार या हिम्मत का चक्कर में तो मैं पहले ही टूटो पड़ो हूँ और कितेक हिम्मत राखूँ?"

"देख, जब या अदालत सू तू जीतगो है तो अल्लाह ने चाही आगे भी ऊ बेड़ा पार लगायेगो। ऐसो है अभी कुछ ना बिगड़ो है। मेरी सलाह है हमन्ने अभी पिरोजपर चलणो चहिए।" इतना कह सरपंच अजमत नसरू की तरफ़ पलटा, "नसरू, मैं ठीक कहरो हूँ न?"

"याके सिवाय और कोई चारा भी तो ना है। या बारा में और अच्छी सलाह उकील साब ही दे सके है।"

"तम ठीक कहरा हो। ऐसो है जब तलक मैं घर सू कुछ पईसा-धेला लेके आऊँ, तम दोनूँ तैयार हो लेओ।" उमर खाँ जिस बदहवासी के साथ आया था, वैसे ही लौट गया।

उमर खाँ के जाते ही अजमत के माथे की सिलवटें गहरी होती चली गयीं।

"नसरू, मेरे एक बात समझ में ना आरी है कि आखिर या चाँदबी के पीछे है कौण, जो याहे सलाह तो दे ही रहो है बल्कि याके पीछे रुपया भी फूँकरो है। मेरे यार, इकली या चाँदबी के बसकी तो ई बिद्या पढ़णी है न! कोई तो है याके पीछे!"

"मेरो एक ही आदमी पे शक है।"

"किसपे है?" सरपंच अजमत ने नसरू पूछा।

"उकील हाजी अली मोहम्मद पे?" नसरू से ने उत्तर दिया।

"ना, मेरा हिसाब सू ई कोई और ही है।"

"हो सके।" फिर कुछ सोचते हुए नसरू बोला, "वैसे एक बात कहूँ सरपंच, या बात को जिकर उमर खाँ के आगे मत कर दीजो।"

"मैं काई बावळा कुत्ता ने काटो हूँ, जो याको जिकर उमर खाँ के आगे करुँगो...मेरे यार, ये तो हमारो अन्दाजा है।"

"चल छोड़ ! तू तो पिरोजपर चलणा की तैयारी कर !" नसरू पंच ने हँसते हुए बात समाप्त कर दी।

वकील नेमचन्द गुप्ता ने बड़े ध्यान से उमर खाँ को मिले नोटिस को देखा। देर तक उसे देखने के बाद जैसे कुछ याद करते हुए बोला, "परऽऽऽ सरपंच गुड़गाँवा सेशन कोर्ट तो रोहतक में लगे है। इसका मतलब हुआ कि इस केस को लेकर हमें रोहतक जाना पड़ेगा !"

"रो...रोहतक ! उकील साब ई रोहतक हीं सू कितेक दूर पड़ेगी ?" उमर खाँ ने अचकचाते हुए पूछा।

"जितनी दूर फिरोजपुर से गुड़गाँवा पड़ता है, गुड़गाँवा से इतना ही आगे और लगा ले।"

"अच्छोऽऽऽ...।" वकील नेमचन्द गुप्ता द्वारा फ़िरोज़पुर झिरका से रोहतक की दूरी बताते ही उमर खाँ तो उमर खाँ, उसके बड़े बेटे मौज खाँ का चेहरा भी उतरता चला गया।

इधर नसरू पंच ने अपने सरपंच की तरफ़ ऐसे देखा, जैसे उससे कह रहा है कि इस बहाने कम-से-कम रोहतक तो देखने को मिलेगा।

"मैं गुड़गाँवा वाले वकील से बात करके देखता हूँ। ऐसा है आज शनिवार है, मुझे अपने काम से कल गुड़गाँवा जाना भी है। कल उससे जाकर बात करता हूँ। ऐसा करना सरपंच साब, तुम परसों...मेरा मतलब है सोमवार को आ जाना।" वकील नेमचन्द गुप्ता ने अपनी व्यस्तता के बारे में बताया।

"यार सरपंच, ई चाँदबी एकाध खेत ए और बिकवाके मानेगी।" उमर खाँ निराश होते हुए बोला।

"ऐसा है उमर खाँ, यह ज़मीन-जायदाद का मामला है। इस पर तो पूरा महाभारत छिड़ गया था। भाई-भाई में ख़ून-ख़राबा हो गया था। यह कोई नयी बात नहीं है।" वकील ने तसल्ली बँधाते हुए कहा।

"सही कहरो उकील साब। जभी तो पंडून का कड़ा में भीम ने कही है कि—

रह-रह पंडू मत डरो, खड़े रहो या ठोड़
मैं कौन्ता को भींव हूँ, परबत दूँगो तोड़।"

लेकिन उमर खाँ का मन सरपंच अजमत द्वारा सुनाये गये पंडून का कड़ा सुनने में नहीं है। वह तो रह-रहकर इस चिन्ता में घुला जा रहा है कि आख़िर कैसे इतनी दूर रोहतक स्थित गुड़गाँव सेशन कोर्ट पहुँचा जायेगा। वह तो इस उधेड़-बुन में खोया हुआ है कि चाँदबी द्वारा सिविल जज के फ़ैसले के ख़िलाफ़ लगायी गयी इस अपील को ख़ारिज करवाने के लिए कौन-सा खेत बेचना ठीक रहेगा।

"उमर खाँ चलें !" सरपंच ने उमर खाँ को चिन्ता की सुरंग से बाहर खींचते हुए पूछा।

उमर खाँ अकबकाते हुए वर्तमान में लौटा। अपनी-अपनी कुर्सी से सबको खड़ा देख, वह भी यह कहते हुए खड़ा हो गया, "ठीक है उकील साब, फिर हम परसू आंगा।"

लाल कुआँ की दुकानों से उठती देसी घी की जलेबियों की गन्ध को नसरू ने अपने फेफड़ों में खींचा। फिर उसने कनखियों से अपने सरपंच की ओर देखा। मगर उमर खाँ की निराशा भरी उदासी को देख सरपंच अजमत की हिम्मत नहीं हुई। उसने मौज खाँ को टोहका मारते हुए जैसे कुछ इशारा किया। मौज खाँ इस टोहके का तुरन्त मतलब भाँप गया।

"बाप, थोड़ो-सो कलेऊ ना कर लेएँ ? सब निन्ना-बासी आया हैं !" मौज खाँ ने अपने पिता से कहा।

"हे त्तेरे की ! मैं तो अन्यायी अपणा जाळ में तमन्ने भी भूलगो।" इतना कह उमर खाँ सामने पकौड़ों की दुकान की ओर बढ़ गया। जबकि मौज खाँ बग़ल की दुकान पर उतरती गरमा-गरम देसी घी की जलेबियाँ लेने बढ़ गया।

कलेऊ कर चारों अब बस अड्डे की तरफ़ चल दिये।

सोमवार को उमर खाँ, सरपंच अजमत और नसरू पंच को साथ ले अपने पुराने वकील नेमचन्द गुप्ता के पास पहुँच गया। शायद वे कुछ जल्दी आ गये हैं क्योंकि अभी वकील साब आये नहीं हैं। वहाँ काम करने वाले लड़के चमन ने बताया कि वकील साब बस आते ही होंगे।

सचमुच उन्हें वकील नेमचन्द गुप्ता का ज़्यादा इन्तज़ार नहीं करना पड़ा।

"आओ सरपंच साब !" एक चिर-परिचित आवाज़ सबके कानों में पड़ी।

वकील के अपने दफ़्तर में प्रवेश करते ही उमर खाँ की धुकधुकी शुरू हो गयी। अपनी सीट पर बैठते ही वकील ने सबसे पहले सामने दरवाज़े के ऊपर टँगी, हाथ में केसरिया ध्वज धारण किये शेर के साथ खड़ी भारत माता की तस्वीर को नमन किया। वकील नेमचन्द गुप्ता को अक्सर शेर के साथ खड़ी तस्वीर को नमन करता देख, आज पहली बार उमर खाँ के मन में यह जानने की जिज्ञासा हुई कि यह वकील आख़िर अपने किस देवी-देवता को नमन करता है ? उसने घूमकर एक बार फिर से अपने सिर के ऊपर टँगी तस्वीर को देखा, तो उसे हैरानी हुई कि ऐसी किसी हिन्दू देवी-देवता की तस्वीर उसने कभी नहीं देखी है। इससे पहले वह राम, लक्ष्मण, सीता, हनुमान, गणेश, शिवजी, पार्वती जैसे देवी-देवताओं की तस्वीर देखता रहा है।

"हाँ जी सरपंच साब, और सुनाओ ?"

अचानक कानों में पड़े इन शब्दों से उमर खाँ की तन्द्रा भंग हुई।

"हम कहा सुणाए उकील साब। आप बताओ ?" प्रति-प्रश्न किया सरपंच अजमत ने।

"मेरी कल गुड़गाँवा वाले वकील साब से इस बारे में लम्बी बात हुई थी। सबसे पहले तो आप सब इसकी बधाई लो कि हमें रोहतक नहीं जाना पड़ेगा।"

जैसे ही वकील नेमचन्द गुप्ता ने यह शुभ सूचना दी, उमर खाँ का चेहरा खिल उठा। उसे लगा जैसे बिना रोहतक गये उसने आधा मुक़द्दमा जीत लिया है। रोहतक न जाने की ख़बर ने जैसे उसके सारे सन्ताप धो दिये।

"परऽऽऽ आप तो..."

"मैंने सही कहा था कि गुड़गाँवा सेशन कोर्ट रोहतक में लगती है, पर वकील साब ने बताया कि सेशन कोर्ट का एक एडिशनल सेशन जज आजकल रोहतक से गुड़गाँवा आता है।"

"या मेरे मालिक, तैने मेरे ऊपर बहोत बड़ी रहम करी है।" उमर खाँ नहीं रोक पाया अपने आपको।

"तो बताओ अब क्या करना है सरपंच साब ?" वकील नेमचन्द गुप्ता असल मुद्दे पर आते हुए बोला।

"उकील साब करणो कहा है। तम भी लगवाओ या अपील ए खारिज करवाणा की दरखास।" सरपंच अजमत के बजाय जवाब उमर खाँ ने दिया।

"वह तो लग जायेगी पर इसमें इस बार मोटा खर्चा आयेगा। मामला आख़िर सेशन कोर्ट का है।" वकील नेमचन्द गुप्ता ने सामने बैठे मुवक्किल को तौलते हुए कहा।

"आप खर्चा-पाणी की फिकर मत करो। जादा-सू-जादा मेरो सुरो एकाध खेत और बिक जायेगो। यासू जादा तो ना होएगो कुछ।" उमर खाँ ने जोश के साथ कहा।

"वैसे मैं उस नोटिस को वकील साब को दे आया हूँ क्योंकि मुझे पूरा भरोसा था कि तुम पीछे नहीं हटोगे। वैसे भी जब हम सिविल कोर्ट में हिबानामा रद्द करवा चुके हैं, तो हमें सेशन कोर्ट में भी इसे चैलेंज करना चाहिए। सबसे बड़ी बात यह है कि हमारे वकील साब को पहले से इस केस के बारे में सब पता है। इसलिए हमें इसी वकील से अपनी पैरवी करवानी चाहिए। अब यह तो ऊपर वाले और किस्मत पर है कि फ़ैसला किसके पक्ष में जाता है।" इसके बाद वकील नेमचन्द गुप्ता ने सरपंच अजमत की ओर देखते हुए कहा, "सरपंच साब, वकील साब की फ़ीस वगैरा..."

"ई भी कोई कहणा की बात है उकील साब।" इतना कह उमर खाँ फुर्ती के साथ अपनी कुर्सी से उठा। कमर में बँधी नौळी खोली और उसमें खोस कर रखे गये नोटों को ऐसे खींचने लगा, मानो किसी बिल में छिपे साँप को बाहर निकाल रहा है। रुपयों को बाहर निकाल उन्हें सरपंच की ओर बढ़ाते हुए बोला, "सरपंच साब, ई पकड़ ! पूरा इक्कतीस रुपया हैं।"

सरपंच अजमत ने एक कुशल बिचौलिये की भूमिका अदा करते हुए बड़ी सावधानी से रुपयों को गिना, और उन्हें सामने बैठे वकील नेमचन्द गुप्ता को दे दिया।

"ठीक है सरपंच साब, दस-बारह दिन बाद पता कर लेना कि हमारे वकील साब ने इस अपील को ख़ारिज करने के लिए अपना काउंटर रिप्लाई जमा करवा दिया है या नहीं। उसी दिन तारीख़ भी बता दूँगा।" अचानक जैसे वकील नेमचन्द गुप्ता को याद आ गया, "अच्छा वकालतनामे पर अँगूठा और लगा जाओ !" अपनी दराज़ से एक वकालतनामे को वकील ने उमर खाँ के सामने रख दिया। उमर खाँ ने पिछली बार की तरह वकालतनामे पर अँगूठा लगा दिया।

"ठीक है उकील साब।" सरपंच अजमत ने इसके बाद यहाँ बैठना उचित नहीं समझा और बाहर चला आया।

इस बार न तो सरपंच अजमत को याद दिलाने की ज़रूरत पड़ी, न ही नसरू पंच को कुछ कहना पड़ा। यानी जैसे ही वे सब लाल कुआँ पहुँचे, उमर खाँ सबको फ़िरोज़पुर झिरका की देसी घी की मिठाई बनाने वाली हलवाई की दुकान 'महादेव मिष्ठान भण्डार' लेकर आ गया।

पेट पूजा करने के बाद सब दुकान से बाहर आये तो सरपंच अजमत इधर-उधर कुछ तलाशने लगा।

"सरपंच, कहा देखरो है ?" उमर खाँ ने पूछा।

"यार, ईद आरी है न, या मारे कोई बजाजा की दुकान देखरो हूँ। सोची जब पिरोजपर आया हैं तो एक बढ़िया सो लट्ठा को तहमद ही लेतो चलूँ।"

"बजाजा की दुकान तो थोड़ी भीतर होएँगी !" इस बार नसरू पंच ने अनुमान लगाया।

अब वे सब लाल कुआँ के सामने खुले बाज़ार में आ गये और एक कपड़े की दुकान में घुस गये।

"लालाजी, कोई बढ़िया सो लट्ठा दिखा !" दुकान में घुसते ही उमर खाँ ने गाव तकिया से पीठ लगाकर बैठे दुकान मालिक से कहा।

दुकान मालिक ने तुरन्त अपने कारिन्दे से कह कई तरह के लट्ठे के थान निकलवा दिये। सरपंच अजमत ने अपनी समझ से एक थान से तहमद का टुकड़ा कटवा दिया।

नसरू पंच जिस तरह ललचायी आँखों से अपने सरपंच के लट्ठे को निहार रहा था, उमर खाँ ने जैसे उसके दिल की बात भाँप ली और मुस्कराते हुए बोला, "लालाजी, एक तहमद और फाड़ दे यामें सू !"

दुकानदार ने तुरन्त उसी थान में से एक और तहमद का कपड़ा फाड़ा और दोनों की तह बना उसे उमर खाँ की तरफ़ सरका दिया। तहमद को उमर खाँ ने उठाया और जैसे ही उसे नसरू की ओर बढ़ाया, नसरू की हालत ख़राब हो गयी। उसने नज़र बचाते हुए अपनी जेब टटोली, तो पाया आपस में जुगाली करते छोटे-छोटे सिक्कों के उसमें कुछ नहीं था।

"घबराये मत, याहे मैं देरो हूँ अपणी ओड़ सू। धर ले चुपचाप !"

उमर खाँ ने सरपंच अजमत से दुकानदार को उसके तहमद के पैसे नहीं देने दिये और नसरू से तो दिलवाने का प्रश्न ही नहीं उठता। क्योंकि नसरू को उसने अपनी इच्छा से तहमद दिलवाया है। इसके बाद उमर खाँ ने दुकानदार को दोनों तहमद के पैसे दिये और वहाँ से चले आये।

सरपंच और पंच नसरू तो हैरान-परेशान हैं ही, उमर खाँ का ख़ुद का बेटा मौज खाँ भी अपने बाप की इस दरियादिली को देखकर हैरान है। आज न तो सरपंच को कुछ कहने की ज़रूरत पड़ रही है, न नसरू को। जो कुछ हो रहा है अपने आप हो रहा है।

ठीक बारहवें दिन उमर खाँ और सरपंच अजमत फ़िरोज़पुर झिरका पहुँच गये। आज उमर खाँ नसरू पंच को साथ नहीं लाया।

"सरपंच साब, सेशन कोर्ट में अगले से अगले महीने की बीस तारीख़ लगी है। तैयार रहना !" वकील नेमचन्द गुप्ता ने जाते ही बताया।

इस तरह आठ महीनों के दौरान पड़ी चार तारीख़ और इन तारीख़ों पर अतिरिक्त सेशन कोर्ट के सेशन जज चेतनदास जैन की अदालत में चली बहस और जिरह के बाद, जो फ़ैसला आया उसे सुन किसी को यक़ीन नहीं हुआ। इस फ़ैसले के बाद इमामनगर के बहुत से लोगों का तो न्याय-व्यवस्था से जैसे भरोसा ही उठ गया, और बहुतों की इस धारणा से यक़ीन उठ गया कि ऊपर वाले के घर देर है अन्धेर नहीं। बल्कि उन्होंने यह कहना शुरू कर दिया कि नहीं, ऊपरवाले के घर अन्धेर ही अन्धेर है।

कहने का आशय यह है कि सेशन जज चेतनदास जैन ने सिविल जज के फ़ैसले, दोनों वकीलों की दलीलों को सुनने और उनके द्वारा पेश किये गये सबूतों के आधार पर चाँदबी की अपील ख़ारिज कर दी। दूसरे शब्दों में कहें तो इस बार भी जीत रिवाज़े-आम की हुई। चाँदबी को एक बार फिर हार का मुँह देखना पड़ा। लेकिन चाँदबी सेशन जज के इस फ़ैसले से सहमत नहीं हुई। पता नहीं उसे अपने आप और अपने परवरदिगार पर कौन-सा भरोसा था कि, उसने इस फ़ैसले के ख़िलाफ़ पंजाब उच्च न्यायालय में अपील कर दी।

चाँदबी के इस साहस भरे निर्णय के पक्ष में इस बार इमामनगर के ऐसे लोगों के हाथ भी सजदे में उठ गये, जो इससे पहले रिवाज़े-आम की मुक्त कण्ठ से प्रशंसा करते थे। सेशन जज का फ़ैसला आने के बाद जिनका न्याय-व्यवस्था से भरोसा उठ गया था, और बहुतों का इस धारणा से यक़ीन उठ गया था कि ऊपर वाले के घर देर ही नहीं अन्धेर भी है, अकेली चाँदबी के इस जीवट ने जैसे उन्हें वापस लौटने पर मजबूर कर दिया। काकी मलूकी की तो देह-भाषा ही बदल गयी, जबकि कुलसुम पाँचों वक़्त की नमाज़ अदा करते हुए चाँदबी की कामयाबी के लिए दुआ माँगती। और उमर खाँ, वह तो इस बार ग़श खाकर गिरते-गिरते बचा। जबकि नसरू पंच की कुछ समझ में नहीं आ रहा है। उसने पाँवों में पनहा भी नहीं डालीं और गिरता-पड़ता पहुँच गया अपने सरपंच अजमत की बैठक पर।

दूर से आते नसरू को देख सरपंच समझ गया कि लगता है इस पट्ठे के हाथ भी ख़बर लग गयी है।

"सरपंच, अन्यायी आखिर ई हो कहा रहो है ?" नसरू ने आते ही जैसे हाँफते हुए कहा।

सरपंच अजमत कुछ नहीं बोला। बस, मन्द-मन्द मुस्कराता रहा।

"तू कुछ सुण भी रहो है या ना ?" झल्ला गया इस बार नसरू।

"मैं सब सुणरो हूँ।" फिर कुछ क्षण रुक कर बोला, "नसरू, तोहे याद है एक दिन हम दोनूँ आपस में बतळा रा हा कि आखिर या चाँदबी के पीछे ऐसो कौण आदमी है, जो याहे सलाह तो दे ही रहो है बल्कि रुपया भी फूँकरो है।"

"याद है।" नसरू बोला।

"एक बात कहूँ, तू माने या मत माने, पर मेरो पक्को अकीन है कि चाँदबी के पीछे काई-न-काई को हाथ ज़रूर है। मेरे यार, हिबानामा तलक तो बात ठीक ही... पर पहले सिवल कोरट, फिर सेसन कोरट और अब हाई कोरट ? ना, मैं मान ही ना सकूँ कि याके पीछे कोई ना है। अन्यायी, चाँदबी पे अपणो पेट तो भरो ना जारो है, ऊ हाई कोरट जरूर जायेगी।"

"वैसे तेरी या बात में एक हद तक वजन तो है...परऽऽऽ ई भी तो हो सके है कि चाँदबी की माँ याहे चुपचाप कुछ जेवर-जट्टो और नगदी देगी होए ?"

"कितना जेवर और नगदी देगी होएगी ? मेरी बात तू आज लिखके धर ले कि एक दिन याको भी भेद खुलेगो कि आखिर चाँदबी के पीछे किसकी शह है...बखत आण दे, सब पतो चल जायेगो।"

अजमत के इस तर्क पर नसरू कुछ नहीं बोला। उसके तो मन में कुछ और ही ख़याली पुलाव पक रहा है। अगर यक़ीन नहीं है तो आप ही नसरू के मुँह से सुन लें !

"तो कहा हमन्ने भी चंडीगड हाई कोरट चलणो पड़ेगो ?" नसरू ने बड़ी मासूमियत के साथ पूछा।

"तेरो दिमाग तो खराब ना है। तू कहा समझरो है हाई कोरट हींनी धरी है ? बावळा, दिल्ली सू भी आगे है चंडीगड। कौण धक्का खाएगो इतनी दूर !"

"मैं तो सरपंच या मारे पूछरो हो कि या बहाने मेरी सुरी या चंडीगड ए भी देख लेता।"

नसरू के इस भोलेपन पर सरपंच उसे बड़े सलीक़े से डाँटते हुए बोला, "यार नसरू, तू भी हर बखत फ्री का मूसळ कू डोले है। तू अपणे घर जा ! नहीं तो तोहे अभी दिखा दूँगो चंडीगड !"

चंडीगढ़ को देखने की नसरू की हसरत, सारी योजनाएँ और इच्छाएँ धरी की धरी रह गयीं। सरपंच अजमत की इस डाँट ने उसका सारा मोह और दिलचस्पी एक झटके में टुकड़े-टुकड़े कर दी। उसकी बला से पंजाब उच्च न्यायालय का फ़ैसला चाहे उमर खाँ के पक्ष में आये या चाँदबी के पक्ष में। उसकी हालत तो बक़ौल तुलसी बाबा अब कोउ नृप होउ हमहि का हानि वाली हो गयी।

भले ही चाँदबी ने मन से हिम्मत नहीं हारी लेकिन देह अब उसकी जवाब देने लगी है।

सिविल जज और सेशन जज की तरह पंजाब उच्च न्यायालय के न्यायाधीश जस्टिस बी.आर. तुली ने दोनों पक्षों की दलीलों और पेश किये गये सबूतों को बड़े ध्यान से सुना व देखा। सारी दलीलों और सबूतों को सुनने व देखने के बाद वह जिस निष्कर्ष पर पहुँचा और जो फ़ैसला सुनाया, अगर उसे आप भी सुन लें तो इमामनगर की आधी दुनिया तथा कुछ बेटियों के सचमुच पिताओं की तरह आपका भी न्याय-व्यवस्था से विश्वास दरकने लगेगा।

पंजाब उच्च न्यायालय के माननीय न्यायाधीश बी.आर. तुली ने अपने फ़ैसले में कहा, "सिविल जज, एडिशनल सेशन जज के फ़ैसलों को पढ़ने और मुद्दालेह के वकील ने सर डब्ल्यू.एच. रेट्टीगन के हवाले से जो दलीलें और सबूत पेश किये हैं, उनसे यह कोर्ट पूरी तरह मुत्तफ़िक़ है। अगर गुड़गाँव ज़िले की मेव क़ौम में पुश्तैनी जायदाद का बँटवारा मुस्लिम क़ानून के मुताबिक़ नहीं, बल्कि रिवाज़े-आम के मुताबिक़ होता है, तो ज्यूडिसिरी को कोई हक़ नहीं है कि वह किसी के रिवाज़ पर कोई सवाल उठाये, उसमें किसी तरह का दख़ल दे। यह सही है कि बेवा होने पर एक औरत उम्र-भर जद्दी और शौहर द्वारा इकट्ठी की गयी जायदाद की मालिक तो है, मगर वह अपने शौहर के हक़दारों की इजाज़त के बिना उसे बेच नहीं सकती, सिर्फ़ इस्तेमाल कर सकती है। उसे वह किसी को दान नहीं दे सकती। उसे रहन नहीं कर सकती। अपनी बेटी या भतीजियों के नाम हिबा नहीं कर सकती। इसलिए कोर्ट यह मानता है कि सिविल जज गुड़गाँव और एडिशनल सेशन जज रोहतक और गुड़गाँव के दोनों फ़ैसले पूरी तरह क़ानूनी तौर पर सही हैं। लिहाज़ा फ़रियादी चाँदबी की दायर की गयी यह अपील ख़ारिज की जाती है, और इसके वालिद मक्खन खाँ की छोड़ी गयी जायदाद का मालिकाना हक़ उमर खाँ को देने का ऑर्डर करती है।"

यह फ़ैसला सुनाने के बाद माननीय न्यायाधीश ने सम्बन्धित फ़ाइल एक तरफ़ ऐसे पटक दी जैसे वह फ़ाइल नहीं, चाँदबी की लाश हो।

इस फ़ैसले को सुन पूरा कोर्ट रूम हक्का-बक्का रह गया। कुछ वकीलों के लिए तो यह अपनी तरह का मामला था। जबकि कुछ की इस फ़ैसले के बाद रिवाज़े-आम के बारे में जानने की इच्छा जाग उठी।

मेवात में रिवाज़े-आम को लेकर यह पहला मामला था जो पूरे तेरह साल चला। लगभग दस साल तो यह पंजाब हाईकोर्ट में ही चला। इस बीच चाँदबी, चाँदबी नहीं एक ज़िन्दा लाश बनकर रह गयी। उसका जिस्म, जिस्म ना रहकर बाँस की खप्पचियों में तब्दील हो गया।

12

सरपंच अजमत का अन्दाज़ा सोलह आना सच साबित हुआ।

अपने पक्ष में पंजाब हाई कोर्ट का फ़ैसला आने के बाद उमर खाँ और उसके बेटों ने इस सुराग़ को ढूँढ़ने में रात-दिन एक कर दिया। आख़िर उसकी भतीजी भूरी यानी चाँदबी को एक के बाद एक सिविल कोर्ट से लेकर हाई कोर्ट तक जाने के लिए प्रेरित करने वाला, उसे हिम्मत बँधाने वाला और उसकी पैसे की मदद करने वाला है कौन ? कौन है जो पहले फ़िरोज़पुर झिरका से गुड़गाँव और फिर चंडीगढ़ आने-जाने के किराये से लेकर, वकीलों की मोटी-मोटी फ़ीस दे रहा है ?

अन्ततः उमर खाँ को एक दिन उस शख़्स का पता चल ही गया। मगर बताने वाले ने जब उमर खाँ को इसका नाम बताया, तो उसके पाँवों तले की ज़मीन खिसक गयी। सुनते ही उसे लगा मानो उसके कानों में किसी टामक पर पड़ती चोबों की आवाज़ पड़ रही है। उसने सोचा भी नहीं था कि उन्हीं से पनाह लेने वाला उसके साथ ऐसी घात करेगा। नाम का ख़ुलासा होने पर उमर खाँ के तीनों लड़कों की

आँखों में ख़ून उतर आया। उनका बस चलता तो वे उसी वक़्त इस शख़्स का सिर क़लम कर देते।

बेटों का ग़ुस्सा देख उमर खाँ एक पल के लिए सिहर गया। मौज खाँ और सलीम को तो वह जानता है लेकिन सबसे छोटे बेटे कासिम को रोकना बड़ा मुश्किल है।

उसने तीनों को बुलाया और यह कहते हुए शान्त करने की कोशिश की, "मौज खाँ, इतनी जल्दबाजी ठीक ना है ! थोड़ो ठण्डापण सू काम लेओ !"

"बाप, अब्भी ठण्डापण की जरूरत है। अरे, हमारा बुजरकन्ने ने जाहे पनाह दी, वाने ही हमारे संग इतनो बड़ो दगा करो !" कासिम तमतमाते हुए फुँफकारा।

"कासम, इतेक तातो मुल्ला मत बण ! बाप सही कहरो है। पहले वासू हमन्ने बात करण दे। फिर देखंगा कहा करणो है।" मौज खाँ ने अपने सबसे छोटे भाई कासिम को समझाते हुए कहा।

"अपणी ऐसी-तैसी कराओ तम सब !" इतना कह कासिम भनभनाते हुए चला गया।

इस बीच उमर खाँ के घर की कोई महिला नहीं बोली। न उमर खाँ की बीवी अकबरी, न मौज खाँ की न सलीम की घरवाली। अकबरी तो फिर भी उमर खाँ के बग़ल में बैठी सारी बात सुनती रही। लेकिन मौज खाँ और सलीम की घरवालियाँ घूँघट काढ़े, चुपचाप दीवारों और महराब के खम्बों की ओट ले सारा दृश्य अपलक देखती रहीं।

इसी बीच उमर खाँ दोनों बहुओं को सुनाते हुए बोला, "अरी तम दोनूँ या बात को काई सू जिकर मत करियो !"

उमर खाँ के सहन में इसके बाद देर तक ख़ामोशी छायी रही। रह-रह कर यह सवाल धीरे-से सबके होंठों पर आकर लौट जाता कि इस शख़्स ने आख़िर ऐसा किया क्यों ?

मक्खन खाँ के हिस्से में आयी आज़ादी से पहले बनी दादा खैराती की हवेली के पास, पुरानी-सी खँडहरनुमा हवेली के एक हिस्से पर उमर खाँ ने जैसे पहरा बिठा दिया। मौक़ा मिलते ही किसी दिन उससे वह बात करेगा।

और एक सुबह जैसे ही उसे मौक़ा मिला उसने मौज खाँ से कहा, "मौज खाँ, जइयो वाहे बुलाके ला !"

मौज खाँ बिना किसी का नाम लिए समझ गया कि उसका बाप किसको बुलाने की बात कह रहा है। बिना समय गँवाए वह तेज़ी से घर से निकला और कुछ देर बाद लौटकर आया, तो अकेला नहीं था बल्कि एक शख़्स भी उसके साथ था।

"भाभी सलाम !" आते ही मौज खाँ के साथ आये उस शख़्स ने बड़े अदब के साथ उमर खाँ की पत्नी अकबरी से कहा।

"सलाम ! जीतो रह !" इतना कह अकबरी मुड़ते हुए सलीम की बीवी से बोली, "फातिमा, जल्दी सू एक गिलास दूध बणाके ला !"

उस शख़्स ने एक बार भी झूठे से दूध के लिए मना नहीं किया। क्योंकि वह जानता है कि इस घर में उसका उतना ही हक़ और सम्मान है, जितना कभी नवाज खाँ और मक्खन खाँ का था।

"आजा हीं बैठ जा मेरी खाट पे !" चारपाई पर पहले से बैठा उमर खाँ एक तरफ़ सरकते हुए बोला।

इस बीच पहले से हारे में मन्द-मन्द उपलों की आँच पर औंट रहे दूध में से फातिमा गरमा-गरम एक गिलास दूध ले आयी। उमर खाँ देर तक सोचता रहा कि वह इससे कैसे और कहाँ से बात शुरू करे ? इस बीच इधर-उधर की बातों में दूध का गिलास आधा हो गया।

"अब शायद वह बात शुरू कर ही देनी चाहिए, जिसके लिए इसे यहाँ बुलाया है।" यही सोच उमर खाँ ने पहले अपने आपको मानसिक रूप से तैयार किया और फिर बोला, "यार लोकू, तेरी ऐसी मोसू कौन-सी दुसमनी ही, जो तैने या भूरी की इतनी मदद करी है ?"

समझ गया वह शख़्स अर्थात लोकू सन्नार्थी कि लगता है इन्हें सब पता चल गया है। उसने दूध का लम्बा घूँट लिया और कन्धे पर पड़े अँगोछे से मुँह पोंछते हुए बोला, "उमर खाँ, कहीं घरवालों से भी कोई दुश्मनी होती है ?"

"अगर ना ही तो तैने ई काम कैसे करो ?"

"उमर खाँ, मैं जानता हूँ कि इस परिवार का हमारे ऊपर बहुत बड़ा एहसान है। बँटवारे में जब हमारा परिवार सब कुछ लुटाकर, पाकिस्तान से गिर-पड़ कर इस मेवात में आया था, तो आपने ही हमें आसरा दिया था।"

"अन्यायी, याही मारे तो मैं पूछरो हूँ कि फिर तैने ऐसो काम काईं लू करो... और, वैसे भी ई हमारा घर-कुणबा की बात ही...तैने या फटा में काईं लू पाँव अळझायो हो ?" उमर खाँ ने थोड़े से तल्ख़ अन्दाज़ में बड़े संयम के साथ पूछा।

लोकू ने पहले एक बेहद बारीक मुस्कान उछाली और फिर उमर खाँ नहीं, उसकी घरवाली अकबरी की ओर देखते हुए बोला, "तो क्या मैं इस घर का आदमी नहीं हूँ ?"

"देवर, तू तो पहले है या घर को आदमी। हमने कदी तू परायो समझो ही ना।" अकबरी ने लोकू सन्नार्थी को बड़ी आत्मीयता के साथ जवाब दिया।

"सही कहूँ उमर खाँ, मुझे ऐसा लगा कि इस घर की एक बेसहारा और यतीम की मुझे मदद करनी चहिए। मुझे लगा चाँदबी तेरी नहीं, मेरी भतीजी है। इसलिए मुझसे नहीं रुका गया।"

"ऊ तो ठीक है मेरे यार, पर हम कोई गलत काम थोड़ेई कररा हा। अरे, हमने तो वही करो जो हमारा या मेवात में होतो रहो है। अगर हम गलत होता तो पंचात सू लेके चंडीगड तलक की अदालत हमारा हक में काईं लू फैसला देती ?" उमर खाँ बड़ी शालीनता के साथ बोला।

उमर खाँ की इस बात पर लोकू कुछ क्षण तक कुछ नहीं बोला। पहले उसने अकबरी की ओर देखा और जब बोलने लगा तो उसके शब्द और ज़ुबान दोनों जैसे लरज़ने लगे, "भाभी, मैं भी तुम्हारे इस घर-कुनबे के झगड़े में पड़ना नहीं चाहता था, पर जब एक दिन मेरे सामने उसने अपना पल्ला फैला दिया, तो बता मैं क्या करता ? जिस भूरी को मैंने अपनी गोद में खिलाया हो, उसे मैं कैसे अकेला छोड़ देता ? मैं कैसे अपने फ़र्ज से पीछे हट जाता। मेरे ईमान और मन ने पीछे हटने की गवाही नहीं दी। ठीक है कानून ने तुम्हारा साथ दिया और फ़ैसला तुम्हारे हक में गया...और फिर अपने हक के लिए लड़ने में मैं समझता हूँ कोई बुराई नहीं है।"

"खैर, तैने ई अच्छो तो करो ना है। बेमतलब मेरा कई खेत बिकवा दिया। वैसे एक बात बता, खुदा ना खास्ता या केस ए हम हार जाता, तो बँध जाती न बेमतलब की दुसमनी ? ये तो मैंने अपणा छोरेट रोक दिया, नहीं वाही दिन खून-खराबा हो जातो, जा दिन हमन्ने पतो चली ही कि या भूरी ए तू सहारो देरो है।"

लोकू चुपचाप उमर खाँ के उलाहने को सुनता रहा।

"चलो, सबकी अपणी-अपणी समझ है। तेरा करम तेरे साथ और हमारा हमारे साथ।" उमर खाँ ने गहरी साँस लेते हुए बिना उत्तेजित हुए बात समाप्त कर दी।

जैसे ही उमर खाँ ने अपनी बात पूरी की, वैसे ही घूँघट काढ़े चुपचाप दीवारों और महराब के खम्बों की ओट में दम साधे सारी बात सुन रही मौज खाँ और सलीम की बीवियों ने इस तरह साँस लिया, जैसे इस घर के बग़ल से एक भयंकर तूफ़ान चुपचाप गुज़र गया। अकबरी का तो सीना लोकू की यह बात सुनकर ही गर्व से चौड़ा होता चला गया कि इस घर की एक बेसहारा और यतीम की मुझे मदद करनी चाहिए। मुझे लगा चाँदबी तेरी नहीं, मेरी भतीजी है।

मौज खाँ एक तरह से इस मुद्दे का पटाक्षेप कर, यह कहकर खड़ा हो गया, "चलो छोड़ो अब या रामाण ए!"

इधर जैसे-जैसे पूरे इमामनगर में यह बात फैलने लगी कि चाँदबी को गुपचुप तरीक़े से सिविल जज गुड़गाँव की अदालत से लेकर सेशन कोर्ट, और सेशन कोर्ट से लेकर पंजाब हाई कोर्ट तक ले जाने की हिम्मत बँधाने के पीछे बँटवारे में पाकिस्तान से सब कुछ लुटाकर आने वाले शोभाराम और कुलवन्ती शरणार्थी के बेटे लोकू सन्नार्थी अर्थात लोकराम का हाथ था, सुनकर सबने दाँतों तले अँगुली दबा ली। यह अलग बात है कि इस लड़ाई में जीत रिवाज़े-आम की हुई लेकिन लोगों का दिल चाँदबी के जीवट और जिजीविषा ने जीत लिया था। और लोकू सन्नार्थी, उसकी छवि तो पूरे इमामनगर में एक लोक-देवता जैसी बन गयी। जो भी सुनता, वह यही कहता कि जितनी मदद लोकू ने चाँदबी की की है, इतनी तो कोई माँजाया अपनी सगी बहन-बेटियों की भी नहीं करता है।

मर्दवादी रिवाज़े-आम की ठोस दलीलों से तैयार जस्टिस बी.आर. तुली का यह फ़ैसला मेवात की माँओं और बेटियों के सीने में एक गली हुई फाँस की तरह ऐसा खुबा, कि जब-जब वे अपनी पैतृक सम्पत्ति और अपने पिता द्वारा अर्जित जायदाद में अपना हक़ माँगने की पहल करतीं, यह फाँस एकाएक कसकना शुरू कर देती। पंजाब हाई कोर्ट के चाँदबी बनाम उमर खाँ के बारे में दिये गये इस फ़ैसले ने एक तरह से यह क़ानून बना दिया कि, पिता द्वारा छोड़ी गयी पुश्तैनी और अर्जित की गयी सम्पत्तियों को एक मेव विधवा किसी भी तरह हस्तान्तरित नहीं कर सकती। सिर्फ़ इमामनगर की सरहद और चौक-चौराहों पर ही नहीं, बल्कि पूरे पुराने गुड़गाँव ज़िले के गाँव-खेड़ों और मेवों के घर-परिवारों के बाहर हाई कोर्ट के इस फ़ैसले के शिलालेख गड़ गये कि सावधान, जो अपनी पुश्तैनी और अपने पिता की सम्पत्ति में अपना हिस्सा माँगने की जुरअत की।

मोहन को पूरी रात नींद नहीं आयी। जब भी उसकी आँखें लगतीं, तो फूफी भूरी की कातरता भरी गुहार उसके कानों में गूँजने लगती। रह-रहकर थड़ी पर हुई पंचायत के दृश्य और संवाद उसकी आँखों के सामने कौंध उठते। कभी उसे लगता जैसे पंचायत के विसर्जन के बाद बिल्लू नाई नहीं, वह ख़ुद फूफी भूरी को अँधेरी गली के मुहाने पर छोड़कर आया है, तो कभी लगता जैसे भूरी फूफी लोकू सन्नार्थी के सामने नहीं, उसी के सामने पल्ला फैला कर गुहार कर रही है। अपने ड्राइवर रहमान खाँ के बिना बताये उसकी समझ में आ गया कि वह अल्लाह का बंदा और कोई नहीं यही लोकू सन्नार्थी है, जो हर साल बोड़ी कोठी पर भूरी फूफी को प्याऊ बनवा कर देता है। सही कहा था रहमान ने कि अगर बँटवारे में इस फ़रिश्ते का परिवार पाकिस्तान से नहीं आता, तो उम्र-भर फूफी भूरी पूरे साल चौक-चौराहों से लेकर फ़िरोज़पुर झिरका की जामा मस्जिद के बाहर भीख माँगती घूमती। अब कम-से-कम कुछ महीने इसके इस प्याऊ पर राहगीरों की प्यास बुझाने में तो निकल जाते हैं।

बमुश्किल रात के अन्तिम पहर में उसे नींद आयी। रोज़ाना की तरह फ़ज्र की अज़ान को सुन उसकी आँखें खुलीं, तो पाया रहमान खाँ वहाँ नहीं है। समझ गया मोहन कि रहमान फ़ज्र की नमाज़ पढ़ने गया है। गर्मियों की छोटी होती रातों के चलते फ़ज्र की अज़ान और आसपास के मन्दिरों से आती घण्टियों और शंखों की आवाज़ पूरब की शीतल आभा में एक अजीब-सा वैराग्य घोल देती है।

मोहन का मन अलवर से चलने के बाद देर तक एक अवसाद में घिरा रहा। बस मेव का तिराया कहिये या बगड़ का तिराहा, रामगढ़, नौगाँव और फ़िरोज़पुर झिरका को पार कर जैसे-जैसे बड़कली की ओर बढ़ने लगी, उसकी धड़कनें बढ़ने लगीं। और जैसे ही बस बोड़ी कोठी पहुँची, उसने इतनी ज़ोर से सीटी बजाई कि रहमान के दायें पाँव के पंजे का दबाव न जाने किस बेख़याली के चलते, ब्रेक पर ऐसा पड़ा कि बस एक झटके के साथ रुकी। बस में बैठी सवारियों के लिए यह नयी बात नहीं है। वे जानती हैं कि ऐसा तभी होता है जब सड़क के किनारे आते-जाते भेड़-बकरियों के रेवड़ का या कोई दूसरा चौपाया अचानक बस के आगे आ जाता है। भेड़, बकरी, गाय या दूसरे चौपाये तो फिर भी बच जाते हैं लेकिन भैंस और गधे का कोई भरोसा नहीं कि वे कब आगे आ जायें। वैसे भी गधे और भैंस की हठ का कोई भरोसा नहीं। ये दोनों ही क्या, इन मेवों के हठ का भी कोई भरोसा नहीं कि ये कब और किस बात पर अड़ जायें। इन तीनों के हठ के बारे में एक दिन उसने रहमान के मुँह से ही मेवात में प्रचलित यह दोहा सुना था—

तीन जात अळबी चलाँ, अळबी इनकी टेव।
हटकारा सू ना हटाँ; गधा, भैंस और मेव।।

बस रुकने के बाद मोहन आज भूरी की प्याऊ के झरोखे पर नहीं गया, बल्कि रहमान के साथ प्याऊ के उसी बग़ल वाले खुले दरवाज़े पर आ गया, जहाँ रहमान कभी लोटे से, तो कभी बदने से पानी पीता है। इधर रहमान बदने की टोंटी से पानी पीने लगा, उधर मोहन प्याऊ के अन्दर राहगीरों को गंगा सागर से पानी पिलाती फूफी भूरी को निरखने लगा। आज पहली बार मोहन का इस ओर ध्यान गया कि पतली जिल्द में लिपटे फूफी के हाथ अब काँपने लगे हैं। उसी फूफी भूरी के हाथ जिसे कल रात रहमान के साथ उसने थड़ी पर जुड़ने वाली पंचायत में रोते-बिलखते हुए देखा था। उसी फूफी भूरी के हाथ, जिसे बिल्लू नाई थड़ी से हवेली को जाती अँधेरी गली के मुहाने पर छोड़ कर आया था। मोहन अपलक फूफी भूरी के एक-एक अंग-प्रत्यंग को निहारने लगा। उसी तीन बेटों और एक बेटी की माँ भूरी को, जिसे उसके शौहर द्वारा तलाक़ देने के बाद, किसी तपते निर्जन रेगिस्तान के बीहड़ों में अकेला छोड़ दिया गया था। मोहन की आँखें प्याऊ के भीतर राहगीरों को पानी पिलाते खंगर पर देर तलक चिपकी रहीं। इस बीच उसे पता ही नहीं चला कि रहमान पानी पीकर कब अपनी सीट पर जा बैठा। शायद उसे अब भी पता नहीं चलता यदि उसके कानों में बस के हॉर्न की कर्कश आवाज़ नहीं पड़ती। वह अकबकाते हुए बस की तरफ़ लपका लेकिन बीच रास्ते से वापस प्याऊ के ख़ाली झरोखे पर आया और झुकते हुए अपनी ओक आगे कर दी। पानी पीने के बाद उसने अपने सरकारी झोले से एक रुपया निकाला और उसे गंगा सागर के पास पड़े छोटे-से ढेर पर रख, बस में चढ़ गया।

मेवात बस एक बार फिर पूरी गति से अपने गन्तव्य की ओर दौड़ने लगी।

चौमासा अपने पूरे यौवन पर पहुँच गया।

गुड़गाँव पार करने के बाद बस जैसे-जैसे भोंडसी के नज़दीक पहुँचने लगती, पश्चिम में खड़े अरावली की वही देह जो फाल्गुन के ख़त्म होते-होते रक्तपुष्प यानी ढाक के गन्धहीन सुर्ख़ और कनेर अर्थात दिव्यपुष्प के पीले फूलों से पटी हुई दिखाई देती; और जेठ की आग बरसाती धूप से झुलस कर किसी काले दैत्य में बदल जाती, वह ऐसी नज़र आती जैसे उसने अपने ऊपर कोई हरी चादर ओढ़ रखी है। कई बार मोहन को लगता जैसे आसमान में पूरब से उड़ते बादलों के मोटे-मोटे गुच्छों के बीच

से छिटकती धूप में चमकता हरा पर्वत नहीं, चिरनिद्रा में लीन किसी सूफ़ी की मज़ार है, जिस पर कोई अक़ीदतमन्द अभी-अभी गलेप चढ़ा कर गया है। भोंडसी से शुरू हुई यह मज़ार सोहना, नूँह, फ़िरोज़पुर झिरका, नौंगाव, रामगढ़ होते हुए अलवर तक साथ होती है। दूर-दूर तक खेतों में भरे चौमासे के पानी में जब-जब काले पहाड़ का अक्स दिखाई देता, तो लगता जैसे कोई दूसरा पर्वत उसके समान्तर दौड़ रहा है।

चौमासा अर्थात मानसून पूरी तरह विदा हो चुका है। इसके बावजूद दूर-दूर तक पानी-ही-पानी दिखाई दे रहा है। एक तरह से कहें तो बारिश अब लगभग बूढ़ी हो चुकी है और कुछ दिन बाद क्वार शुरू हो जायेगा लेकिन उमस भरा ताप अब भी कम होने का नाम नहीं ले रहा है। आदमी के क़द से ऊँचे ठुके ज्वार और बाजरे के खेतों की मेंड़ों पर आदमक़द फूले हुए काँस के सफ़ेद फूलों के क़तारों की छटा देखते ही बनती है। पूरब से निकले सुबह के सूरज की पीली धूप में नहाये, आसमान में छितरे धूसर बादलों को देखकर लगता, जैसे आकाश में मटमैले सोने के बड़े-बड़े पत्तर टँगे हुए हैं। रहमान की निगाह शरद ऋतु के साक्षी काँस के धवल फूलों की क़तार पर पड़ती, तो लगता जैसे बाबर के झबरीले लम्बे अयाल वाले कुम्मैत घोड़ों की पाँत खड़ी है। बीच-बीच में जब हल्की हवाओं के ठण्डे झोंकों के साथ क़तारबद्ध काँस लहराती, तो उसके फूलों को देखकर लगता मानो अनगिनत क़दमताल करते सफ़ेद कुम्मैत घोड़ों की अयाल लहरा रही हैं। क्वार, यही वह मौसम है जिसके लिए तुलसीदास लिखते हैं कि इस मौसम में खेतों में उगने वाली कुश बरसात के बूढ़े बाल हैं। काँस के इन्हीं फूलों को देखकर राम ने लक्ष्मण से कहा होगा कि वर्षा ऋतु बीत गयी है और सुहावनी ऋतु शरद का आगमन हो गया है। रहमान की जब-जब दूर तक फैले हवा के संग लहलहाती विशाल हरी चादर पर नज़र पड़ती, तो लगता वह हुलसते खेतों के किनारे नहीं, उत्ताल तरंगों के बल खाते हरे समन्दर के किनारे बैठा है। जब-जब ज्वार-बाजरे की पक चुकी बालें आपस में एक-दूसरे को स्पर्श करतीं, तो उन्हें देखकर लगता, जैसे कुछ दिन बाद सदा के लिए एक-दूसरे से बिछुड़ने के बिछोह में विदाई गीत गा रही हैं।

इस तरह न तो रहमान को पता चलता, न मोहन को कि उनकी मेवात बस कब दिल्ली से चल कर मेवात में दाख़िल हो जाती ? मेवात में घुसने के बाद दिल्ली-अलवर मार्ग पर पड़ने वाले गाँव-क़स्बों की सवारियों को उतार, बोड़ी कोठी से होते हुए कब अलवर पहुँच जाती, और कब अलवर से चल कर अपने नियमित मार्ग से होते हुए कश्मीरी गेट बस अड्डे पहुँच जाती ? लेकिन इस दौरान एक सवाल

मोहन को रह-रहकर मथता रहता। कई दिनों तक नहीं बल्कि महीनों तक वह इस प्रश्न या कहिए जिज्ञासा को अपने भीतर दफ़नाये रहा। उसने इसे भुलाने की कोशिश भी बहुत की लेकिन जैसे ही उनकी बस भूरी की प्याऊ अर्थात बोड़ी कोठी के पास पहुँचती, यह जिज्ञासा फिर से फन फैलाकर खड़ी हो जाती।

हार कर एक दिन मोहन ने रहमान से पूछ ही लिया, "यार रहमान, फूफी भूरी के तीनों लड़कों में से कभी किसी ने इसकी सुध नहीं ली ?"

रहमान को इस सवाल की क़तई उम्मीद नहीं थी। इसलिए उससे तुरन्त कोई उत्तर देते नहीं बना। थोड़ी देर चुप रहने के बाद एक लम्बी साँस लेते हुए बोला, "सऽऽऽब मतलब की संसार है...ना कोई काई को है, ना कोई काई ए याद करे है। हमारा मेवात के एक शायर ने अपणी एक 'होळी' में बिल्कुल सही कही है कि—

उठ गयी प्रीत-परीत, टूट गया नाता-रिस्ता
मया-मोह कित गया, पड़ा भाईन में भाँता
मतलब की संसार है, मतलब की संसार
माया की सब दोस्ती, नहीं अच्छी ढूँढे नार
कलजुग आयो बुरो जमानो।

हाँ, याकी छोरी अमीरा हमने जरूर आती-जाती देखी ही। ऊ तो देखी ही अपणी माँ सू लिपट-लिपटके रोती हुई। बल्कि निकाह पीछे भी ऊ कई बर आयी ही। एक बर तो वाने रोते हुए अपणी माँ सू खूब कही कि माई तू मेरे संग चल...मैं राखूँगी तोहे। पर फूफी भूरी ने ई कहके ऊ उल्टी फेर दी कि बेटी मेरा चक्कर में तू अपणो पीहर काईं लू खोवे है। छोरी रोती हुई चलीगी। जा बखत अमीरा रोती हुई जारी ही, पूरा मोहल्ला की बहाण-बेटी अपणी-अपणी देहळी पे खड़ी हूक मार-मारके रो री ही।" कहते-कहते रहमान की आवाज़ बैठती चली गयी।

जिस समय रहमान यह सब बता रहा था, मोहन का पूरा शरीर सुन्न हो गया। शिराओं में दौड़ता लहू थम गया और धमनियों का रक्त जैसे बर्फ़ की डलियाँ बन रड़कने लगा। दोनों के दरम्यान छायी ख़ामोशी के बीच लगा जैसे कानों में अनगिनत सिसकियाँ गूँज रही हैं।

मोहन धीरे-से रहमान की तरफ़ पलटा और लरज़ती आवाज़ में बोला, "एक बात कहूँ रहमान, माँ-बाप के दुःख-दर्द को अगर कोई समझती हैं तो वे हमारी बेटियाँ ही हैं।"

"तू एकदम सही कहरो है मोहन। या फूफी भूरी की हालत देख-देख के मेरी भी छाती फटी जाये है। या मारे मैंने तय कर राखो कि मैं अपणी छोरीन् को रिश्ता अलवर-भरतपुर जिला में कर दूँगो, पर या पुराणा गुड़गाँवा का काई गाँव में ना बिहाउँगो।"

मोहन ने रहमान की ओर कनखियों से देखा। अभी मोहन कुछ कह पाता एकाएक आयी बारिश ने उन दोनों को बस की छत से नीचे उतरने पर विवश कर दिया। जब तक वे दोनों बस में घुसते, बारिश ने उनके समेत उनका बिस्तर भी भिगो दिया। बस की बन्द खिड़कियों के शीशों के बाहर आसपास जलते बल्बों की रोशनी को मूसलाधार बारिश की सीधी बूँदों पर पड़ता हुआ देख ऐसा लगता, मानो बस के चारों तरफ़ लटका हीरे-मोतियों के झालरों का विशाल परदा चमक रहा है।

ऐसा पहली बार हुआ है कि रहमान बिना किसी सूचना के अपनी ड्यूटी से अनुपस्थित है। दो दिन बाद उसकी कम्पनी ने मोहन के हाथों रहमान के घर सन्देशा भिजवाया, तो मालूम हुआ कि वह कल से ड्यूटी पर आ जायेगा। इस बीच पता नहीं क्यों मोहन को रहमान के अलावा इस मेवात बस के किसी अन्य ड्राइवर का साथ अच्छा नहीं लगता।

तीसरे दिन रहमान ने अलवर से आती बस को बड़कली से लिया। रहमान के मुरझाये और उदास चेहरे को देख मोहन समझ गया कि कुछ ठीक नहीं है। वरना न तो रहमान इस तरह अचानक अनुपस्थित रहता है, न ही उसने कभी उसे इतना उदास देखा है। बोड़ी कोठी से चढ़ी सवारियों की टिकट काटने के बाद मोहन, अगले दरवाज़े के पास वाली सीट पर बैठने के बजाय रहमान की बग़ल में आकर बैठ गया।

"रहमान, सब ठीक तो है ? कैसे दो दिन ड्यूटी पर नहीं आया ?" बैठते ही मोहन ने पूछा।

"ठीक कहा यार मोहन, फूफी भूरी ना रही।"

"क्याऽऽऽ ! भूरी फूफी ना रही ?" मोहन को जैसे रहमान के कहे पर विश्वास नहीं हुआ।

"हाँ यार। परसू रात चल बसी।"

इतना सुन मोहन की आँखों के सामने भूरी की प्याऊ के पुराने चित्र जीवन्त हो उठे। प्याऊ के छोटे-से झरोखे के किनारे तह में रखी गीली बोरी के ऊपर टिके

पानी से भरे गंगा सागर और एल्यूमिनियम के बदने की उदास टोंटियाँ उसकी आँखों के सामने घूम गयीं। टोंटियों से प्यासे राहगीरों की ओक में गिरते छोटे-छोटे मासूम झरने ताज़ा हो उठे। गंगा सागर और बदने के पास पड़ी सिक्कों की छोटी-सी ढेरी की याद आते ही उसकी आँखें पनीली हो गयीं। हालाँकि इन दिनों प्याऊ लगती नहीं है लेकिन बावजूद इसके रह-रह कर मोहन का प्यासा मन-पंछी उड़कर प्याऊ के झरोखे पर जाकर बैठ जाता।

बस के कश्मीरी गेट बस अड्डा पहुँचने तक मोहन फूफी भूरी अर्थात चाँदबी की यादों से बतियाता रहा। पूरे रास्ते रहमान और उसके बीच कोई विशेष बात नहीं हुई।

13

साल 1987।

इसी साल जस्टिस मैरी गॉडरन आस्ट्रेलियाई हाई कोर्ट की जज बनने वाली पहली महिला बनीं। भारतीय क्रिकेट के प्रारम्भिक बल्लेबाज सुनील गावस्कर ने टेस्ट क्रिकेट से संन्यास लिया। सीमान्त गांधी ख़ान अब्दुल गफ़्फ़ार ख़ान 'भारतरत्न' से सम्मानित किये गये, और इसी साल भारत के पाँचवें प्रधानमन्त्री और किसानों की आवाज़ बुलन्द करने वाले प्रखर नेता चौधरी चरण सिंह का निधन हुआ था।

इसी साल का एक दिन।

मेवात बस बड़कली से होती हुई, भादस को पार कर जैसे ही कंकरखेड़ी पहुँची कि बस के इन्तज़ार में खड़ी दो-तीन सवारियों को देख रहमान ने बस रोक दी। बस में चढ़ने के बाद इन सवारियों और रहमान के बीच परस्पर होने वाली दुआ-सलाम से मोहन समझ गया कि ज़रूर ये या तो रहमान के कोई परिचित हैं, या रिश्तेदार !

"मोहन, ये मेरे मामा हैं।"

रहमान के इस परिचय के बाद मोहन के लिए इशारा ही काफ़ी था। अर्थात इनकी टिकट काटने की ज़रूरत नहीं है। कश्मीरी गेट पहुँचने के बाद रहमान ने पहले अड्डे के एक तरफ़ बस खड़ी की, और यह कहकर अपने मामाओं के साथ चल दिया, "मोहन, तू चल ! मैं इन्ने चंडीगढ़ की बस में बैठाके आरो हूँ।"

कुछ ही देर बाद रहमान उन्हें चंडीगढ़ जाने वाली बस में बैठाकर, वापस बस कम्पनी द्वारा अपने कर्मचारियों के लिए बनाये गये विश्राम गृह आ गया। आते ही पहले उसने मुँह-हाथ धोये और कई घण्टे की ड्राइवरी के बाद, कमर सीधी करने की ग़रज़ से मोहन के बग़ल में आ लेटा।

"रहमान, ये तेरे सगे मामा थे ?" लेटते ही मोहन ने रहमान से पूछा।

"हाँ सगे ही हैं।"

"चंडीगढ़ किसलिए जा रहे हैं ?"

"ऐसा है मोहन, मेवात का मेव चंडीगढ़ बस दो ही वजह सू जावे हैं। एक, जब उन्ने एमेले की टिकट लेणी होवे है और..."

"और ?"

"और दूसरा तब जब उन्ने हाई कोर्ट जाणो होवे है।" मुस्कराते हुए रहमान बोला।

"तो इस बार तेरे इन मामाओं में से किसी को एमएलए की टिकट मिल रही है क्या ?"

"घण्टा की टिकट मेरे यार। इन्ने पहले जमीन-जायदाद का झगड़ा-फसाद सू तो फुरसत मिल जाये।"

"जमीन-जायदाद का झगड़ा-फसाद...मैं कुछ समझा ना ?"

"है क्या कि रहमत और रहीम खाँ मेरे दो सगे मामा हैं। मेरे नाना के इन्तिकाल पीछे वाकी सारी जायदाद का रिवाजे-आम के मुताबिक और मरद वारिस होने के नाते दोनों मामा आधे-आधे हिस्से के मालिक बन गये।" इसके बाद रहमान मुस्कराते हुए बोला, "अब तू या किस्सा ए ध्यान सू सुनियो !"

"मैं सब सुन रहा हूँ। तू बोलता जा।"

"तो हुआ ये कि मेरे बड़े मामा रहमत ने अपना आधा हिस्सा, जिसका वह मालिक था, मेरी नानी यानी अपनी माँ मकीना के नाम कर दिया। मेरे मामा ने कुछ गलत तो नहीं किया ?" रहमान ने मोहन से पूछा।

“कुछ गलत नहीं किया। ओ भई, बेटा है...और बेटे ने अपना हिस्सा माँ के नाम कर दिया, तो इसमें बुरा क्या है !” मोहन रहमान की बात से सहमत होते हुए बोला।

“तेरो बेटा जिए !” फिर कुछ पल रुकने के बाद रहमान बोलने लगा, “और मेरी नानी ने मेरे मामा रहमत से मिला वह हिस्सा अपणी बेटी यानी मेरी माँवसी मेरो मतलब है, मेरी मौसी जैतूनी के नाम कर दिया। इसमें भी कुछ गलत नहीं किया ?”

“हद है यार। अरे, तेरी नानी का हिस्सा...चाहे वह उसे तेरी मौसी को दे या तेरी माँ को दे, किसी को इस पर क्या एतराज हो सकता है। दिया तो उसने अपनी बेटी को ही है न ?”

“बसऽऽऽ मोहन, यहीं आके फच्चर फँसगो ! मेरो मतलब है अड़ंगा लग्गो।”

“अड़ंगा ! इस पर किसने अड़ंगा लगा दिया ?” मोहन ने हैरान होते हुए पूछा।

“मेरो छोटा मामा रहीम खाँ ने यापे एतराज कर दियो। बोलो कि या जायदाद पे जैतूनी को ना वाको हक है, और मेरे या मामा ने मेरी नानी को हिबानामा सिविल कोर्ट में चैलेंज कर दिया।”

“और सिविल कोर्ट ने इसमें किसके हक में फैसला दिया ?”

“सिविल कोर्ट ने अपणा फैसला मेरे मामा के हक में दिया। जैसे ही सिविल कोर्ट का फैसला मेरे मामा रहीम खाँ के हक में आया, तो मेरी माँवसी मेरो मतलब है मौसी जैतूनी ने इसके खिलाफ सेशन कोर्ट में अपील कर दी। पर खुदा की कुदरत और हमारा रिवाजे-आम की रहम देख कि, सेशन कोर्ट ने भी डिग्री मामा रहीम खाँ के हक में कर दी।”

“यार, यह तो हू-ब-हू फूफी भूरी वाला मामला हो गया।” मोहन की आँखें इस बार मारे रोमांच के फैलने-सिकुड़ने लगीं।

“पर बैरन मेरी माँवसी ने भी फूफी भूरी की तरह हिम्मत ना हारी और उठाके वाने हाई कोर्ट में अपील कर दी।”

“फिर तो फूफी भूरी की तरह तेरी मौसी की हार भी पक्की है।”

“अभी कुछ भी कहणो मुस्किल है। अभी तो केस पंजाब-हरियाणा हाई कोर्ट में चलरो है। कल लगी तारीख में इसका फैसला आणे की उम्मीद है।”

अगले दिन आने वाले फ़ैसले के इन्तज़ार में रहमान और मोहन की आँखें कब लग गयीं, दोनों में से किसी को पता नहीं चला।

तीसरे दिन रहमान की भाव-भंगिमा को देख मोहन समझ गया कि जैतूनी बनाम रहीम खाँ के केस का पंजाब-हरियाणा हाई कोर्ट का फ़ैसला आ गया है। लेकिन रहमान के चेहरे से यह पता लगाना मुश्किल हो रहा है कि फ़ैसला किसके पक्ष में गया होगा ?

मोहन ने मौक़ा देख रहमान से पूछा और रहमान ने जो कुछ बताया थोड़ी देर के लिए उसे अपने कानों पर यक़ीन नहीं हुआ।

"तो भई मोहन, जैसा मेरा एक ममेरा छोरा ने हाई कोर्ट में जज और वकीलों के बीच चली बहस सुणाई, मैं उसे हू-ब-हू सुणारो हूँ। तो हुआ यह कि..." इसके बाद रहमान पंजाब-हरियाणा हाई कोर्ट की डिविज़न बेंच की कार्यवाही को सुनाने लगा।

पंजाब-हरियाणा हाई कोर्ट के जस्टिस जे.पी. गोयल और जस्टिस जी.सी. मित्तल की डिविज़न बेंच ने रहीम खाँ के पक्ष में दी गयी निचली अदालतों की डिक्रियों को बड़े ध्यान से पढ़ा। इन डिक्रियों को ध्यान से पढ़ने के बाद डिविज़न बेंच के सामने दो सवाल खड़े हो गये।

इन पर जस्टिस जी.सी. मित्तल ने बड़ी बारीकी से रहीम खाँ के वकील की तरफ़ देखते हुए पूछा, "वकील साब, आपकी इस पेटीशन से यह साफ़ नहीं है कि यह मामला पुश्तैनी जायदाद को लेकर है, या जैतूनी के वालिद द्वारा ख़रीदी गयी जायदाद को लेकर है ?"

"मी लार्ड, इससे क्या फ़र्क़ पड़ता है कि इसका ताल्लुक़ पुश्तैनी जायदाद से है, या जैतूनी के वालिद द्वारा ख़रीदी गयी जायदाद से है। मेवों के लिए बना रिवाज़े-आम या कहिए ज़मींदारा क़ानून साफ़-साफ़ कहता है कि वालिद द्वारा छोड़ी गयी पुश्तैनी और अर्जित की गयी जायदाद को एक मेव औरत किसी भी तरह, किसी को ट्रांसफर नहीं कर सकती। यह देखिए मी लार्ड, चाँदबी बनाम उमर खाँ के बारे में दिया गया इसी हाई कोर्ट के जज जस्टिस बी. आर. तुली साहब का यह फ़ैसला। इस फ़ैसले में एकदम साफ़ कहा गया है जज साब कि..."

"हमने सब देख लिया है वकील साब।" जस्टिस जी.सी. मित्तल ने मुस्कराते हुए कहा।

"फिर दिक़्क़त क्या है जज साब ?" रहीम खाँ के वकील ने पूछा।

"दिक़्क़त है और वह यह कि इसी हाई कोर्ट का जैनब बनाम अब्दुल हसन के मामले में आया यह फ़ैसला भी ग़ौर तलब है कि मरने वाले द्वारा कमाई या इकट्ठी की गयी जायदाद को एक बेवा, बिना अपने नज़दीकी हक़दारों की इजाज़त के अपनी बेटी या अपने किसी नज़दीकी को ट्रांसफर कर सकती है। यह देखिए जनाब, आर.एस.ए. नम्बर सिक्सटी सिक्स ऑफ़ 1973 में यह साफ़ लिखा है !" रहीम खाँ के वकील के कुछ कहने से पहले, जैतूनी के वकील ने अपनी दलील पेश करते हुए एक पुस्तक का पहले से खुला पन्ना डिविज़न बेंच के न्यायाधीशों के सामने रख दिया।

"लेकिन जज साब, अगर ऐसा है तो सर डब्ल्यू. एच. रेट्टीगन की रिपोर्ट पर बने उस क़ानून का क्या होगा, जिसमें कहा गया है कि गुड़गाँव ज़िले के मेव अपनी पुश्तैनी जायदाद का बँटवारा मुस्लिम क़ानून के मुताबिक़ नहीं, बल्कि रिवाज़े-आम के मुताबिक़ करते हैं। यह क़ानून साफ़-साफ़ कहता है कि मेवों में किसी आदमी की पुश्तैनी जायदाद में उसकी बेटी या बेटियों का कोई हक़ नहीं है। बेवा होने पर एक औरत अपने शौहर की जायदाद का उम्र-भर इस्तेमाल तो कर सकती है, मगर उसे बेच नहीं सकती। उसे वह किसी को दान नहीं दे सकती। उसे रहन नहीं कर सकती। कहने का मतलब यह है जज साब कि वह ख़ुद सिर्फ़ इसका इस्तेमाल कर सकती है। उसके और उसके शौहर के इन्तिक़ाल के बाद उसकी वह जायदाद अपने आप उसके शौहर के भाइयों में बराबर हिस्सों में बँट जायेगी।"

"यह बेंच यही तो जानना चाहती है वकील साब कि यह मामला पुश्तैनी जायदाद को लेकर है, या जैतूनी के वालिद द्वारा ख़रीदी गयी जायदाद को लेकर है ?" जस्टिस जी. सी. मित्तल ने रहीम खाँ के वकील द्वारा पेश की गयी इस दलील को सुनने के बाद उससे पूछा।

"ज...जज साब, मैंने बताया न कि इससे क्या फ़र्क़ पड़ता है कि..." इस बार रहीम खाँ के वकील की ज़ुबान लड़खड़ाने लगी।

"फ़र्क़ पड़ता है वकील साब। क्योंकि आप जिस केस का हवाला दे रहे हैं, वह पुश्तैनी जायदाद से जुड़ा हुआ है। जबकि यह मामला एक आदमी की उस जायदाद से जुड़ा हुआ है, जो दो भाइयों में आये हिस्से को, उनमें से एक भाई पहले अपनी माँ के नाम करता है। उसके बाद माँ अपने हिस्से को अपनी ही एक बेटी

यानी रहीम खाँ की बहन के नाम कर देती है। अब आप बताइए कि माँ ने क्या ग़लत किया, अगर उसने अपना हिस्सा अपनी बेटी के नाम कर दिया ?"

"म...मगर जज साब, ऐसा करना ग़ैर-क़ानूनी है। क्योंकि रिवाज़े-आम के मुताबिक़..."

"वकील साब, यह तय करना अदालत का काम है कि क्या ग़ैर-क़ानूनी है और क्या नहीं। आप अदालत को यह मत बताइए।" इस बार डिविज़न बेंच के न्यायाधीश जस्टिस जी. सी. मित्तल ने रहीम खाँ के वकील को एक तरह से डाँट दिया।

"थोड़ा पढ़-लिख लिया करो वकील साब ! यह देखिए, ऑल इंडिया रिपोर्टर के पेज नम्बर 806 पर छपे केहर सिंह बनाम चन्दन सिंह के फ़ैसले, और सर विलसन द्वारा की गयी व्याख्या के आधार पर दिये गये इसी हाई कोर्ट के फ़ैसले को ! इस फ़ैसले में साफ़ कहा गया है गुड़गाँव ज़िले में रहने वाली एक मेव बेवा अपने शौहर द्वारा कमाई या इकट्ठी की गयी जायदाद को हर तरह से ट्रांसफर कर सकती है।" जस्टिस जे.पी. गोयल ने व्यंग्य किया।

"लेकिन जज साब, क़ानून क़ानून होता है और जब यह क़ानून बनाया होगा, उसके पीछे कुछ तो वजह रही होगी।"

"आप सही कह रहे हैं लेकिन इन वजहों में एक वजह उस दौर के कुछ हालात भी रहे होंगे। जैसे-जैसे सोसाइटी में बदलाव आता है ज़ाहिर सी बात है, आदमी की सोच, समझ और उसके नज़रिये में भी बदलाव आता है। यह सही है कि सर डब्ल्यू. एच. रेट्टीगन ने तक़रीबन तीस साल की कड़ी मेहनत के बाद जब अपनी रिपोर्ट तैयार की थी, उस समय के हालात कुछ और थे। हमें नहीं भूलना चाहिए कि यह रिपोर्ट आज से सौ साल पहले के हालातों को ध्यान में रखकर तैयार की गयी होगी। मैं कुछ ग़लत तो नहीं कह रहा हूँ वकील साब ?" न्यायाधीश जस्टिस जी. सी. मित्तल ने रहीम खाँ के वकील से ही दरयाफ़्त करते हुए पूछा।

"जी जनाब। यह रिपोर्ट 1880 में तैयार की गयी थी।" रहीम खाँ के वकील ने बिना किसी अगर-मगर के जवाब दिया।

"फिर आप ही बताइए कि इन सौ सालों में इस मुल्क में कुछ नहीं बदला ? जनाब, इन्हीं सौ सालों में इस मुल्क ने उन्हीं अंग्रेज़ों से आज़ादी हासिल की, जिनके रिज़ीम में लाहौर के न्यायाधीश जस्टिस बोलनोइस, जिसे बाद में हम सब सर डब्ल्यू. एच. रेट्टीगन के नाम से जानते हैं, ने अपनी रिपोर्ट के आधार पर

'कस्टमरी लॉ ऑफ़ पंजाब' नाम की किताब लिखी थी। आप शायद भूल रहे हैं कि सर रेट्टीगन ने यह रिपोर्ट सिर्फ़ आज़ाद हिन्दुस्तान वाले पंजाब को लेकर तैयार नहीं की थी, बल्कि बँटवारे से पहले के पूरे पंजाब को लेकर तैयार की थी। आज यह मुल्क आज़ाद है तो हमें इसी मुल्क, उसकी जम्हूरियत और आज के हालात के मद्देनज़र चीज़ों को देखना चाहिए।" रहीम खाँ के वकील को इस बार जैसे जस्टिस जे. पी. गोयल ने बोलने का मौक़ा तक नहीं दिया। इसके बाद जस्टिस जे. पी. गोयल अपने बराबर में बैठे जस्टिस जी.सी. मित्तल की तरफ़ मुड़ गये। आपस में वे दोनों विचार-विमर्श करने लगे।

इस बीच अदालत में न्यायाधीशों के सामने बैठे वकीलों में खुसर-पुसर होती रही। कुछ देर की ख़ामोशी और आपस में विचार-विमर्श के बाद दोनों न्यायाधीश अपनी-अपनी कुर्सी पर सीधे हुए।

जस्टिस जी. सी. मित्तल ने अपने सामने रखे पानी के गिलास से हल्का-सा घूँट भरा। उसके बाद उसने बारी-बारी से पहले अपने वकील के साथ खड़े रहीम खाँ की ओर देखा। इसके बाद उसकी नज़र दोनों हाथ बाँधे एकदम सहमी हुई जैतूनी पर टिक गयी। उसकी नज़र सिर पर लाल छींट की लूगड़ी डाले जैतूनी की आँखों से टकरायी, तो उसे लगा उसके सामने जैतूनी नहीं एक ज़िन्दा पुतला खड़ा है। जस्टिस जी. सी. मित्तल ही नहीं डिविज़न बेंच के दूसरे न्यायाधीश जस्टिस जे. पी. गोयल को भी एक पल के लिए लगा जैसे जैतूनी अपने हक़ की उनसे गुहार कर रही है।

जिस समय रहमान अपने ममेरे लड़के द्वारा हाई कोर्ट का आँखों देखा हाल सुना रहा था, मोहन की आँखों के आगे चाँदबी बनाम उमर खाँ केस के पुराने पड़ चुके चित्र तिरमिराने लगे। उसी केस के चित्र, जिसमें चाँदबी की अपील को रद्द करते हुए, गुड़गाँव सिविल जज और एडिशनल सेशन जज के फ़ैसलों को सही बताते हुए, कभी इसी उच्च न्यायालय के जस्टिस तुली ने यह फ़ैसला दिया था कि निचली अदालतों के दोनों फ़ैसले पूरी तरह क़ानूनी तौर पर सही हैं। लिहाज़ा फ़रियादी चाँदबी की दायर की गयी यह अपील ख़ारिज की जाती है, और इसके वालिद मक्खन खाँ की छोड़ी गयी जायदाद का मालिकाना हक़ उसके काका उमर खाँ को देने का ऑर्डर करती है।

"तमाम दलीलों और सबूतों के मद्देनज़र यह बात सही है कि मेव कौम में अपनी पुश्तैनी जायदाद का बँटवारा मुस्लिम क़ानून के मुताबिक़ नहीं, बल्कि रिवाज़े-आम के मुताबिक़ होता है। यह भी सही है कि एक औरत उम्र-भर जद्दी और शौहर द्वारा इकट्ठी की गयी जायदाद की भले ही मालिक है, मगर वह अपने

शौहर के हक़दारों की इजाज़त के बिना उसे बेच नहीं सकती, सिर्फ़ इस्तेमाल कर सकती है। यहाँ तक कि वह अपनी बेटी या भतीजियों को उसे उपहार में भी नहीं दे सकती। मगर यहाँ सबसे बड़ा सवाल यह है कि मकीना ने अपनी बेटी जैतूनी के नाम जो जायदाद की है, वह उसे अपने शौहर की जायदाद का मिला वह हिस्सा है, जो रहमत और रहीम खाँ के वालिद के इन्तिक़ाल के बाद मर्द वारिस होने के नाते इन दोनों को आधा-आधा मिला था।"

"इस तरह अगर देखें तो जिस जायदाद पर रहीम खाँ अपने हक़ का दावा कर रहा है, वह न सिर्फ़ नाजायज़ है बल्कि उसके पीछे एक बदनीयती भी छिपी हुई है। यह सही है कि रिवाज़े-आम की अपनी कुछ ख़ासियतें रही होंगी, लेकिन उसमें कुछ ख़ामियाँ भी रह गयी होंगी। इसलिए मौजूदा हालातों को देखते हुए पंजाब-हरियाणा हाई कोर्ट की यह डिविज़न बेंच इस नतीजे पर पहुँची है कि, जैतूनी को उसके उस हक़ से बेदख़ल नहीं किया जा सकता, जिसकी वह वाक़ई हक़दार है। लिहाज़ा इसी कोर्ट द्वारा चाँदबी बनाम उमर खाँ के केस में दिये गये फ़ैसले की इज़्ज़त करते हुए, रहीम खाँ की अपील रद्द की जाती है...अपने भाई रहमत की जायदाद, जो उसकी माँ मकीना को उसके इसी बेटे ने दी थी, उस पर पहले की तरह जैतूनी का हक़ बरक़रार रखने का हुक्म देती है।"

पंजाब-हरियाणा हाई कोर्ट की डिविज़न बेंच के न्यायाधीश जस्टिस जी. सी. मित्तल ने अपने साथी जस्टिस जे.पी. गोयल के वाक्य को पूरा कर जैसे ही फ़ैसला सुनाया, मारे ख़ुशी के जैतूनी फफक कर रो पड़ी। आँसुओं से भरी आँखों से उसने जिस तरह सामने बैठे डिविज़न बेंच के न्यायाधीशों को देखा, ऐसा लगा उसकी आँखों से बहते आँसू, आँसू नहीं किसी तपते पठार से गिरता दुआओं का कोई निर्मल झरना है। जिस्म की जिन धमनियों में निर्णय आने से पहले रक्त ठिठक-ठिठक कर बह रहा था, उन्हीं धमनियों और शिराओं में वही रक्त किसी चंचल नदी-सा बहने लगा। इस फ़ैसले के बाद जैतूनी की देह किसी पुराने मकान की छत की कड़ी में लटकी पींजने की धुनकी से धुनी हुई कपास की तरह हल्का हो गया।

जिस समय रहमान हुलसते हुए पंजाब-हरियाणा हाई कोर्ट की डिविज़न बेंच के न्यायाधीशों और वकीलों के बीच होती बहस और दलीलों का वर्णन कर रहा था, मोहन को लगा वह बीच अदालत में खड़ा है, और सारी कार्यवाही उसकी आँखों के सामने से गुज़र रही है। वह क्षण तो देखने वाला था जब रहमान ने

यह कहा कि लिहाज़ा इसी कोर्ट द्वारा चाँदबी बनाम उमर खाँ के केस में दिये गये फ़ैसले की इज़्ज़त रखते हुए, रहीम खाँ की अपील रद्द की जाती है और जैतूनी का उस जायदाद पर पहले की तरह हक़ बरक़रार रहेगा। रहमान की आँखों की चमक को देख लगा जैसे उनमें नयी उम्मीदों का ताज़ा पानी चिलक रहा है। मोहन को याद आया कि रिवाज़े-आम की बलिवेदी पर ज़िबह हुई चाँदबी की हालत देख, एक बार रहमान ने उससे बड़े व्यथित मन से कहा था कि मोहन इस फूफी भूरी की हालत देख-देखकर मेरी भी छाती फटी जाती है। इसलिए मैंने तय कर रखा है कि मैं अपनी लड़कियों को राजस्थान के अलवर या भरतपुर ज़िला में ब्याह दूँगा, मगर इस पुराने गुड़गाँव के किसी गाँव में नहीं बिहाऊँगा। रहमान की आँखों की इस चमक की भाषा मोहन के आज समझ में आ रही है। उसने यहाँ तक महसूस किया कि जब-जब रहमान के मुँह से वह फूफी भूरी की त्रासद कथा को सुनता, रहमान को पूरी-पूरी रात कसमसाता हुआ देखता। सालों से रहमान के साथ मेवात ट्रांसपोर्ट प्राइवेट लिमिटेड, दिल्ली की दिल्ली-अलवर मार्ग पर दौड़ती मेवात बस की कंडक्टरी करते हुए, अरसे बाद उसने कई बेटियों के एक पिता को आज बेफ़िक्र नींद में सोया हुआ देखा है।

14

पूरे इमामनगर को अपनी आँखों पर विश्वास नहीं हुआ।

जो घाव एक हद तक भर गये थे, सालों बाद वे एकाएक फिर से हरे हो गये। लगभग सूख चुके स्मृतियों के डण्ठलों पर अचानक फिर से कोंपलें फूट आयीं। मक्खन खाँ की हवेली के आसपास की पुरानी आँखों को इन्हें पहचानने में थोड़ा-सा समय लगा। चाँदबी की मौत के सालों बाद अचानक अमीरा और उसकी दो बच्चियों के आने की ख़बर सुन, पूरा मोहल्ला इकट्ठा हो गया। सबकी आँखों में कौतूहल, आशंकाओं और अजन्मे सवालों के अंकुर फूट आये और उनकी भाव-भंगिमाओं से जैसे एक ही सुर की आहट आ रही है कि, आख़िर माँ के मरने के इतने साल बाद इसका अपने ननिहाल आने का क्या मक़सद हो सकता है ? काकी मलूकी, कुलसुम, मरियम, जाहिदा सबका मज़मा लग गया।

मरहूम उमर खाँ के घर को भी अमीरा के आने की जैसे ही भनक लगी, तो वहाँ हड़कम्प मच गया। कासिम ने अपने बड़े भाई सलीम और सलीम ने जैसे ही यह ख़बर बड़े भाई मौज खाँ को सुनाई, मौज खाँ की आधी से ज़्यादा सफ़ेद हो

चुकी दाढ़ी काँप कर रह गयी। जबकि इसके उलट अकबरी, वह तो अपनी नवासी अमीरा के आने की ख़बर सुन जैसे बौरा गयी। ज़ईफ़ अँगुलियों के पोर अमीरा के जिस्म को सहलाने के लिए मचल उठे। अगर सलीम अपनी माँ को डाँटता नहीं, तो वह न जाने कब की अमीरा के पास पहुँच चुकी होती।

अपनी माँ अकबरी के सामने तीनों भाइयों ने अपनी पत्नियों फरजाना, फातिमा और नासिरा को तुरन्त इकट्ठा किया और घर के सबसे पीछे वाले कोठे में गुप्त मंत्रणा में जुट गये।

"सलीम, अन्यायी ई अमीरा आखिर काईं मकसद सू आयी होएगी?" शुरुआत मौज खाँ ने की।

"आयी होएगी अपणी माँ का हिस्सा ए लेण !" सलीम के बजाय अनुमान सबसे छोटे भाई कासिम ने लगाया।

"पर यार, जब याहे ई पतो है कि हाई कोरट हमारा हक में पहले ही फैसला दे चुको है, तो इतना दिन बाद याको आणा को कहा मतलब है ?" सलीम ने अपने छोटे भाई कासिम के अन्दाज़े को ख़ारिज करते हुए कहा।

"कहीं ऐसो तो ना है या लोकू सन्नार्थी ने यामें फिर सू कोई हवा भर दी होए ?"

"मोहे भी ऐसो ही लगे है मौज खाँ। जरूर या लोकू ने ही कोई लुक्क लगायी है !"

"लगायी ना है एकदम सही बात है। थोड़ी देर पहले मैंने ऊ हवेली मऊँ जातो भी देखो हो।" कासिम ने अपने दोनों बड़े भाइयों के अनुमान और आशंकाओं को हवा देते हुए कहा।

"माई अ...अब कहा होएगो ?" मौज खाँ के हाथ-पाँव ठण्डे पड़ते चले गये इस बार।

"थोड़ी देर रुको ! पहले मैं जाके पतो कर लूँ। जभी कुछ कहो जा सके है।" इतना कह अकबरी घुटनों पर हाथ रख, यह कहते हुए खड़ी हो गयी, "अरे मेरा मालिक, अभी और कहा दिन दिखाएगो तू ! अगर आज तिहारो बाप होतो तो ई नौबत ना आती।"

"माई आराम सू जइयो !" इतना कह मौज खाँ अपनी पत्नी की ओर मुड़ा, "फरज़ाना, तू चली जा माई के साथ ! कहीं ऐसो ना होए कोई ठोकर-वोकर खाके गिर पड़े !"

"चल माई, मैं चलरी हूँ तेरे साथ।" फरजाना पति का आदेश सुन अपनी सास के साथ चल दी।

"और सुन, अमीरा कुछ कहे तो चुपचाप सुण लीजो ! पलटके जुआब मत दीजो ! थोड़ो समझदारी सू काम लीजो !" मौज खाँ जाते-जाते पत्नी को समझाते हुए बोला।

"माई है तो सही। मैं काईं लू बोलूँगी।" फरजाना ने पति को आश्वस्त करते हुए कहा।

इधर अमीरा जब-जब अपने नाना की हवेली की मोखियों में चहचहाती और छत की कड़ियों में झूलती चिड़ियों को देखती, तो उसकी रुलाई फूट-फूट जाती। धुँधलके में लिपटे कमरों में जाती, तो ऐसा लगता जैसे अँधेरे में चमकती दो आँखें उसे अपने अंक में भरने के लिए बुला रही हैं। उसकी जिन दरो-दीवार के पीछे छिप-छिप कर अपने बचपन के न जाने कितने दिन गुज़ारे थे, उनसे वह देर तक लिपट-लिपट कर रोती रही। अमीरा को इस तरह भाव-विह्वल होकर रोता देख काकी मलूकी, कुलसुम, मरियम, जाहिदा उसे अपने-अपने तरीक़े से समझाती रहीं।

सास-बहू यानी अकबरी और फरजाना ने हवेली में जाकर जो दृश्य देखा, उसे देख एक क्षण के लिए घर से आने से पहले मन में उठ रही आशंकाएँ सच साबित होती दिखाई देने लगीं। अपने सामने बैठी अमीरा को लोकू द्वारा कुछ समझाते हुए देख, अकबरी का माथा ठनका। और इससे पहले कि सास-बहू के आने की सूचना अमीरा और लोकू के बीच हो रही वार्तालाप में विघ्न डालती, लोकू ने मुड़ कर देखा। उनको देख वह खड़ा हो गया।

और इधर जैसे ही अमीरा ने अकबरी को देखा, वह दौड़ कर उससे लिपट गयी, "अरी मेरी नानी, तमने तो मैं अपणा ननिहाल का रूखन कू भी तरसा दी !"

अकबरी का बूढ़ा जिस्म पहले एक पल के लिए काँपा और फिर धीरे-धीरे कमज़ोर भुजाओं का मुलायम घेरा, किसी अजगर की तरह उससे लिपटी अमीरा के चारों ओर सख़्त होता चला गया। उसकी ज़ईफ़ अँगुलियों के वही पोर जो अमीरा के जिस्म को सहलाने के लिए मचल रहे थे, अपने सीने से चिपकी अपनी नवासी को टटोलने लगे। अमीरा के रुदन में शामिल हो उसकी भी हिलकियाँ बँध गयीं। जिस तरह अमीरा और अकबरी एक-दूसरे के गले से लिपट रोने लगीं, उन्हें देख हवेली की पुरानी दीवारें भी पसीज उठीं। काकी मलूकी, कुलसुम, मरियम, जाहिदा, फरजाना सहित वहाँ मौजूद पूरे मोहल्ले में से किसी ने दोनों को एक-दूसरे से अलग नहीं किया। सजल आँखों से चुपचाप उन्हें देखती रहीं। यह सोचकर कि जब इनका मन भर जायेगा, अपने आप अलग हो जायेंगी। हवेली से फूटने वाले रुदन को सुन

रहा-सहा मोहल्ला भी इकठ्ठा हो गया। जिन आँखों में कुछ देर पहले कौतूहल, आशंकाओं व अजन्मे सवालों की झड़ी लगी हुई थी, और चाँदबी के मरने के सालों बाद अमीरा के अपने ननिहाल में आने का मक़सद खोजने की कोशिश का रही थीं, वे सब जैसे नेपथ्य में चले गये। देखते-देखते मक्खन खाँ की हवेली में मुस्कराहटें किलकने लगीं। लोकू सन्नार्थी अर्थात लोकराम इस दृश्य को देख होठों-ही-होठों में मन्द-मन्द मुस्कराता रहा।

हालाँकि रंज के बादल अब काफ़ी हद तक छँट चुके हैं लेकिन दूर क्षितिज में कौतूहल की छोटी-छोटी बदलियाँ अब भी ठिठकी हुई हैं कि आख़िर अमीरा का अचानक इस तरह आने का मक़सद क्या है ?

"अमीरा, चल बेटी अपणे घर चल !" अकबरी अपनी नवासी से साधिकार मनुहार करते हुए बोली।

"माई सही कहरी है अमीरा। चल, सब तेरी बाट देखरा हैं।"

"भाभी, जायेगी पर यह ऐसे नहीं जायेगी !" लोकू ने मुस्कराते हुए कहा।

लोकू ने जैसे ही यह कहा दोनों सास-बहू के कानों में मौज खाँ और सलीम का यह शक खदबदा उठा कि, कहीं ऐसा तो नहीं है इस लोकू सन्नार्थी ने अमीरा में फिर से कोई हवा भर दी हो ? इसने ही ज़रूर कोई लुक्क लगायी है ! फरजाना ने तो लोकू के कहे का जो अर्थ निकाला सो निकाला किन्तु अकबरी जो समझी उसे स्पष्ट करते हुए बहू से बोली, "फरजाना, तू दौड़के जा और अपणी दोनूँ दौरानीन्ने बुलाके ला !"

"एक मिनट भाभी। इतनी जल्दी मत कर। पहले ये तो जान लेओ कि तुम्हारी नवासी आयी किसलिए है ?" लोकू ने अकबरी को रोकते हुए कहा।

इस पहेली को सुन एक बार फिर सास-बहू का साँस जैसे गले में अटक गया। इसके बाद इत्मिनान से लोकू ने अमीरा के आने का जो प्रयोजन बताया, उसे सुन एक बार फिर से अकबरी की आँखें छलछला आयीं। मगर इस बार ये सन्ताप के नहीं, ख़ुशी के आँसू थे।

"मैंने तो भाभी अमीरा से आते ही कहा था कि बेटा तेरा पहला फर्ज अपने मामाओं के जाना बनता है। मेरा क्या है...ना कोई मेरी जात, ना बिरादरी। मैं ठहरा बँटवारे में आया एक शरणार्थी। हक तो तेरा पहले वहाँ जाने का बनता है। मेरे लिए यही बहुत बड़ी इज्जत है कि तूने मुझे अपने नाना मक्खन और उमर खाँ से बड़ा मान दिया, पर काम तो तेरे अपने मामा ही आयेंगे।"

जिस समय लोकू सन्नार्थी अकबरी से यह सब कह रहा था, उसे सुन ऐसा लग रहा था जैसे वहाँ मौजूद सबके कानों में शहद की मोटी-मोटी बूँदें टपक रही हों। जबकि घूँघट काढ़े आधी पीठ फेर कर खड़ी फरजाना की आँखें नम हो गयीं। जिस आदमी को लेकर पूरा घर तरह-तरह की आशंकाएँ व्यक्त कर रहा था, उसी आदमी के मुँह से निकले शब्द और वाक्य ऐसे लग रहे थे जैसे किसी दरवेश के मुँह से तिलावत करते क़ुरआन की आयतें झर रही हैं।

"तू सही कहरो है देवर।" इसके बाद अकबरी अपनी बहू की तरफ़ पलटते हुए बोली, "फरजाना, चल अब अमीरा ऐसे ही घर जायेगी, जैसो मेरो ई देवर कहरो है।"

यह देख और सुन काकी कुलसुम मन-ही-मन निहाल हुई जा रही है कि उसने आज तक अकबरी के मुँह से कभी लोकू सन्नार्थी कहते नहीं सुना। जब भी सुना आज की तरह देवर का सम्बोधन ही सुना।

इसके बाद अकबरी वापस जाने के लिए उठ गयी। बाँस की खप्पचियों से लरज़ते ज़ईफ़ जिस्म में जैसे किसी अदृश्य शक्ति ने ढेर सारी ताक़त भर दी।

जब तक सास-बहू लौट नहीं आयीं, मजाल है मौज खाँ, सलीम, कासिम, फातिमा, नासिरा अपनी-अपनी जगह से हिले तो हों। जहाँ थे वहीं तरह-तरह की अनिष्टता भरी कल्पनाओं में डूबते-तिरते रहे।

ज़ुहर के समय जिस इमामनगर को अपनी आँखों पर विश्वास नहीं हो रहा था और अमीरा के अपने ननिहाल आने के मक़सद को लेकर सबकी आँखों में एक के बाद एक आशंकाओं और सवालों की धुन्ध छायी हुई थी, अस्र की नमाज़ के बाद वह इस तरह छँट जायेगी, किसी ने नहीं सोचा था। अमीरा अपनी नानी अकबरी, उसकी तीनों बहू फरजाना, फातिमा और नासिरा के साथ सिर पर एक बड़ी-सी गठरी रख, पूरे ठसके के साथ मोहल्ले की महिलाओं के गीत गाते हुजूम के आगे-आगे मन्थर गति के साथ बल खाती हुई किसी नदी की तरह बढ़ रही है। इस दृश्य को देखने के लिए रास्ते में पड़ने वाले घरों की चौखट-देहरियाँ जैसे अटी हुई हैं। मक्खन की हवेली से चला यह हुजूम जैसे-जैसे आगे बढ़ रहा है, वैसे-वैसे उसका आकार भी बढ़ता जा रहा है।

और जैसे ही गीत गाती यह नदी मरहूम उमर खाँ की दहलीज़ पर जाकर रुकी, अमीरा की हिलकियाँ बँध गयीं। इससे पहले कि वह भरभरा कर गिरने को

होती, उसके साथ-साथ चल रही उसकी तीनों मामियों फरजाना, फातिमा, नासिरा ने लपक कर अपनी बाँहों का सहारा दे सँभाल लिया। दरवाज़े पर पहले से खड़े मौज खाँ और सलीम दोनों भाई उसके पास आये और अपनी बाँहों की गिरफ़्त में जैसे ही उसे लिया, अमीरा मौज खाँ के सीने से चिपक फफक उठी, "अरे मामा, मेरी माँ ने ऐसो कहा गुनाह कर दियो, जो तम अपणी भाणजी ए ही भूलगा ?"

अमीरा के इस चीत्कार का दोनों भाइयों से कोई जवाब देते नहीं बना। जवाब तो वे तब देते जब कोई होता। उमर खाँ की दहलीज़ पर जमा ठट्ठे की आँखें, एक-दूसरे से टकराकर झुक गयीं। झुक इसलिए गयीं कि वे सब जानती हैं अमीरा अपनी माँ द्वारा किये गये किस गुनाह की बात कर रही है।

"चल भीतर आ जा !" मौज खाँ समझदारी दिखाते हुए तुरन्त विषय बदल, अमीरा को सहारा देते हुए भीतर ले गया। अमीरा भी दुपट्टे से आँखें पोंछते हुए उनके साथ-साथ आगे बढ़ गयी।

इस तरह देखते-देखते पूरे इमामनगर में यह ख़बर आग की तरह फैल गयी कि, अमीरा अपने बेटे की शादी के लिए भेली लेकर उमर खाँ की देहली पर भात न्यौतने आयी है। भले ही इमामनगर उसकी माँ का पीहर है लेकिन बड़भातई होने के नाते भात न्यौतने का अमीरा का हक़ तो बनता ही है।

अकबरी अपनी नवासी की आव-भगत में कोई कसर नहीं छोड़ना चाहती है। अकबरी ही क्यों तीनों बेटे-बहू भी पीछे नहीं रहे। जैसे-जैसे शाम का मटमैलापन गहराने लगा, चूल्हों पर चढ़े पतीलों से उबलते चावलों की भाप और उनकी ख़ुशबू से उमर खाँ का पूरा घर महक उठा।

सबसे बड़ी बहू फरजाना अपनी दोनों देवरानियों के साथ अपनी सास के पास आयी और हिम्मत जुटा सहमते हुए पूछा, "माई, बनड़ा भी गवंगा कहा ?"

फरजाना का इतना कहना था कि अकबरी फट पड़ी, "ऐ तमने बनड़ा गवान लू काई के पै बुलावा ना भेजो है ?"

"ना...हम तो समझरा हा कि..."

"ऐ तिहारी टाँट में लकड़ी...बेसहूरी कहीं की...!" अकबरी के जी में तो बहुत आया कि वह अपने सामने खड़ी तीनों बहुओं को ऐसे हर के भजन सुनाये कि ये पूछड़ा दबा कर भागती नज़र आएँ। मगर चुप लगा गयी, "ऐसा करो, अभी बहोत टेम है। भेली इसा की निवाज पीछे ली जायेगी। जब तलक पूरा मुहल्ला में बुलावा दिआओ !"

"नासिरा, बहाण या काम ऐ तू कर ! तावळी कर, हीं तो मैं और फरजाना सँभाळ लेंगा।"

अपनी छोटी जिठानी का आदेश सुन नासिरा जैसे ही जाने के लिए पलटी कि पीछे से अकबरी टोकते हुए बोली, "सुन !"

"हाँ माई ?"

"ई जरूर कह दीजो कि ई बनड़ा को बुलावा है।"

"ठीक है माई।" इतना कह नासिरा तेज़ी से अपने काम को अंजाम देने के लिए चली गयी।

इशा की नमाज़ के बाद एक तरफ़ जहाँ मरहूम उमर खाँ का आँगन चुहलबाज़ियों और हँसी-ठट्‌ठों से किलकने लगा, वहीं दूसरी तरफ़ बैठक के बाहर लट्‌टुओं की रोशनी में भीगी चारपाई, डहलों और मूढ़ियों के बीच घूमते हुक़्क़े-फ़र्शियों से उठते गुड़ेले धुएँ के छोटे-छोटे बादलों के बीच, लोकोक्ति-मुहावरों में पगा एक क़िस्सा ख़त्म होता, दूसरा छिड़ जाता। पूर्व सरपंच अजमत, पूर्व पंच नसरू सहित तत्कालीन व वर्तमान ग्राम पंचायत के कुछ सदस्यों समेत अड़ोस-पड़ोस के बुज़ुर्गों से पूरी बैठक भरी हुई है।

"काई ने सही कही है कि छोरी तो अपणा भाग ए साथ लेके आवे हैं। अब बता काई ने सोची ही कि फूफी भूरी के मरे पीछे ई अमीरा ऐसे आ जायेगी ?" नसरू ने पूरी बैठक को सुनाते हुए कहा।

"बावळा भाई, आधो पीहर तो बीरबाणी को वा दिन खतम हो जावे है, जा दिन बाप मर जाये है और पूरो वा दिन हो जाये है, जा दिन दुनिया सू वाकी माँ बिदा हो जाये है। अरे, जभी तो काई सायर ने कही है कि—

भाई मरा सू बळ घटे, बाप मरे पत जाये।
जा दिन मरगी माँवड़ी, जग सुनो हो जाये।।"

अभी एक बुज़ुर्ग ने अपनी बात पूरी की ही थी कि इसी बीच पूर्व सरपंच अजमत ने चारों तरफ़ एक सरसरी नज़र मारी, और फिर एक मूढ़ी पर बैठे सलीम से पूछा, "सलीम, मेरे यार लोकू कहीं दिखायी ना देरो है ?"

"बस आतो ही होएगो। वाही की बाट देखरा हैं। जैसे ही आएगो भेली ले लेंगा।"

इधर सलीम ने कहा, उधर सामने आधी रोशनी में डूबी गली में नमूदार हुए साये को तेज़-तेज़ क़दमों से आता देख एक आवाज़ आयी, "लेओ आगो हमारो लोकू भी।"

"अरे यार लोकू आ जा, तेरी ही बाट है बस।" बैठक के चौतरे पर लोकू के आते ही अजमत बोला।

इसके बाद एक-एक कर सब भीतर चौक में आये और पहले से बिछी जाजम पर आकर बैठ गये।

"मौज खाँ, बुला वा लाली ए...और तीनूँ भाई भेली ए लेओ!" एक बुज़ुर्ग ने भात न्यौतने की कार्यवाही की घोषणा करते हुए कहा।

पहले से तैयार कपड़े में लिपटी गुड़ की भेली को लेकर अमीरा जैसे ही सौंपने को हुई, एक तरफ़ मूढ़ी पर अकबरी अपने बग़ल में बैठी मलूकी से बोली, "मलूकी, दारी उठाए न कोई बनड़ा!"

मलूकी को जैसे इसी का इन्तज़ार था। बस फिर क्या, देखते-देखते उमर खाँ का चौक समवेत स्त्री-स्वर में गाये जाने वाले इस बन्ने से गूँज उठा—

बन्ना आयो अँधेरी रात, उजाळो बिजळी को

बड़ा मामा ने बिजळी लगा दीनी, बड़ी मामी ने खींच लियो तार
उजाळो बिजळी को।

छोटा मामा ने बिजळी लगा दीनी, छोटी मामी ने खींच लियो तार
उजाळो बिजळी को।

याका भाई ने बिजळी लगा दीनी, भावज प्यारी ने खींच लियो तार
उजाळो बिजळी को।

बन्ना आयो अँधेरी रात, उजाळो बिजळी को।

भात न्यौतने के दौरान जब-जब अमीरा भावुक होती, चारों तरफ़ से उस पर सांत्वनाओं की बौछार शुरू हो जाती। जब तक भात न्यौत नहीं दिया गया, अमीरा अतीत की नर्म पगडंडियों पर जैसे टहलने निकल जाती।

"अच्छो भई, खवाओ अपणी बहाण-बेटीन्ने ने रोटी!" भात न्यौतने की सारी रस्म पूरी होने के बाद एक बुज़ुर्ग ने खड़े होते हुए उद्घोषणा की।

हालाँकि बन्ना गानेवालियों के लिए अकबरी ने पताशे मँगाए हुए हैं लेकिन रिवायत और परम्परा को वह नहीं भूली है। इसलिए उसने अलग से गेहूँ-चने की

बाखळी और उबलवा ली। उसने बिचली बहू फातिमा को पहले से साफ़ निर्देश दिया हुआ था कि बन्ना गानेवालियों को पताशों के साथ वह एक-एक मुट्ठी बाखळी ज़रूर दे। फातिमा ने सास के निर्देश बल्कि कहिए आदेश का पूरे सम्मान के साथ पालन किया और बिना बाखळी-पताशों के उसने किसी को नहीं जाने दिया।

अगले दिन अकबरी और उसके तीनों बेटे-बहुओं ने अमीरा को अच्छी बिदाई और पूरे सम्मान के साथ विदा किया। अमीरा भी बहुत-सी नयी-पुरानी स्मृतियों को अपने पल्लू में बाँध अपने ननिहाल इमामनगर से चली गयी।

15

अमीरा को विदा करने के बाद उसी दिन शाम को अकबरी ने लोकू के पास सन्देश भिजवाया कि वह एक बार खड़ा-खड़ा हो जाये।

पता नहीं ऐसी क्या बात है जो अकबरी ने उसे बुलाया है ? इशा की नमाज़ के बाद लोकू पहुँच गया। बाहर से ही उसने मौज खाँ को आवाज़ लगायी। आवाज़ सुन मौज खाँ तो नहीं सलीम लपक कर आया और उसे भीतर ले गया। अन्दर गया तो देखा अकबरी बरामदे में बिछी खाट पर बैठी जैसे उसी का इन्तज़ार कर रही है। लोकू को आया देख वह खाट से नीचे उतर गयी।

"आ जा, हीं बैठ जा !" अकबरी ने लोकू को चारपाई पर बैठने का अनुरोध करते हुए कहा।

"सब ठीक तो है भाभी ?" चारपाई पर बैठते हुए लोकू ने मौज खाँ, सलीम, कासिम सहित एक-एक कर इधर-उधर दीवार की टेक लगाकर खड़ी बहुओं पर नज़र मारी।

"ऐसी कोई बात ना है काका, बस तोसू कुछ सलाह करणी है।" इतना कह मौज खाँ ने सामने मूढ़ी पर बैठी अपनी माँ की तरफ़ देखा।

"देवर, बात ई है कि अमीरा भेली तो न्यौतगी पर हमारी समझ में अब ई ना आरी है कि हम कहा करें ?" अकबरी अपनी दुविधा प्रकट करते हुए बोली।

"इसमें समझने की बात क्या है ? जैसे वह आयी है, वैसे ही तुमको भी जाना चहिए...और फिर बड़े भातई होने के नाते वैसे भी तुम्हारा फर्ज बनता है।" लोकू ने परम्परा, सामाजिकता, फ़र्ज़ और परिवार के तक़ाज़े को ध्यान में रखते हुए सलाह दी।

"ऊ तो हम चला जायेंगा काका, पर कौण-सा हिसाब सू जायें ?"

"मैं कुछ समझा ना सलीम ?" लोकू ने उलटा सलीम से पूछा।

"सलीम को कहणा को मतलब ई है कि बड़भातई होण के नाते कैसो लेन-देण होणो चहिए ?" मौज खाँ ने माँ की दुविधा को स्पष्ट करते हुए कहा।

"भई, इसे तो तुम देखो कि तुम्हारी कितनी गुंजाइश है।" मुस्कराते हुए लोकू ने धीरे-से बॉल दूसरे पाले में धकेल दी।

"देवर, मैं तो इनसू ई कहरी हूँ कि भलेई हम बड़भातई हैं, पर ऐसो लेन-देण कर दीजो कि दुनिया ए पाछे कहण को मौका ना मिले। काई तरह दुनिया को मुँह बन्द हो जाये बस। हमारो तो पहले ही मुँह काळो हुओ पड़ो है कि हम एक यतीम का जाइज हक ए मारके बैठा हैं।"

"हूँऽऽऽ ये बात है।" लोकू ने पहले लम्बा हुंकारा भरा और फिर बोला, "बात तो तेरी सोलह आने सही है भाभी।"

"याही मारे मेरी तो सलाह ई है कि थाळी में एक धड़ी गेर देंए।" सलीम ने अपना बात रखी।

"कितना ?"

लोकू ने जिस तरह चौंकते हुए सलीम की तरफ़ देखा, सलीम तुरन्त आगे बोला, "कपड़ा-लत्ता भी तो हैं काका।"

"पर मेरी सलाह काका धैं सेर की है।" मौज खाँ अपने छोटे भाई की राशि में संशोधन करते हुए बोला।

इस बार लोकू ने एक गहरी और लम्बी साँस लेने के बाद उसे जिस तरह धीरे-धीरे बाहर छोड़ा, वहाँ मौजूद अकबरी के सारे बेटे-बहुओं को समझते हुए देर नहीं लगी कि लोकू थाली में डलने वाली नकदी से सन्तुष्ट नहीं है। वह अच्छी तरह जानता है कि एक धड़ी अर्थात पाँच सेर यानी चार सौ रुपये और धैं सेर यानी दस सेर अर्थात आठ सौ रुपये के रूप में दी जाने वाली राशि कितनी होती है। बँटवारे के

दौरान अपनी किशोरावस्था में मेवात में विस्थापित होने के बाद, लोकराम शरणार्थी अर्थात लोकू सन्नार्थी मेवाती लोक-जीवन की सामाजिक-सांस्कृतिक बुनावट, उसके लोक-व्यवहार और लोकाचरण की एक-एक गिरह के छोटे-छोटे रेशों से भली-भाँति परिचित हो चुका है। उसे शायद इसीलिए बुलाया गया है ताकि इनके बीच कुछ अनसुलझी गिरहों को वह सुलझा सके।

देर तक वह यह सोच कर कुछ नहीं बोला कि जब इन्होंने पहले ही तय कर लिया है कि भात की थाली में क्या डालना है, तब वह क्या बोले ?

"देवर, तू कैसे चुप्पी लगागो ? तू तो बोल कुछ ?" अकबरी शायद लोकू की साँसत भाँप गयी।

"चुप्पी क्या, जो मौज खाँ-सलीम कह रहे हैं, वह ठीक ही होगा। मैं इसमें क्या बोलूँ ?" लोकू बेमन से एक नकली उदासीनता का आवरण धारण करते हुए बोला।

"पर मेरी सलाह कुछ और है देवर।"

अकबरी ने जैसे ही यह कहा लोकू ने एक उम्मीद भरी नज़र से उसकी ओर देखा।

"मेरी सलाह ई है कि थाळी में कम-सू-कम धौण तो होणा ही चहिएँ।"

अकबरी के इस प्रस्ताव पर लोकू के चेहरे की हल्की-सी रंगत बदल गयी, "तेरा मतलब है बीस सेर यानी सोलह सौ रुपये ?"

"मैं या मारे कहरी हूँ कि कहा पतो अमीरा हमन्ने अजमाण आयी होए। दूसरी बात ई कि अगर हमने हळको-फुल्को भात भर दियो, तो जहाँ दुनिया हमन्ने पहले बोलण भी ना देवे ही, अबकी बेर नोच-नोच के खा जायेगी। हमारा जनम में थूकेगी...बाकी इनकी मरजी। अब तो ये मालक हैं। मेरो कहा, आज हूँ कहा पतो कल अल्लाह कू प्यारी हो जाऊँ।" अकबरी ने फ़ैसला मौजूद बेटे-बहुओं पर छोड़ दिया।

इसके बाद कुछ पलों के लिए बरामदे में सन्नाटा छाया रहा।

इसी दौरान एक कोने से जैसे घने बादलों के बीच हल्की-सी बिजली कड़की।

"माई तू सही कहरी है...कहा हम बहाण-बेटीन को इतनो भी हक ना है ? अरे, ब्याह पीछे हमारा हिस्सा में ये भात-छूछक ही तो आवे हैं। ये भी पीहरयान सू अगर ठीक-ठाक ना भरा जावे हैं, तो यासू अच्छो है पैदा होतेई हमारो गळा घोट दियो जाये।" सबसे बड़ी बहू फरजाना ने अपनी सास का समर्थन करते हुए कहा। समर्थन ही नहीं बल्कि एक सामाजिक कटु सत्य को बयान कर दिया।

"अपनी माँ मरे पीछे अमीरा अगर हमारी देहळी पे भात नौतण आयी है, तो कुछ उम्मेद लेके ही आयी होगी ? और फिर याहे तो देखो कि अपणी माँ के साथ इतनो बुरो होणा के बाद भी, ऊ हमारी देहळी पे आगी। कोई असल की सी होती तो या देहळी पे फटकती भी ना। अगर मोहे थोड़ो सो भी अंदाजो होतो न कि या मेवात में बहाण-बेटीन को हिस्सा खाणा को रिवाज है, तो खुदा तोड़ी मैं ना ब्याहती हीं।"

"तो डोकरा की अब्भी कहा बिगड़ो है, कर ले दूसरो खसम !" अपनी पत्नी फातिमा द्वारा अपनी जेठानी का समर्थन करने के साथ जिस तरह उसने व्यंग्य किया, उसे सुन सलीम दाँत पीसते हुए फुफकारा।

"यामें खसम करणा की कहा बात है। खरी बात तो कही जायेगी।"

"तो अब तू बताएगी हमन्ने कि खरी बात कहा है !"

"हम कौण होवे हैं बतान वाळी। मरद का या कानून ए मरद ही जाणें...तिहारी माया, तम ही जाणो।"

"फातिमा बेटा छोड़, अब पुरानी बात दोहराने का कोई फायदा नहीं है।" लोकू सलीम और फातिमा के बहाने वहाँ उपस्थित पूरे परिवार को समझाते हुए बोला।

"काका एक बात कहूँ, बुरो मत मानियो...कायदा सू हमन्ने थाळी में एक कुंटल गेरणा चहिए। बिचारी वा अमीरा को इतनो तो हक बणे ही है।" इस बार सबसे छोटी बहू नासिरा ने भी जैसे बग़ावत का झण्डा बुलन्द कर दिया।

एक-एक कर मरहूम उमर खाँ की तीनों बहुओं ने जिस तरह खुलेआम अपना प्रतिरोध दर्ज किया और तीनों भाइयों ने उनकी ओर देखा, लोकू समझ गया कि अगर इस समय वह नहीं होता, तो सम्भव है घर की इन बहुओं की इस गुस्ताख़ी के लिए, अब तक इनमें से किसी-न-किसी को कुछ सबक़ सिखा दिया गया होता। इतना ही नहीं फरजाना और फातिमा ने जिस तरह अमीरा की जगह बार-बार हम और हमारा शब्द का इस्तेमाल किया, लोकू को लगा जैसे उमर खाँ के घर की मज़बूत दीवारों में छोटे-छोटे सूराख़ बन गये, जिनसे बग़ावत के ताज़े झोंके ज़बरन अन्दर घुस आये हैं।

अपनी तीनों बहुओं के इस खुले समर्थन पर अकबरी की बाँछें खिलती चली गयीं। होंठ एक विशेष मुद्रा के साथ वक्र हो गये। उसने बारी-बारी से जिस तरह तीनों की तरफ़ देखा, लोकू ने उसकी आँखों में आयी चमक से उसकी भाषा बाँच ली। इधर तीनों बेटों में से किसी ने प्रतिवाद नहीं किया। एकदम चुप रहे।

हाँ, मौज खाँ ने इतना जरूर कहा, "काका, अगर अमीरा का पीहरयान्ने थाळी में हमसू जादा रुपया गेरा तो ?"

"तो क्या हुआ ? उनकी मर्जी, वे चाहे जितना डालें। तुम अपनी गारंटी लो, दूसरा क्या कर रहा है इससे तुम्हें क्या मतलब ?" परोक्ष रूप से लोकू ने भी अकबरी के प्रस्ताव पर अपनी सहमति की मुहर लगा दी।

"पर काका तोहे साथ जरूर चलनो पड़ेगो !" सलीम ने बात ख़त्म करते हुए कहा।

"देखूँगा। समय तो आने दो।"

"देखणो ना है देवर, तोहे साथ जाणो है इनके !" अकबरी साधिकार लोकू को एक तरह से आदेश देने के बाद बड़ी बहू से बोली,"फरजाना, तावळी सू एक गिलास दूध बणवाके ला !"

"भाभी रहने दे। बहुत देर हो गयी है। सवेरे गुड़गाँवा भी जाना है।" इतना कह लोकू जाने के लिए उठ गया।

अब इसे लोक-लाज का दबाव कहें या बेटियों की गुहार कि इधर तीनों भाई अमीरा का भात भर कर आये, उधर पूरे इमामनगर में हल्ला मच गया कि बड़भातई होने के नाते जैसा भात उमर ख़ाँ के बेटों ने भरा है, ऐसा किसी ने आज तक नहीं भरा। आते-जाते गैल-दगड़ों में जो भी मिलता, वह इसकी तारीफ़ किये बिना नहीं रहता। अकबरी ही नहीं बेटे-बहुओं के कानों में जब-जब प्रशंसा के शब्द पड़ते, तब-तब लगता जैसे मस्जिद की मुँडेर से लगती फ़ज्र की अज़ान के बोल पड़ रहे हैं। अमीरा ने मरहूम उमर ख़ाँ की दहलीज़ पर आकर मानो उसके बेटों पर लगे कलंक को धो दिया ।

लेकिन इस लोकू सन्नार्थी की क्या कहें ?

मौज ख़ाँ जब माँ को हुमक-हुमक कर भात भरने के दृश्य का बखान कर रहा था, तब सुनते हुए अकबरी ही नहीं, सारी बहुएँ मन-ही-मन फूली नहीं समा रही थीं। बँटवारे में उनकी शरण में आये एक शरणार्थी से ऐसी बिल्कुल उम्मीद नहीं थी। उम्मीद ही नहीं बल्कि किसी ने इसकी कल्पना भी नहीं की थी।

"...तो माई, जब अमीरा का दोनूँ भातइन्ने ने भात भर दियो और अमीरा भीतर जाण लगी, तो वाको एक चचिया सुसर बोलो कि भई पंचो, अब तो ना बचरो है कुछ ?...तो जभी काका लोकू बोलो कि चौधरी साब, एक मिनट ! अभी एक छोटो-सो काम और रहरो है।"

"अजी, अब कौण-सो काम रहगो ?" अमीरा के चचिया ससुर ने हैरानी के साथ पूछा।

"जरा अमीरा बेटी को वापस भेजना !"

अमीरा थाली के साथ वापस आयी और उसी जगह पर आकर खड़ी हो गयी, जहाँ उसने भात लिया था। इसके बाद लोकू धीरे-से अपनी जगह से खड़ा हुआ और मुस्कराते हुए रुपयों की एक छोटी-सी गड्डी थाली में रखते हुए बोला, "चौधरी साब, ये मेरी तरफ से छोटा-सा नेग है।"

"नेग ! दारी ई कौण है जो अब नेग देरो है ?" अमीरा के पीछे खड़ी औरतों की भीड़ में से यह सवाल उछला।

अमीरा बिना मुड़े समझ गयी कि यह किसका सवाल है। इसलिए बिना पलटे ही जवाब दिया, "काकी, ई मेरा सगा नाना सू भी बढ़के है नाना लोकू सन्नार्थी।" अमीरा ने अपनी चचिया सास को जवाब देते हुए जान-बूझ कर नाम के साथ सन्नार्थी लगाया।

लोकू सन्नार्थी ! अचानक धीरे-धीरे थरथराते पानी में जैसे हलचल मच गयी। इस हलचल के बीच यह जिज्ञासा और कौतूहल तेज़ी से विचरण करने लगा कि अमीरा के इस सगे नाना से बढ़कर, लोकू सन्नार्थी ने थाली में कितने रुपये डाले हैं ?

"मौज खाँ, मेरे यार ई तो बता कि अमीरा का या नाना ने थाळी में गेरा कितना हैं ?"

"चौधरी साब, ज्यादा ना हैं बस दस सेर हैं।" मौज खाँ के बजाय जवाब ख़ुद लोकू ने दिया।

"धैं सेर ! वा भई वा, मौज कर दी अमीरा का नाना ने तो।" अमीरा के उसी चचिया ससुर ने हँसते हुए इस तरह कहा कि जिन्हें नहीं सुनाई देना था, उन्हें भी सुन गया।

अमीरा भात लेने के बाद जब वापस जाने लगी, तो उसके पाँव जैसे ज़मीन पर नहीं पड़ रहे थे।

"माई, पतो है अमीरा का असली भातइन्ने थाळी में कितना गेरा हा ?" इस बार सलीम ने अपनी माँ से कहा।

"कितना गेरा हा ?"

"उन्ने भी धैं सेर ही गेरा हा।" इस बार सलीम ने बताया।

इतना ही नहीं मौज खाँ ने यह भी बताया कि अपने भातइयों को विदा करते समय अमीरा सबसे अधिक यदि किसी से गले लग कर रोयी थी, तो वह बँटवारे में उनके यहाँ पनाह लेने वाला यही शरणार्थी यानी लोकू सन्नार्थी था। जिस तरह

हिलकियाँ लेते हुए वह इससे लिपट कर रो रही थी, देखने वालों को कुछ पलों के लिए लगा, वह अपने सगे नाना के सीने से लगकर रो रही है। अमीरा के ससुर ने भी लोकू का मान रखने में किसी तरह की कंजूसी नहीं बरती। चलते समय उसने मौज खाँ का ही नहीं, बल्कि लोकू को साफ़ा बाँध कर जो सम्मान दिया, वह दृश्य अभिभूत करने वाला था। इस दृष्टान्त को सुन इस बार अकबरी की आँखें भर आयीं। उसने एक पल के लिए आँखें बन्द कीं और न जाने कितनी दुआएँ लोकू सन्नार्थी को दे डालीं।

जिस समय रहमान खाँ यह सब मोहन को बता रहा था, मोहन की पनीली आँखें आश्चर्य से फैल और सिकुड़ रही थीं। एक पल के लिए उसे लगा जैसे वह अमीरा के भात लेने के दृश्य को अपनी आँखों से देख रहा है। मगर एक दुविधा उसका पीछा नहीं छोड़ रही है। उससे जब नहीं रहा गया, तो उसने रहमान से पूछ ही लिया, "यार रहमान, तेरे मेवात में ब्याह-शादी में रुपये तोल के हिसाब से दिये जाते हैं ?"

मोहन के इस मासूम से सवाल को सुन रहमान मुस्कराते बोला, "ऐसी बात ना है मोहन। दरसल बात ई है कि हमारा मेवन में नगदी का अलग-अलग नाम धर राखा हैं। जैसे एक धड़ी यानी पाँच सेर मतलब चार सौ रुपया, धैं सेर मतलब दस सेर यानी आठ सौ, धौण यानी बीस सेर मतलब सोलह सौ; जबकि एक मण में बत्तीस सौ रुपया और एक किवंटल में आठ हजार रुपया होवे हैं। कई ठाडा ब्याहन में जब बड़ी नगदी तीस-बत्तीस हजार में दी जावे है, तो वाहे ऐसे बतावे हैं कि भई फलाणा का छोरा कू दहेज में तीन किवंटल रुपया मिला है।"

"और समधी का जो मान होता होगा, वह लग होता होगा ?"

"बिल्कुल, कि भई फलाणा कू समधी-मिलाई में धौण या एक मण रुपया मिला है।"

"यार, एक बात है फिर तो उमर खाँ की एक बहू ने गलत नहीं कहा था कि कायदे से हमें भात की थाली में एक किवंटल मेरा मतलब है, आठ हजार नगदी डालनी चाहिए। जिस फूफी भूरी की कई एकड़ जायज जमीन रिवाजे-आम के नाम पर उमर खाँ ने फ्री-फंड में हथिया ली, उसमें से उसकी लड़की अमीरा का इतना तो हक बनता है। चलो, कुछ तो उसे मिला। उमर खाँ के लड़के अगर उसे इतना भी नहीं देते तो वह क्या कर लेती।"

रहमान ने मोहन के इस कथन का कोई जवाब नहीं दिया।

"वैसे एक बात कहूँ रहमान, हमने ये भात-छूछक बनाये ही इसलिए हैं कि अपने माँ-बाप की जायदाद में से कानून बनने के बाद भी बहन-बेटियों का हक ना देना पड़े...और अगर कोई इसके लिए आवाज उठाता है, तो उसका यह कहकर मुँह बन्द कर दिया जाता है कि हम रख तो रहे हैं अपनी बहन और बुआओं का ध्यान।"

"एक बात और भी है मोहन। हमारी छोरी-छापरी या डर के मारे भी कुछ ना बोले हैं कि कहीं उनको पीहर ना छूट जाये। याही लोकलाज का डर सू ये अपणा सगा भाई-भतीजान सू चाहके भी अपणो हिस्सा ना माँगे हैं।"

"एकदम सही कह रहा है रहमान तू। इधर उन्होंने हिस्सा माँगा नहीं, उधर भाई-बहन और फूफी-भतीजियों का रिश्ता खतम हुआ नहीं। वैसे यह बीमारी सभी में है, चाहे वे हिन्दू हो या मुसलमान। सिक्ख हो या ईसाई। मर्द ने सारे कायदे-कानूनों पर अपनी ऐसी पकड़ बना रखी है कि मजाल है औरत कुछ बोल तो जाये।"

सामने कोटला झील में जाती नहर की पुलिया के पास आते ही रहमान ने बस को धीमा किया, और मोहन की तरफ़ देख कर हल्के-से मुस्कराते हुए गियर बदलते हुए बस की गति बढ़ा दी।

16

नाँगल।

काला पहाड़ से मात्र पाँच किलोमीटर दूर पहाड़ नीचे का हिन्दू-मेवों का मिला-जुला क़स्बा नगीना। वही नगीना जिसके एक हिस्से ऊपरलीघाँ स्थित 1834 में बनी और सोलह पत्थर के खम्बों जिन पर टिकी एक थड़ी की दीवारों में चुनी चौंसठ पत्थर की खूँटियाँ। इसके अगले हिस्से में आमने-सामने बनी पिवणीयों, जिन पर यहाँ रुकने वाली बारात के लिए पानी के मटके रखे जाते थे, इसी थड़ी के बारे में किसी स्थानीय लोक-कवि ने कहा था—

चौंसठ तो नारी बणी, सोलह इनका लोग।
आमई-सामई पीवणी, है ई चौंतीसा को जोग।।

इसी क़स्बे के दक्षिण दिशा में मात्र दो किलोमीटर दूर बसा गाँव नाँगल। रहमान की वही ससुराल नाँगल जिसके पास बसा साँठावाड़ी गाँव कभी खाँजादों से

पूरी तरह आबाद था। इसी साँठावाड़ी गाँव के पेशे से अध्यापक शर्फ़ुद्दीन शर्फ़ जो ख़ुद ख़ानज़ादा थे, आज़ादी से पहले 1935 में *मुरक़्क़ा-ए-मेवात* अर्थात मेवात का इतिहास जैसी ऐतिहासिक पुस्तक लिखी थी।

बीसवीं सदी का आख़िरी साल था यह। सालों के बाद इस साल अपने मायके से ईद मना कर जाहिदा जब वापस लौटी, और उसने अपने मोहल्ले के वली मोहम्मद का जो क़िस्सा सुनाया, उसे सुन रहमान खाँ के पहले से डरे हुए रोंएँ, एक बार फिर सिहर उठे। सुनते हुए वली मोहम्मद की बेटी की जगह सालों पहले बोड़ी कोठी की प्याऊ पर सालों तक राहगीरों को पानी पिलाने वाली फूफी भूरी अर्थात चाँदबी का चेहरा ताज़ा हो उठा। जेठ के गरम लू के थपेड़ों और आग बरसाती धूप के बीच, प्याऊ के छोटे-से झरोखे से पतले-पतले हाथों में थमे एल्यूमिनियम के बदने और ताँबे के गंगा सागर से, किसी बरसाती झरने-सी पतली धार प्यासे राहगीर की ओख में गिरती और गिरने से जो कर्णप्रिय संगीत पैदा होता, उसे याद करते हुए लगता जैसे बुद्ध की सभा में किसी थेरी का कोई शोक-गीत बज रहा है।

"तो या वली मोहम्मद के ई जैनब इकलौती औलाद है ? कोई बेटा ना हो ?" रहमान ने पत्नी जाहिदा से पूछा।

"ना। जभी तो काका वली मोहम्मद ने अपणे जीते-जी जो खेत खरीदा हा, वे अपणी बेटी जैनब के नाम विरासत करवा दी।"

"अच्छोऽऽऽ...।" रहमान ने जिस तरह अच्छा को लम्बा खींचा, उससे लगता है कि इसमें कई तरह की शंका-आशंकाएँ छिपी हुई हैं।

"इतनो ही ना, सुणी है कि काका वली मोहम्मद वाकी पक्की रजिस्टरी भी करवा गयो बतायो और लिखवागो कि वाका मरा पाछे वाकी सारी जमीन-जादाद की मालिक वाकी बेटी जैनब होएगी।"

रहमान समझ गया कि जाहिदा का आशय हिबानामा के रजिस्ट्रेशन से होगा, फिर भी वह बोला, "फिर तो वा वसीयत के मुताबिक ऊ जमीन जैनब के नाम रिकार्ड में भी चढ़गी होएगी ?"

"हाँ सुणी है कि वली मोहम्मद पक्को काम करवाके गयो हो।"

"पर एक बात बता या जैनब के कितनी औलाद है ?"

"औलाद कहा, चार छोरी हैं।"

"कहा बोली...अबके और कहियो ?" रहमान ने चौंकते हुए फिर से पूछा।

"यही कि जैनब के चार छोरी हैं।" सहज भाव से जाहिदा ने बताया।

"छोरा ना है कोई ?"

"ना।"

इतना सुनते ही रहमान की आँखों के सामने एकाएक थड़ी पर हुई पंचायत का वह दृश्य ताज़ा हो उठा, जब पंचायत ने न केवल चाँदबी के हिबानामा को अस्वीकारते हुए, पंच फ़ैसला उसके काका उमर खाँ के पक्ष में दिया था। इतना ही नहीं चाँदबी द्वारा इस फ़ैसले को सिविल कोर्ट और सेशन कोर्ट में चुनौती देने पर यहाँ भी निर्णय उमर खाँ के पक्ष में गया। चाँदबी ने जब इन निचली अदालतों के फ़ैसलों के ख़िलाफ़ पंजाब हाई कोर्ट में अपील दायर की तो यहाँ भी फ़ैसला उमर खाँ के ही पक्ष में गया। चाँदबी की इमामनगर से लेकर फ़िरोज़पुर झिरका, फ़िरोज़पुर झिरका से लेकर गुड़गाँव, और गुड़गाँव से लेकर चंडीगढ़ की उस बीहड़ और दुर्गम यात्रा का एक-एक चित्र उसके दिलो-दिमाग़ में आज भी किसी सदियों पुराने भित्तिचित्र की तरह छपा हुआ है। वही पुराने चित्र जो चाँदबी के आँसुओं और उसके चीत्कार के रंग से उकेरे गये थे।

अचानक रहमान को अपने आप में खोया देख, जाहिदा ने एक तरह से उसे झिंझोड़ते हुए पूछा, "ए तू कहान खोगो ?"

अकबकाते हुए वर्तमान में लौटा रहमान, "क...कहीं ना।"

"तो फिर कहा सोचरो है ?"

"मैं ई सोचरो हूँ जाहिदा कि जैनब का काई नजदीकी मर्द हकदार ने यापे उजर ना उठायो ?"

"जब तलक तो ना उठायो, जब वा जादाद की मालिक जैनब ही, पर जैसे ही जैनब ने अपणा बाप सू विरासत में मिली जादाद, अपणी छोरीन के नाम करी और जैसे ही वली मोहम्मद की जादाद वाकी नवासियों के नाम हुई ,जैनब की एक फूफी को छोरा अब्दुल हसन लट्ठ लेके पहोंचगो।"

"फिर ?"

"फिर कहा, पूरा गाँओ ने ऊ खूब समझायो कि जब तेरो या जादाद सू कोई लेणा-देणा ही ना है, तो तू बेमतलब यापे क्यों हक जमारो है ?"

"तो कहा अब्दुल हसन मानगो ?" रहमान की दिलचस्पी धीरे-धीरे अब बढ़ने लगी।

"कहाँ मानो। बोलो कि मेवन का जमीदारा कानून में साफ लिखी पड़ी है कि हमारी दादालाई जादाद में छोरी-छापरीन को कोई हक ना होवे है। वाका असली हकदार हम मरद होवे हैं, चाहे वे चाचा-ताऊ होएँ या कोई मामा-फूफी का मरद होएँ।"

"जाहिदा, आज तलक तो मैंने यही सुणी ही कि जिनके भाई ना होएँ हैं, उनका बाप की जायदाद उनके चाचा-ताऊन में बँट जावे है...पर ई मैं पहली बर सुणरो हूँ कि मामा-फूफी का छोरा भी हकदार होवे हैं ?"

"ई तो मोहे पतो ना है पर अब्दुल हसन तो खम्म ठोक्के ई भी कहके गयो हो कि, अपणा हक कू अगर मोहे चंडीगड जाणो पड़गो तो हून तलक भी जाऊँगो।"

रहमान समझ गया कि चंडीगढ़ जाने का मतलब है पंजाब-हरियाणा हाई कोर्ट का रुख़ करना। इसके बाद उसने जाहिदा से कुछ नहीं पूछा। बल्कि जाहिदा ख़ुद ही बोली, "वाके पीछे कहा हुओ, मैंने ना पूछी। ऊ चंडीगड गयो ना गयो, मोहे ना पतो।"

उस दिन मेवात बस में जैसे पैर रखने की भी जगह नहीं थी। बड़कली से चढ़ी एक पढ़ी-लिखी सवारी के आग्रह पर, रहमान ने उसे अपने पास बोनट पर बैठने की इजाज़त दे दी।

भादस पार होने के बाद रहमान खाँ ने बस को चौथे गियर में लेने के बाद, उस सवारी की तरफ़ देख कर यूँ ही पूछ लिया, "जनाब, कहाँ तलक जाओगे ?"

"धौळा कुआँ।"

"कहीं नौकरी करारा हो ?"

"हाँ, दिल्ली पुलिस में हूँ। नरैणा थाणा में डूटी है।"

"और नाम ?"

"जुनैद मोहम्मद।"

"वैसे मेवात में कहान सू ताल्लुक है ?" बस की थोड़ी गति कम करते हुए पूछा रहमान ने।

"नाँगळ सू।"

नाँगल का नाम सुनते ही रहमान को सालों पहले पत्नी द्वारा बताया गया अपने पीहर का वली मोहम्मद वाला प्रसंग याद आ गया। जिस तरह जाहिदा ने उस घटना से जुड़े व्यक्ति का नाम और उस घटना के बारे में बताया था, रहमान की स्मृति में आज भी वह नाम बसा हुआ है। उसने बस को थोड़ा और धीमा किया और उस पढ़ी-लिखी सवारी अर्थात नारायणा थाने में तैनात दिल्ली पुलिस के सिपाही की ओर

पलटते हुए मुस्कराकर बोला, "मेरी सुसराड़ भी नाँगळ में ही है।"

"या हिसाब सू तो आप हमारे असनाव हो गये !"

"कुछ भी समझ लेओ।" फिर कुछ पल सोचने के बाद रहमान बोला, "जनाब, आपके नाँगळ में एक वली मोहम्मद नाम को आदमी भी तो हो ? वही, जाकी छोरी को कोई जमीन-जायदाद को सो एक लफड़ा हो ? कहा हो ऊ मामला ?"

"कहीं आप वाकी तो बात नहीं कर रहे हो जिसने अपनी सारी जायदाद अपणी लड़की जैनब, और वा जैनब ने वो सारी जायदाद अपनी लड़कीन के नाम कर दी ही ?"

"हाँ-हाँ, कुछ ऐसो ही मामला हो...जामें वाको एक फूफी को छोरा लट्ठ लेके पहोंचगो और ई धमकी देके गयो हो कि अपणा हक कू अगर मोहे चंडीगड जाणो पड़गो तो हून तलक जाऊँगो।"

"अच्छोऽऽऽ तो आप जैनब और अब्दुल हसन वाळे केस की बात करते हो !"

दिल्ली पुलिस के इस सिपाही यानी जुनैद मोहम्मद के सारा क़िस्सा समझ में आ गया कि, उसके गाँव का असनाव यानी दामाद अर्थात यह ड्राइवर किसकी बात कर रहा है। इस बीच जब मोहन दूसरी सवारियों की टिकट काटने के बाद जैसे ही बोनट के पास बैठी सवारी के पास आया, रहमान ने मोहन से यह कहते हुए उसका टिकट काटने से मना कर दिया, "मोहन, रिस्तेदार है। रहण दे !"

कंडक्टर मोहन ड्राइवर के पीछे बनी सीट पर बैठ गया और सुनने लगा एक-दूसरे के रिश्तेदारों की बात।

"रिस्तेदार, जैनब के फूफी के लड़के अब्दुल हसन ने कोरी धमकी ना दी ही, बल्कि जैनब ने जो जायदाद अपनी लड़कीन के नाम करी ही और वाका हक में जो डिग्री हुई ही, ऊ डिग्री वाने पहले गुड़गाँवा सिविल कोर्ट में, फिर सेशन कोर्ट में चैलेंज कर दी। और जब दोनूँ निचली अदालत का फ़ैसला जैनब के हक में आगो, तो ऊ पहोंचगो चंडीगढ़ हाई कोर्ट।"

"फिर हाई कोर्ट में कहा हुओ ?"

"होतो कहा मिहमान..." इसके बाद दिल्ली के नारायणा थाने में तैनात सिपाही जुनैद मोहम्मद पूरे मामले को विस्तार से बताने लगा।

पंजाब-हरियाणा हाई कोर्ट में कई सालों तक चले इस मामले से जुड़े न्यायधीशों ने सुनवाई के दौरान पेश की गयी दलीलों, सबूतों और निचली अदालतों के फ़ैसलों को बड़ी बारीकी से सुना और देखा। इतना ही नहीं हाई कोर्ट के सामने चाँदबी बनाम उमर खाँ, जैतूनी बनाम रहीम खाँ, कँवर खाँ बनाम खातूनी, जैसे मामलों का भी हवाला दिया गया।

सारे फ़ैसलों, दलीलों और सबूतों को सुनने व देखने के बाद न्यायाधीश ने इस मामले में सुनवाई करते हुए कहा, "आज जब हम बीसवीं सदी के ख़त्म होते-होते संविधान में दिये गये मर्द और औरत की बराबरी की बात करते हैं, तब ऐसे में हमारे समाज को, मर्दों के बनाये गये रिवाज़े-आम जैसे सामन्ती और मर्दवादी क़ानूनों पर फिर से विचार करने की ज़रूरत है। हमें मज़हबी आधार पर बने पर्सनल लॉज़ और कस्टमरी लॉज़ जैसे निजी क़ानूनों को जड़ से उखाड़ने के बारे में भी विचार करना चाहिए।"

इस घटना के बारे में सुनते हुए मोहन की नज़र रास्ते में उतरने वाली और चढ़ने वाली सवारियों पर भी है। मालब को पार करने के बाद जैसे ही बस नूँह के पास पहुँची, मोहन यह कहते हुए सीट से उठ गया, "रहमान, अपने रिश्तेदार से कहना कि इस क़िस्से को नूँह पार करने के बाद सुनाये। यहाँ से सवारियों को उठा लेता हूँ पहले।" मोहन लपक कर अगले दरवाज़े पर आया और यह कहते हुए, ज़ोर से सीटी मार दी, "चलो भई नूँह वाले !"

जब से नूँह में बसें पुराने बस अड्डे के बजाय दिल्ली-अलवर रोड पर रुकने लगी हैं, हाथ में मुड़ी हुई कोहनी के पास लटके लोहे के छल्लों में पिरोए हुए सुघड़ बेंटे वाले चाकुओं का सवारियों से मोल-भाव करते किशोर नज़र नहीं आते हैं। मोहन को पता ही नहीं चला कि उसके कानों से 'बाउजी, असली रेती के चक्कू हैं...हमारा मेवात का चक्कू पाक्स्तान-अफगानिस्तान तलक जावे हैं।' जैसी कर्णप्रिय मनुहार कब ग़ायब हो गयी ? उसका इस पर कभी ध्यान ही नहीं गया कि पुराने बस अड्डे के शम्भू के होटल के धधकते कोयलों पर चढ़े स्याह तली वाले एल्यूमिनियम के बेडौल फ्राई पेन से उठती दाल फ्राई की महक कहाँ खो गयी ? पुराने अड्डे पर खड़े ताँगों के घोड़ों के जगह-जगह पड़े और बरगद के नीचे हिनहिनाते घोड़े के जिस्म से उतरते बालों की आदिम गन्ध कहाँ उड़ गयी, और कहाँ विलुप्त हो गयी झोपड़ीनुमा दुकान के सामने खड़े घोड़ों के खुरों में जड़ी जाने वाली लोहे की नाल पर पड़ती हथौड़ी की ठक-ठक ? ऐसे लगता है जैसे तेज़ी से होते सामाजिक-सांस्कृतिक

बदलावों और औद्योगिक विकास ने हमारे बहुत से स्वाद और हमारी पुरानी आवाज़ों को हमसे छीन लिया है।

नूँह से अच्छी-ख़ासी सवारियों को लेकर मेवात बस एक बार फिर दिल्ली की ओर दौड़ने लगी। मोहन ने नूँह से चढ़ने वाली सवारियों की फटाफट टिकटें काटीं और पहले की तरह पुरानी जगह पर आ बैठा।

"तो जनाब, जज साब ने इस फैसले को सुनाने से पहले और क्या-क्या कहा ?" बिना समय गँवाए मोहन ने आते ही पूछा।

दिल्ली पुलिस के सिपाही जुनैद मोहम्मद ने एक पल के लिए पहले कुछ याद करते हुए, अपने आपको तैयार किया और फिर न्यायाधीश ने फ़ैसला देते समय जो टिप्पणी की उसे हू-ब-हू बताने लगा।

"दुनिया कहाँ से कहाँ पहुँच गयी है और हम आज भी रिवाज़े-आम जैसे दकियानूसी क़ानूनों की आड़ लेकर, औरतों को उनके हक़ों से उन्हें दूर रखने पर तुले हुए हैं। भारतीय संविधान की धाराओं और अनुच्छेदों 25, 26 और 44 के बीच ही अनेक विरोधाभास हैं। जहाँ संविधान की धारा 25 मुसलमानों का बुनियादी हक़ देती है और मुसलमानों के निजी मामले इस धारा के तहत आते हैं। मुस्लिम पर्सनल लॉ से सम्बन्धित क़ानून जो क़ुरान व हदीस से तय हुए हैं और मज़हब का बुनियादी हिस्सा, उसे बदलने का अधिकार संसद को भी नहीं है। वहीं दूसरी तरफ़, भारतीय संविधान अनुच्छेद 44 में यह उल्लेख किया गया है कि भारतीय नागरिकों के लिए पूरे देश में एक समान अधिकार हों। माननीय सुप्रीम कोर्ट ने भी कई मामलों का हवाला देते हुए इस बात पर ज़ोर दिया है कि समूचे भारत में एक समान आचार संहिता होनी चाहिए। संविधान निर्माता डॉ. बाबा साहेब आम्बेडकर ने भी औरतों के साथ हो रहे भेदभावों और उनके अधिकारों की सुरक्षा को लेकर अपनी चिन्ता ज़ाहिर की थी। अभी हाल में भारत की संसद ने मानवाधिकार क़ानून की धारा 2(डी) में हर भारतीय के जीवन, उसे अपनी ज़िन्दगी जीने का हक़ और समान व्यवहार की गारंटी देने की घोषणा की है।

"इसलिए कस्टमरी लॉ और पर्सनल लॉ की आड़ में इस मुल्क की औरतों को उनके हक़ों से महरूम नहीं किया सकता। जाति, धर्म और जेंडर के आधार पर जायदाद का बँटवारा नहीं किया जा सकता। लिहाज़ा इस बिना पर अब्दुल हसन की अपील को ख़ारिज किया जाता है। इसलिए वली मोहम्मद द्वारा जैनब के हक़ में की गयी वसीयत क़ानूनन सही तो है ही। साथ में जैनब द्वारा अपनी चारों बेटियों के हक़ में की गयी डिक्री भी क़ानूनी तौर पर जायज़ है। इतना ही नहीं जैनब की

बेटियाँ भी अपने-अपने हिस्से की जायदाद किसी को भी बेच सकती हैं, या उसे ट्रांसफर कर सकती हैं।"

नाँगल की इस पढ़ी-लिखी सवारी अर्थात दिल्ली पुलिस में तैनात सिपाही जुनैद मोहम्मद ने जैसे ही आँखों देखा हाल समाप्त किया, उसे सुन मोहन ने एक गहरी साँस ली और उसे बाहर छोड़ते हुए बोला, "इसका मतलब तो साफ है जनाब कि अपने नाम की गयी जायदाद को एक मेव बेवा अब जिसे चाहे बेच सकती है, और जिसके चाहे नाम कर सकती है ?" मोहन ने जुनैद के मुँह से हाई कोर्ट के फ़ैसले को सुनने के बावजूद एक तरह से पूरी तरह पुष्टि करते पूछा।

"बिल्कुल कंडक्टर साब, जज साब ने एकदम क्लियरकट्ट कह दी कि जैनब की लड़कियाँ भी अपने-अपने हिस्सों को किसी को भी बेच सकती हैं, या उसे ट्रांसफर कर सकती हैं।"

"रहमान, मेरे भाई हक तो लेने पड़ते हैं। फूफी भूरी निचली अदालतों से लेकर हाई कोर्ट में भले ही हार गयी, पर जिसने हिम्मत नहीं हारी वह जीती भी है।"

"पर एक बात है मोहन जमींदारी कानून, मेरो मतलब है रिवाजे-आम खतम ना हुओ है। जैसे पहले हो वैसे ही आज भी है। अगर इसके दायरे में आज भी मर्द हकदारों का बँटवारा होता है, तो वह जायज भी है।"

अभी कुछ देर पहले जुनैद मोहम्मद द्वारा सुनाये गये जैनब बनाम अब्दुल हसन के फ़ैसले, और अब रहमान द्वारा कहे गये इस वाक्य को सुन मोहन का सिर चकरा गया।

बस अब सोहना पहुँच गयी। रहमान ने सोहना से सवारियाँ लीं और थोड़ा आगे ले जाकर मुख्य मार्ग पर थोड़ी दूर बने एक ढाबे पर बस लगा दी।

"चलो भई, जिसे कुछ चाय-पानी पीना है आराम से पी ले ! बस अभी पच्चीस-तीस मिनट रुकेगी !" इस उद्घोषणा के बाद रहमान और मोहन दोनों ढाबे में घुस गये।

कश्मीरी गेट पहुँचने तक पूरे रास्ते रहमान बीच-बीच में उम्मीदों और एक नयी रोशनी से भरी ताज़ा हवा को अपने फेफड़ों में भरता और फिर उसे धीरे-धीरे बाहर छोड़ता रहा। एक के बाद एक निचली अदालतों और पंजाब-हरियाणा उच्च न्यायालय द्वारा मर्दों के बनाये गये रिवाज़े-आम जैसे सामन्ती और मर्दवादी क़ानून के ख़िलाफ़ आने वाले फ़ैसलों को याद करते हुए, मानो ख़ुद से कहता कि जज साब ने बिल्कुल सही कहा है कि जाति, धर्म और लिंग के आधार पर जायदाद का बँटवारा नहीं किया जा सकता।

17

रहमत खाँजादा का पोता अर्थात जालीदार सफ़ेद टोपी पहने हल्की दाढ़ी वाला युवक। वही युवक, जिस पर पंच नसरू ने फूफी भूरी के मामले में थड़ी पर हुई पंचायत में कभी बड़ी हिक़ारत के साथ व्यंग्य किया था कि, कहीं यह वही तो नहीं है जो पेश इमाम का कोर्स-सा कर रहा है। वही युवक, जिसके द्वारा रिवाज़े-आम के ख़िलाफ़ दर्ज की गयी असहमति पर नसरू ने डाँटते हुए यह भी कहा था कि 'ओ भई इमाम साब, तू अपनी चोंच बन्द रख ! अपने इस इमामपने को तू खाँजादों में ही चला। हमारे मेवों के मामलों में टाँग मत अड़ा।' वही युवक यानी वाजिब अली अर्थात मरहूम रहमत खाँजादा का पोता दिल्ली में पुराने क़िले के पास दरगाह मटका पीर मस्जिद में इमाम हो गया है। इमाम बनने के लक्षण तो इसमें तभी नज़र आने लगे थे, जब इसने थड़ी में हुई पंचायत के फ़ैसले के ख़िलाफ़ आवाज़ उठाते हुए, पूरी पंचायत की एक तरह से मलामत करते हुए कहा था कि वैसे तो आप सारे

मामलों में शरअ को सबसे आगे रखते हैं और जब वालिद या शौहर की जायदाद में उसकी बेवा और बेटियों की बात आती है, तो इस रिवाज़े-आम को आगे कर देते हैं। इसी वाजिब अली से पूर्व पंच नसरू मिलने को बेताब हो उठा। वह जब-जब इस इमाम के लिबास और उसके हाव-भाव को देखता, तो उसे अपने 'मुसलमान' होने पर जैसे सन्देह होने लगता।

अपने घर के सामने से गुज़रने वाले वाजिब अली के आवागमन पर जैसे नसरू ने अपनी नज़रों का पहरा बैठा दिया। वह कहाँ आता है, कहाँ जाता है, किससे मिलता है और किससे किस अन्दाज़ में बात करता है, यानी एक सच्चे मुसलमान होने के उसके हाव-भावों का बड़ी बारीकी से अवलोकन करने लगा। आख़िर कई दिनों की कोशिशों के बाद नसरू उर्फ़ भूतपूर्व पंच नसीरुदीन को मौक़ा मिल ही गया।

मस्जिद से जैसे ही नसीरुद्दीन अर्थात नसरू के कानों में अस्र की अज़ान के बोल पड़े, कई दिनों से मौक़ा ढूँढ़ रहा, वह लपक कर अपनी पौळी के बाहर मूढ़ी बिछा कर बैठ गया। बहुत हो गया। आज वह इस वाजिब अली को बिल्कुल नहीं छोड़ेगा। अभी नसरू मूढ़ी पर आकर बैठा ही था कि देखा सामने अपने ख़यालों में डूबा वाजिब अली नमाज़ पढ़ने के लिए चला आ रहा है। नसरू ने पहले से योजनानुसार अपने दिमाग़ की घड़ियों की सूइयों को सेट कर लिया। इतनी सफ़ाई से सेट किया कि इधर वाजिब अली उसकी पौळी के ठीक सामने पहुँचा, और उधर वह अपने चौतरे की सीढ़ियों से इस तरह उतरा कि दोनों का आमना-सामना हो गया।

"इमाम साब, सलाम मालेकुम !" नसरू ने अपने हिसाब से बड़े अदब के साथ वाजिब अली को बन्दगी करते हुए टोका।

"व'अलैकुम-अस्सलाम जनाब।"

नसरू ने जितने अदब से वाजिब अली का अभिवादन किया, उससे कहीं अदब और विनम्रता के साथ वाजिब अली ने जवाब दिया। नसरू अकबका-सा गया। अकबका इसलिए गया कि एक तो वाजिब अली ने उसे जनाब कहा, और दूसरा जवाब में जिस तरह एक-एक हिज्जे को चुबलाते हुए व'अलैकुम-अस्सलाम कहा, उसे सुन वही क्यों, कोई भी अकबका सकता है। वाजिब अली के प्रति नसरू के मन में एकाएक आदर व श्रद्धा का भाव और गाढ़ा होता चला गया।

"और सब खैरियत सू तो है ?" अपने जान नसरू ने वैसे ही शब्दों का इस्तेमाल करने की कोशिश की, जैसे किसी आलिम-फ़ाज़िल के सामने करना चाहिए।

"शुक्र है ख़ुदा का, सब ख़ैरियत है।"

"चलो ख़ै...ख़ै...खैरियत ही होणी चहिए।" नसरू ने बहुत कोशिश की वाजिब अली द्वारा इस्तेमाल किये गये शब्दों के उच्चारण की नक़ल करने की, मगर बदकिस्मती से नहीं कर पाया। ख़ैरियत में लगने वाला नुक़ता हलक़ से बाहर आने के बजाय जैसे गले में ही अटक कर रह गया। हाँ, उसे यह देख कर बड़ा सन्तोष हुआ कि वाजिब अली ने उससे बेहद सलीक़े से बात की है।

मस्जिद में पहले से आये नमाज़ियों के मस्जिद से बाहर निकले जूते-चप्पलों के बग़ल में नसरू ने अपनी जूतियाँ, और वाजिब अली ने एक ब्रांडेड कम्पनी की चौड़ी बद्दी वाली चप्पलें निकाल कर रखीं और बढ़ गये वुज़ू-ख़ाने की तरफ़। वुज़ू से लेकर वाजिब अली के नमाज़ अदा करने के तरीक़ों को नसरू बड़े ध्यान और बारीकी से देखता रहा। हालाँकि नसरू को नमाज़ के दौरान यह सब नहीं करना चाहिए था, मगर उसने आज यह कुफ़्र किया और वह भी जान-बूझकर, क्योंकि आज उसने तय कर लिया कि एक सच्चे मुसलमान होने के हाव-भावों का वह ज़रूर अवलोकन करेगा'

नमाज़ अदा करने के बाद नसरू जैसे अपने घर से वाजिब अली के साथ आया था, वैसे ही लौटते हुए उसके संग हो लिया। बातों-बातों में वाजिब अली को पता ही नहीं चला कि वह कब नसरू की पौळी के सामने पहुँच गया। जैसे ही वे दोनों नसरू की पौळी के सामने आये, अपनी पूर्व योजना के अनुसार नसरू ने दोहरा होते हुए गुज़ारिश की, "इमाम साब, आओ न !"

"वो क्या है कि कल मेरी भतीजी के निकाह की चिट्ठी आने वाली है। लिहाज़ा उसकी तैयारी करनी है। इसलिए फिर कभी..."

"ऊ तो कल आयेगी न। घड़ी-दो घड़ी कदी हम जैसा गरीबन के घर भी बैठ जाये करो।" नसरू ने बीच में वाजिब अली का वाक्य काटते हुए, अपने लहजे में मनुहार और उलाहने का मिश्रण करते हुए कहा।

"ऐ...ऐसी कोई बात नहीं है।"

"ना है तो फिर आओ !" नसरू ने इस बार वाजिब अली का हाथ पकड़ा और उसे अपनी पौळी में ज़बरन ले आया।

पहले से बिछी मूढ़ी पर बैठने के बाद वाजिब अली नसरू के घर को ऐसे देख रहा है, जैसे वह इसे पहली बार देख रहा है। नसरू समझ गया कि उसके सामने बैठा मटका पीर मस्जिद का इमाम, रहमत खाँजादा का पोता यानी वाजिब अली उसके घर की दरो-दीवार में क्या खँगाल रहा है।

इसी बीच सिर पर सफ़ेद गोल टोपी पहने और हाथ में कुछ किताबें लिए एक बारह-तेरह वर्षीय लड़के को अन्दर आता देख, नसरू ने उससे जान-बूझ कर पूछा, "बेटा आगो महजत सू ?"

"हाँ आगो बूढ़ा बाप।"

"तो ऐसो कर, लगे हाथ कुरान की तिलावत और कर ले !"

लड़के ने पौळी के एक तरफ़ बिछे डहले पर किताब पटकते हुए अपने बूढ़े बाप यानी दादा की तरफ़ ऐसे देखा कि, अगर मूढ़ी पर बैठा यह इमाम जैसा दिखने वाला आदमी नहीं होता, तो इसी वक़्त वह उसे ऐसी आयतें सुनाता कि यह भूल जाता क़ुरआन की तिलावत क्या होती है। किन्तु वह ख़ून का घूँट पीकर रह गया।

वाजिब अली समझ गया कि यह लड़का नसरू का पोता है।

"इमाम साब, तेरी निगाह में कोई ऐसो मदरसा है जो मैं अपणा या पोता ए हूँ पढ़ण कू भेज दूँ ? दरसल, मैं याहे मुफ्ती बणानो चाहरो हूँ।" नसरू ने एक सच्चे मुसलमान बनने के पहले पायदान पर क़दम रखते हुए पूछा।

"काका, मुफ़्ती ऐसे ही नहीं बना जाता है। उसके लिए इस्लाम की बहुत पढ़ाई करनी पड़ती है।" वाजिब अली अब अपने गाँव वाले सम्बोधन पर आ गया।

"पर इतनी पढ़ाई तो याने कर राखी है।" इतना कह वह पीछे मुड़ा और रेहल पर खुली क़ुरआन की बेमन से तिलावत करते पोते से बोला, "हारून, बेटा हीं आ ! इमाम साब ए कुरान का काई सिपारा में सू कुछ पढ़के सुणा दे !"

दादा के इस आदेश को सुन पोते हारून के काटो तो ख़ून नहीं। उसका बस चलता और यहाँ आज यह इमाम नहीं होता तो वह अपने इस दादा को सिपारा क्या, ऐसी पूरी क़ुरआन सुनाता कि यह फिर नहीं कहता सिपारा सुनाने के लिए। मगर हालात ऐसे हैं कि वह कुछ नहीं कर सकता।

वाजिब अली हारून की दुविधा भाँप गया। वह धीरे-से नसरू की ओर पलटा और मुस्कराते हुए बोला, "काका, मेरे कहने का मतलब वो नहीं है। मेरे कहने का मतलब यह है कि मुफ़्ती तो बहुत दूर की बात है, पहले यह सलीक़े का नाज़िर तो बन जाये।"

"नाजिर ! ई कहा बीमारी होवे है इमाम साब ?"

"नाज़िर उसे कहते हैं जिसे अरबी का अच्छा इल्म हो और जो पूरी क़ुरआन शरीफ़ को इस तरह पढ़ और सीख सके कि, जब कभी वह उसे पढ़ने बैठे तो उसमें कोई ग़लती ना हो।"

"अच्छोऽऽऽ...।" इतना कह नसरू ने अपने पोते को बड़ी हसरत भरी निगाह से देखा।

"इतना ही नहीं, इसके बाद हाफ़िज़, जिसे पूरी क़ुरआन मुँह ज़बानी याद हो... हाफ़िज़ के बाद कारी, जिसका काम पूरी क़ुरआन पाक को उसके सही तलफ़्फ़ुज़ के साथ पढ़ कर याद करना होता है...और याद करने के बाद दूसरों को पढ़ाना होता है।...और जिसे हम मौलवी या मौलाना कहते हैं वह तभी बनता है जब पहले वह नाज़िर, हाफ़िज़ और कारी बन जाता है। यहाँ मेवात में हर आदमी मौलवी बना घूम रहा है, पता है मौलवी का क्या काम होता है ?"

नसरू की पौळी में उसी की मूढ़ी पर बैठे वाजिब अली ने उसकी आँखों में आँखे धँसाते हुए जिस तरह पूछा, नसरू का दम ख़ुश्क हो गया। बमुश्किल उसके गले से निकला, "कहा काम होवे है इमाम साब ?"

"क़ुरआन पाक और हदीस को गहराई के साथ पढ़ कर उसे समझना होता है। इसे पढ़ और समझ कर ही कोई मुल्ला या मौलवी किसी इस्लामिक जलसे में ख़ुतबा देने का हक़ रखता है। मुफ़्ती इसके बाद आता है।"

अपने सामने बैठे इमाम वाजिब अली से इतनी लम्बी तक़रीर सुन, नसरू की आँखों के सामने जाले से तिरमिराने लगे। ज़्यादातर शब्दों के तो उसके अर्थ ही पल्ले नहीं पड़े। वह तो अब तक यही समझे हुए था कि आदमी ने क़ुरआन के दो-चार सूरा-सिपारा पढ़ लिए और बन गया मुल्ला-मौलवी। उसे क्या पता था कि मुफ़्ती तो मुफ़्ती, मुल्ला-मौलवी बनने के लिए इतने पापड़ बेलने पड़ते हैं। उसके दिमाग़ ने एक तरह से काम करना बन्द कर दिया। कानों में किसी ने जैसे रूई के मोटे-मोटे गोले ठूँस दिये। उसे यह भी नहीं सुनाई दे रहा है कि उसके सामने बैठा यह इमाम कह क्या रहा है ? बस, अपने सामने बैठे किसी पुतले की तरह उसके होंठ हिलते दिखाई दे रहे हैं।

"तो फिर ऐसो कर तू याहे अपणो जैसो इमाम ही बणवा दे !" नसरू ने भागते भूत की लँगोट ही सही वाले अन्दाज़ में कहा।

"बुरा ना माने तो एक बात कहूँ काका, पहले ये मेव क़ायदे से मुसलमान तो बन जायें।"

जिस तरह वाजिब अली ने व्यंग्य करते हुए यह कहा, उसे सुन नसरू उर्फ़ पूर्व पंच नसीरुद्दीन जैसे हत्थे से उखड़ गया, "अन्यायी, तैने कैसे कह दी कि मेव मुसलमान ना हैं ?"

"एक बात बता काका, वैसे तो तुम बात-बात में शरअ की बात करते हो... मगर इसे ईमान और अमल में कितना लाते हो ?"

"इमाम साब, कैसे ना लावे हैं हम याहे अमल में ? अरे, बाळक-छोटा पैदा होणा पे वाका कान में अजान पढ़वाणा सू लेके उनका निकाह...और निकाह सू लेके उनकी मुसलमानी-आखिरत, ये सब बिना अमल के होरा हैं ?"

"इनके अलावा और भी बहुत से क़ायदे-क़ानून और हक़-हुक़ूक़ हैं, जो शरअ के मुताबिक़ होने चाहिए।"

"यार, ऐसा कौन-सा कायदा-कानून हैं जो याके मुताबिक होणा चहिए ?"

"क्यों, भूल गये अपने रिवाज़े-आम को ? जब पुश्तैनी और अपने वालिदान की कमाई जायदाद में बहन-बेटियों के हिस्से की बात आती है, तब क्यों इसे लेकर बैठ जाते हो ? क़ुरआन मजीद में कहाँ लिखा है कि हम अपनी बहन-बेटियों के हक़ को मारें ? बल्कि क़ुरआन मजीद की चौथी सूरा अन-निसा की सातवीं आयत में साफ़-साफ़ फ़रमाया गया है कि जैसे मर्दों का, उस माल में जो उसके माँ-बाप और नातेदारों ने छोड़ा हो, हिस्सा है...वैसे ही औरतों का भी उसमें हिस्सा है जो माँ-बाप और उनके नाते-रिश्तेदारों ने छोड़ा हो। अब चाहे वह थोड़ा हो या ज़्यादा, यह अलग बात है। यह हमारे हजरत मुहम्मद सल्लल्लाहु अलैहि वसल्लम ने तय किया हुआ है। क्या अपने हक़ के लिए ये अदालतों में जूतियाँ घिसती हुई अच्छी लगती हैं ? इस्लाम ईमान वालों को कहाँ इसकी इजाज़त देता है ?"

वाजिब अली ने जैसे ही रिवाज़े-आम का ज़िक्र छेड़ा, नसरू समझ गया कि पट्ठा यह जालीदार टोपी सालों पहले की बात को आज तक नहीं भूला है।

"देख भई इमाम साब, जमीन-जायदाद को मसला है जात-बिरादरी को। ई बिरादरी में ही सुलटतो हुओ अच्छो लगे है।" नसरू ने एकदम ठण्डेपन से कहा।

"तो क्या शादी-ब्याह, सुन्नत-आख़िरत ये जात-बिरादरी के मसायल नहीं हैं ? फिर इनमें शरअ को अमल में क्यों लाते हो ?"

इस बार नसरू का धैर्य जैसे जवाब दे गया। उसने पहले अपने आसपास देखा और फिर धीरे-से बोला, "देख भई इमाम साब, तोहे हमारो हारून इमाम बणवाणो है, तो बता ! या हदीस और सरीयत ए तो तू पढ़वाये मत। रही बात मुसलमान होणा कि तो या ज्ञान ए तू मोहे देए मत कि हम कितना बड़ा मुसलमान हैं।"

वाजिब अली ने इसके बाद कुछ नहीं कहा और यह कहकर नसरू की पौळी से बाहर निकल गया, "अच्छा अल्लाह हाफ़िज़ !"

वाजिब अली के जाते ही नसरू बड़बड़ाने लगा, 'खाँजादा का, कसूर तेरो ना है। चार दिन की मुसल्ली ऐसेई अल्लाई-अल्लाह करे है। ले बता, दुनिया खुदा हापिज कहवे है और ई हाप्पजी अल्लाह हाफ़ि...फ़ि...ज...' एक बार फिर नसरू को अपने गले में हाफ़िज़ के नुक़्ते अटकते हुए महसूस हुए। हार कर उसने हाफ़िज़ को वहीं छोड़ दिया।

जिस समय वाजिब अली और पूर्व पंच नसरू अर्थात नसीरुद्दीन के बीच शास्त्रार्थ हो रहा था, और रह-रह कर उसके दादा पर इमाम भारी पड़ रहा था, उसे देख हारून के मन में ज़ोर-ज़ोर से जैसे ख़ुशी के लड्डू फूट रहे थे। और जैसे ही वाजिब अली ने अल्लाह हाफ़िज़ कहते हुए उनकी पौळी से विदा ली, हारून ने मन-ही-मन यह सोचते हुए राहत की साँस ली कि ख़ुदा का शुक्र है इमाम साब ने उसके दादा को चित कर दिया, वरना वह आज उसे इमाम बना कर ही मानता। इससे पहले कि उसका दादा नसरू अपनी खीज पोते पर उतारता, पोता हारून हिलते हुए रेहल पर खुली क़ुरआन की ज़ोर-ज़ोर से तिलावत करते हुए उसमें डूब गया।

मेवात के पुराने ज़िले गुड़गाँव में 1981 में स्थापित मारुति उद्योग लिमिटेड द्वारा निर्मित मारुति, वही मारुति जिसने अस्सी के दशक तक 'शान की सवारी' कही जाने वाली एम्बेसडर को कड़ी टक्कर देने, और बाद में बाज़ार से उसे लगभग बाहर करने में बड़ी भूमिका निभाई। वही मारुति, जिसने तीन दशक तक भारतीय मध्यवर्ग के दिलों पर इस तरह राज किया कि, मास्टर ब्लास्टर सचिन तेंदुलकर ने अपने जीवन की पहली कार मारुति 800 ही ख़रीदी थी। इतना ही नहीं फ़िल्म स्टार शाहरुख़ ख़ान भी कभी इसका दीवाना हुआ करता था। जवानी के दिनों में उसकी माँ ने अपने बेटे को इसी कम्पनी की मारुति वैन उपहार में दी थी।

मारुति के अलावा राजदूत मोटर साइकिल का उन दिनों बड़े शहरों से लेकर गाँव-क़स्बों तक बड़ा बोल-बाला हुआ करता था। मारुति के आने से पहले जब 'बॉबी' फ़िल्म बड़े परदे पर रिलीज़ हुई और इसके नायक को भारतीय युवाओं ने इसी राजदूत पर चलते हुए देखा, तो शहर से लेकर गाँव-देहात के हर युवक का बस एक ही सपना होता कि काश, उसके पास भी एक राजदूत होती। धीरे-धीरे इसकी लोकप्रियता इस तरह बढ़ी कि यह हमारे दूधियों का मन-पसन्द दुग्ध-वाहन हो गया। गाँव-देहातों का यह मन-पसन्द दुपहिया कच्चे रास्तों और खेतों की मेंड़ों पर दौड़ता

नज़र आने लगा। ये दोनों वाहन उन दिनों पढ़े-लिखे तो पढ़े-लिखे, अनपढ़ दूल्हों की ख़ास पसन्द थी, ठीक वैसे ही जैसे एक समय रेडियो में युवाओं का मरफ़ी ट्रांज़िस्टर और घड़ियों में एचएमटी सोना मन-पसन्द ब्रांड हुआ करता था। इसलिए एक समय ऐसा आया कि ये सब मध्यवर्गीय दाम्पत्य-जीवन, सामाजिक हैसियत और रुतबे की धुरी बन गये।

रहमत खाँजादा की पोती और वाजिब अली की भतीजी की शादी का सिर्फ़ इमामनगर ही नहीं, आसपास के दूसरे खाते-पीते मेवों को भी इन्तज़ार है कि देखते हैं, ये ख़ानज़ादे इस बार दहेज़ में क्या-क्या देते हैं ?

बता दें, यह वही समय था जब भारतीयों की सबसे प्रिय धातु सोना साढ़े चार हज़ार रुपये तोला, चाँदी साढ़े छः हज़ार रुपये किलो, वनस्पति टीन साढ़े पाँच सौ रुपये, देसी घी अट्ठारह सौ रुपये प्रति टीन और सीमेंट सवा सौ रुपये प्रति कट्टा हुआ करता था। यह वही दौर था जब उत्तर भारत के अधिकतर समाचार पत्रों में प्रतिदिन हमारे रोज़ाना की वस्तुओं और प्रमुख मंडियों के भाव प्रमुखता से छपा करते थे। और यह वही समय था जब हमारी फ़सलों में से एक गेहूँ का न्यूनतम समर्थन मूल्य अर्थात एमएसपी लगभग साढ़े पाँच सौ रुपये प्रति क्विंटल हुआ करता था।

उस समय रहमत खाँजादा की पोती और वाजिब अली की भतीजी की शादी जिस धूमधाम से हुई उसकी धमक महीनों आसपास के गाँवों में रही। हालाँकि शादियाँ तो मेवात में उन दिनों बहुत हुईं, लेकिन रहमत खाँजादा की पोती की शादी की चर्चा इसलिए रही कि मेवात में यह ऐसी पहली शादी थी जिसमें दूल्हे को दहेज़ में मारुति दी गयी थी। रहमत खाँजादा की पोती जब-जब मारुति में अपने पीहर आती और अपने हाफ़िज़ शौहर के साथ ससुराल के लिए विदा होती, उसे देख उसकी सखी-सहेलियाँ जिनकी शादी नहीं हुई थी, उन्होंने ये पंक्तियाँ तक घड़ लीं—

दिवा दे बाबा मारुति, तेरो बणगो है मौलाना मिहमान
खतम होगो रिवाज फटफट को, दिवा दे बाबा मारुति
झिले ना बोल सासू का, तानो देवे है जिठाणी दिन-रात
कैसी लगेगी तेरी लाडो मलूक, दिवा दे बाबा मारुति।

जब कभी गाहे-बगाहे शादी की दहलीज़ पर खड़ी किशोरियों के बोल उनके लाचार पिताओं के कानों में पड़ते, तो वे अकेले में सिवाय सिसकने के कुछ नहीं

कर पाते। इस मारुति और मोटर साइकिल की माँग ने बहुत से छोटे जोतदारों के कई एकड़ खेत महाजन की बही में ऐसे दर्ज करवा दिये कि पाँच रुपये सैकड़े ब्याज़ पर उठायी गयी रकम चुकानी तो दूर रही, मरते दम तलक उसके सूद से ही पीछा नहीं छुटा पाये। जबकि कुछ ऐसे भी थे जो चाहकर अपनी लाड़ली को मारुति तो दूर की बात रही, राजदूत का भी इन्तज़ाम नहीं कर पाये। किसी ने सोचा भी नहीं था कि ये मारुति और राजदूत उन्हें कहीं का नहीं छोड़ेंगे।

18

सगाई मेरी हूँ करियो, सासू माई कौ सो राखे मोसू प्यार।
धन का भैंसा लू दियो, तेरो दहेज अकारथ जाये
कड़ो करेली नीम पै, घणो कड़ो हो जाये
सासू माई कौ सो राखे मोसू प्यार...।

मीठो माणस देखियो, जो मोए माथे धरके लेए
थोड़ो नीर मिले भी, अर दो आम सरीको देए
सासू माई कौ सो राखे मोसू प्यार...।

खीर मलीदो घी घणो, पाए चाहे मत पाए
सास नणद पुचकारके, चाहे चटणी रोटी ख्वाँए
सासू माई कौ सो राखे मोसू प्यार...।

आया को आदर करैं, माणस हरो हो जाये
सींचे जैसे बेलड़ी, दियो वाके गैल खंदाए
सासू माई कौ सो राखे मोसू प्यार...।

देश की राजधानी से मात्र बयालीस मील दूर दिल्ली-अलवर रोड पर स्थित घासेड़ा, जिसे गांधी ग्राम भी कहा जाता है, और उससे कुछ मील आगे नूँह से पहले पड़ने वाला छोटा-सा गाँव फ़िरोज़पुर नमक। सनद रहे फ़िरोज़पुर झिरका और फ़िरोज़पुर नमक ये दो अलग-अलग नाम हैं। दूर से सड़क के दोनों तरफ़ जमा भीड़ को देख रहमान खाँ ने यह सोच कर बस धीमी कर दी कि, लगता है आते-जाते किसी वाहन ने आज फिर किसी को टक्कर मार दी है। किसी भयानक दुर्घटना के अन्देशे के चलते जैसे ही बस ठीक गाँव के पास पहुँची, और रहमान ने आसपास का बारीकी से मुआयना किया तो उसे यह देखकर तसल्ली हुई कि ऐसा कुछ नहीं है जैसा वह सोच रहा था।

भीड़ से बचाते हुए रहमान ने बायीं तरफ़ जेबीटी संस्थान, जिसका पूरा परिसर लोगों से खचाखच भरा हुआ है, उससे थोड़ा आगे जाकर एक तरफ़ बस लगा दी और यह कहकर नीचे उतर गया, "मोहन, एक मिनट ! मैं अभी आया।"

बस में बैठे यात्रियों ने भी बस के रुकने पर कुछ नहीं कहा। इसलिए नहीं कहा कि वे भी यह जानना चाहते हैं कि सैकड़ों की तादाद में लोग आख़िर यहाँ जमा क्यों हुए पड़े हैं ?

रहमान बस से उतर जैसे ही आगे बढ़ा कि भीड़ में दूर से उसे एक परिचित दिखाई दे गया। वह सीधा उसी के पास आया और इतनी बड़ी संख्या में लोगों के जमा होने की वजह पूछी। लगभग दस मिनट बाद वह लौटा और ड्राइवर की सीट पर बैठ इससे पहले कि बस स्टार्ट करता, मोहन ने जिज्ञासा प्रकट करते हुए पूछ लिया, "रहमान, क्या हुआ ?"

"यार हुओ कहा, या गाँव में थोड़ा दिन पहले एक छोरी को ब्याह हुओ हो। कुछ लेण-देण पे मामला बिगड़गो, वाही का बारा में तीन सौ साठ गाँवन की छत्तीस बिरादरी की महापंचायत चलरी है।"

"इतनी बड़ी पंचायत ?" मोहन के साथ-साथ आसपास बैठी सवारियों के मुँह से एकसाथ निकला।

"हाँ यार। छत्तीस बिरादरी का लोग तो हैं ही, बल्कि इन तीन सौ साठ गाँवन के मेवों के बारह पाल और बावन गोतों के मोजिज और खास-खास आदमी भी आया हुआ हैं।"

"लगता है कोई तगड़ा ही काण्ड हुआ है ?"

"हाँ, कुछ ऐसो ही समझ ले। वैसे या किस्सा का बारा में सुणी तो मैंने भी ही, पर ई इतनी बड़ी रामाण बण जायेगी, ई ना पतो ही।"

"क्या लड़की को जला-वला कर मार दिया ?"

"मार-वार देता तो केस कोर्ट-कचैड़ी में रफा-दफा हो जातो, पर हीं तो कुछ और ही बीज बुओ पड़ो है।"

"यार, ऐसी क्या बात हो गयी जो..."

"थोड़ी लम्बी कहाणी है। अलवर पहोंच के बताउँगो।" इतना कह रहमान ने बस स्टार्ट की और गियर बदल गति बढ़ाते हुए अपनी मंज़िल की ओर चल पड़ा।

अलवर पहुँचने तक पूरे रास्ते मोहन यही सोचता रहा कि ऐसा क्या काण्ड हो गया, जिसे सुलझाने के लिए तीन सौ साठ गाँवों के मेवों के पालों और उनके सारे गोत्रों के लोगों को इस पंचायत में बुलाने की नौबत आ गयी ?

रात का खाना खाने के बाद रहमान और मोहन ने पहले की तरह बस की छत पर अपना-अपना बिस्तर लगाया और लेट गये। थोड़ी देर बाद मोहन ने रहमान की तरफ़ करवट बदली और दिन में फ़िरोज़पुर नमक में होने वाली विशाल पंचायत की पृष्ठभूमि के बारे में जानने की ग़रज़ से बोला, "रहमान, यह तीन सौ साठ गाँवों की छत्तीस बिरादरी की महापंचायत का मामला क्या है ?"

"है क्या मोहन, पन्द्रहेक दिन पहले या गाँव के एक मेव की छोरी को ब्याह हुओ हो। ब्याह के दिन सबकुछ ठीक-ठाक निबड़गो और साँझ कू छोरी भी सही-सलामत बिदा होगी। अच्छो जा गाँव में ई छोरी ब्याही ही, वाही गाँव में याका ताऊ की छोरी पहलू सू ब्याही पड़ी ही। दरसल वाने ही ई रिस्तो करायो हो, तो कायदा सू ऊ होगी...?" इतना कह रहमान चुप हो गया।

"बिचौलण !" बाकी का वाक्य मोहन ने पूरा किया।

"...तो जा कार में नौसी बिदा होके जारी ही, वाही कार में ऊ बिचौलण भी पिछली सीट पे याके बगल में बैठगी। नौसी ए लेके जैसे ही कार चली, तीन आदमी भी अपनी मारुति में याके साथ-साथ चल दिया। अभी नौसी की कार ने फिरोजपुर नमक सू तीन-चार किलोमीटर आगे जाके जैसे ही दूसरी सड़क पकड़ी, ये तीनूँ

आदमी अपणी मारुति सू उतरा और उन्ने नौसा-नौसी की कार रुकवा ली। कार के रुकते ही ये बिचौलण सू बोला कि तू ड्राइवर के साथ अगली सीट पर जाके बैठ जा। पर बिचौलण ने उनकी बात पे ध्यान ना दियो।"

जिस समय रहमान एक-एक शब्द पर ज़ोर देते हुए दृश्य पैदा कर रहा था, उसे सुन और आगे की कल्पना कर मोहन की धड़कनें तेज़ होने लगीं। एक-एक कर उसके रोंएँ सिहरने लगे। कुछ क्षण रुक अपनी धड़कन पर क़ाबू पा मोहन ने आगे पूछा, "फिर क्या हुआ ?"

"फिर वे सब वा बिचौलण के संग बदसलूकी करण लगा। उन्ने वाकी गोदी में जो छह-सात महीना को बाळक हो, ऊ छीन लियो और बोला कि या तो डोकराकी चुपचाप आगे चली जा, नहीं तेरा या बाळक ए बाहर फेंक देंगा। पर ऊ बैरण बिचौलण टस सू मस ना हुई और दोनूँ बहाण बंदरी-सी आपस में चिपटगी। या छीना-झपटी में वा बाळक के छोटी-मोटी चोट भी आगी। पर वा बिचौलण ने फिर भी उनकी बात ना मानी। आखिर हारके कार फिर चल पड़ी। अभी कार एकाध किलोमीटर ही चली होइगी कि वे पट्ठा फिर कुबद पे उतर आया और अबके नौसी के संग बदसलूकी करण लगा। कहण को मतलब ई है कि नौसी का सुसराड़ तक, नौसा और उन तीनूँ बरातीन्ने ने जमके बिचौलण और वाकी बहाण के संग बदसलूकी करी।"

"यार रहमान, ये कोई पागल ही थे जो बेचारी उस नयी-नयी बिहावली और बिचौलण के संग बेवजह बदतमीजी करने लगे।" मोहन ताव खाते हुए बोला।

"ऐसो है मोहन इनकी या बदसलूकी और बदतमीजी के पीछे वजह ही। मेरे भाई, बिना वजह कोई काई के संग ऐसी हरकत ना करेगो।"

"वजह ! ऐसी क्या वजह ही यार जो..."

"तसल्ली रख थोड़ी देर...सब पतो चल जायेगी।" धीरे-से हँसते हुए रहमान आगे बोला, "धरती तो तेरा पाँवन के नीचे सू अब सरकेगी, जब तू आगे को किस्सा सुनेगो।"

इस बार मोहन उठ कर बैठ गया। बस अड्डे के शेड के ऊपर जलते बल्ब के हल्के उजाले में अब उसे रहमान का चेहरा साफ़ दिखाई देने लगा। यानी वह अब रहमान के चेहरे पर आने-जाने वाले भाव-भंगिमाओं, और उसकी आँखों की भाषा को पढ़ सकता है। कोई शब्द उसके कानों में पड़ने से ना रह जाये, इसलिए उसने कानों के पर्दों को एकदम ढीला छोड़ दिया।

"तो जैसे-तैसे ऊ छोरी अपणे सुसराड़ पहोंचगी। भेली मिलणा का चाव में काई बराती ने ई बात पहले ही पहोंचा दी कि लेण-देण कैसो हुओ है। दुनिया दिखाई का डर सू जैसे-तैसे बेमन सू बायना घिराई और उतराई के नेग की रसम पूरी की गयी।"

"एक बात बता रहमान कि मेवों में भी ऐसे हिन्दुओं वाले रिवाज होवे हैं क्या ? ये रसम और नेग तो सारे हिन्दुओं जैसे हैं।"

"क्यों, हम मेव तुम हिन्दुओं से कम हैं क्या ? मेरे यार, हमारे मेवन में भी सारा वैसा ही रिवाज हैं जैसे हिन्दुओं में होवे हैं। भात, छूछक, चाक, बन्ना, बनवारा, माँढा, बाग रोटी, गोरवा, बारोठी, मिलनी, बढ़ार, चाला-गौना सब होवे हैं। ई बात अलग है कि अब इनमें सू बहोत-सा रीति-रिवाज खतम होगा हैं।"

रहमान जब इन रस्मो-रिवाज़ों के नाम गिना रहा था, उन्हें सुन मारे विस्मय के मोहन को जैसे अपने कानों पर यक़ीन नहीं हो रहा था। कुछ क्षण बाद वह लम्बी साँस लेते हुए बोला, "वैसे इनमें से बहुत-से रिवाज अब हिन्दुओं में भी खत्म हो चुके हैं। बस, दो-चार गिनती के बचे हैं।"

"हाँ, तो अब आगे सुण। इशा की निवाज पीछे रोटी-पाणी सू निपट एक-एक कर सारा नाते-रिस्तेदार इत-बितलू सोण चलागा। जैसे-जैसे रात होण लगी घर में भी चहल-पहल बन्द होगी। और जैसे ही चहल-पहल बन्द हुई तो फिर शुरू हुओ ऊ नंगो नाच, जाकी वजह सू ई तीन सौ साठ गाँवन के छत्तीस बिरादरी, मेवों के बारह पाल और बावन गोतों की पंचायत बुलानी पड़ी।"

"रहमान, उस रात ऐसा क्या हुआ जो इतनी बड़ी पंचायत बुलाने की नौबत आ गयी ?" मोहन का दिल अब और ज़ोर-से धड़कने लगा।

रहमान ने पहले एक लम्बी आह भरी और कुछ पल रुकने के बाद बताने लगा, "मोहन, भाई ऐसा जुलम तो ऊपरवाळो काई दुसमन के बाळक के साथ भी ना करवाए, जैसे फिरोजपुर नमक की या बिहावली छोरी के साथ हुओ हो। हुओ ई कि या छोरी को घरवाळो उन्हीं तीन छोरान के साथ, जिनमें एक वाको बहणोई और एक मामा को छोरा हो, वा कमरा में गया, जहाँ बिचारी ऊ छोरी अपणा घरवाळा की बाट देखरी ही।"

"फिर ?"

"एक मिनट ! अन्यायी, थोड़ो दम तो लेण दे !" रहमान ने एक तरह से अपनी झल्लाहट मोहन पर उतार दी। फिर जैसे साँस लेते हुए बोला, "तो उन सबने मिलके वाके साथ ऐसो काम करो, जाहे सुणके आदमी को खून खौल जाये।"

"अरे यार, उन तीनों ने ऐसा क्या कर दिया और क्यों कर दिया आगे बता तो सही ?" मोहन अपना आपा खोते हुए बोला।

"मोहन कैसे बताऊँ ? बताणा की हिम्मत नहीं पड़ रही है। सुणी है कि बारी-बारी सू पहले वा छोरी के साथ उन सबने मुँह काळो करो...और पीछे जो करो, वाहे सुणके काई को भी दिल दहल जाये।"

"ऐसा क्या कर दिया मेरे भाई ?"

"करो कहा, याके पीछे वा छोरी सू कही कि घोड़ी बण ! डर के मारे ऊ बिचारी घोड़ी बणगी। जैसे ही ऊ घोड़ी बणी, सब वाके ऊपर बैठगा। सबसू आगे बैठो वाका घरवाळा ने अपणी घरवाळी, जाहे ऊ कुछ ही घंटा पहले निकाह पढ़ाके लायो हो, वा ने छोरी का दोनूँ कान पकड़ा और मुँह सू मोटर साइकिल की अवाज निकाळते हुए बोलो, लालाओ देखो, याका बाप ने तो दहेज में मोटर साइकिल दी ना, या मारे मेरी मोटर साइकिल तो ई है।"

इसके बाद के दृश्य की कल्पना कर मोहन की आँखों के सामने चारों तरफ़ घिरे अँधेरे में छोटे-छोटे जुगनुओं का समूह तिरमिराने लगा। बस अड्डे पर जल रहे बल्बों की रोशनी एकाएक मन्द पड़ती चली गयीं। कान सुन्न हो गये। लगा जैसे उसके कानों में बिना साइलेंसर के वाहन की कर्कश आवाज़ गूँज रही है। उस दृश्य की कल्पना कर जैसा चित्रण रहमान ने कुछ पल पहले किया था, मोहन की शिराओं में बहता रक्त रह-रह कर फूटने को हो रहा है। जबड़े का खिंचाव साफ़ दिखाई देने लगा। मारे ग़ुस्से के उसकी मुट्ठियाँ भिंचती चली गयी। दोनों के बीच देर तक ख़ामोशी छायी रही। बीच-बीच में अड्डे पर आने वाली बसों के हॉर्न की आवाज़ सुनाई देती रही।

बड़ी मुश्किल से मोहन ने अपने आपको इन कल्पनाओं से बाहर निकाला और बड़ा मासूम-सा सवाल किया, "तो क्या लड़की के बाप ने दहेज में कुछ नहीं दिया ?"

"सब दिया जितनी एक बाप की गुंजाइश थी। एक क्विंटल रुपया, दो किलो चाँदी का जेवर, सोना का कुंडल, घड़ी, साइकिल, मेज-कुर्सी, बरतन-भाँडा, कपड़ा-लत्ता समेत जो छोटो-मोटो घर-गृहस्थी को सामान हो, सब दियो हो। यासू ज्यादा एक छोटी-सी जोत को किसान और कहा देए ? बस, एक मोटर साइकिल ही ना दी।"

"तो क्या तुम्हारे मेवों में लेन-देन तय नहीं होता है ?"

"पतो ना लेण-देण पहले सू तय हो, या काई गलत फहमी के चलते बेटीवाळा ने मोटर साइकिल ना दी।"

"कई बार ऐसा भी तो होता है रहमान कि ऐन समय पर आदमी से चीज नहीं बन पाती है...और फिर मोटर साइकिल कोई दो-चार हजार की तो आती नहीं है, नहीं बना होगा अगले का ब्योंत। वैसे हो सकता है कि पहले मोटर साइकिल की बात ही नहीं हुई हो। कई बार बेटे वाला यह मान कर चलता है कि आजकल जैसा लेन-देन चल रहा है, वे चीजें तो दहेज में मिलेंगी ही।"

"एकदम सही कहरो है तू मोहन। मेवात में आज हालात यह हैं कि छोटे से लेके हर बड़े ब्याह में बेटी वाळा सू दहेज में मारुति की उम्मीद रहवे है। जिनका खाली पीपा में मूसा कुल्लाबाती खाता डोले हैं न, वे भी चाहवे हैं कि उनका सहजादा लू मारुति मिल जाये। ई अलग बात है कि तेल का टोटा में ऊ मारुति औने-पौने भाव में बेचनी पड़ जाये है। इसीलिए एक मेवाती सायर ने कही है कि—

जिनका बुजरक मर गया, रिगड़-रिगड़ के टाँग।
उनके भी दहेज में, अब मारुति की माँग।।"

"रहमान, यार तेरी बात पर यकीन तो नहीं हो रहा है, पर तू बता रहा है तो कुछ-न-कुछ सच्चाई होगी ही।"

"चल, मैं झूठ बोलरो हूँ...पर तैने फिरोजपुर नमक में जो आदमीन को सैलाब देखो हो, वे सब झूठा हैं ?"

"मेरे यार, आदमी इतना लालची और गिरा हुआ कैसे हो सकता है कि वे एक नयी-नयी ब्याहता और वह भी पहली रात, उसके साथ ऐसी दरिन्दगी करे, वह भी एक मोटर साइकिल ना मिलने पर। ऐसी झल्लाहट और झुँझलाहट किस काम की कि एक लड़की पर मोटर साइकिल की तरह सवारी करे। छि ! लानत है ऐसे आदमियों पर।"

"और पतो है वा छोरी के संग एक रात ना, तीन रात उन्ने ई जिनाह करो हो।"

"तो क्या उस लड़की ने अपनी सास, नणद या अपनी बहन मेरा मतलब है, अपने ताऊ की लड़की और उस बिचौलण को अपने साथ हुए इस कुकर्म के बारे में बताया नहीं ?"

"कहवे हैं कि अगले दिन जब ई बात बिचौलण ए पतो चली और वाने लड़की की सास सू याका बारा में बतायी, तो सास ने भी वाके आगे अपणी नयी-नयी बिहावली के संग खूब बदसलूकी की ही !"

"वैसे इसका खुलासा हुआ कैसे ?"

"जब पीहर सू लड़की को भाई वाहे लिवाण आयो, तो वाने अपणे साथ हुए जुलम की सारी कहानी अपणा भाई कू बता दी। भाई ने समझदारी ई दिखाई कि ऊ अपणी बहाण ए चुपचाप घर लिआयो। घर आके वाने सारी बात पहले अपणी माँ कू बतायी और माँ ने ई बात अपणा घरवाळा कू बतायी। तब जाके ई बात खुली। अगले दिन चार आदमी फिरोजपुर नमक सू छोरी का सुसराड़ गया। जब उन्ने ई बात वहाँ जाके कही तो छोरी की सास और मिहमान ने साफ मना कर दी कि ये सब इल्जाम गलत हैं। तिहारी छोरी ही झूठ बोलरी है। ऐसो कुछ ना हुओ वाके संग। छोरी का माँ-बाप चुप लगागा और बदनामी का डर सू उन्ने बात दबाणा कि बड़ी कोसिस करी, पर जैसे-जैसे ई बात गाँव में फूटती गयी, सारा गाँव वाळा इकट्ठा हुआ और तय किया कि इस मसले पर बिरादरी इकट्ठी की जाये।"

"तो क्या बिरादरी इकट्ठी हुई ?" मोहन ने पूछा।

"बिल्कुल हुई और बाकायदा गाँव की पंचायत हुई। पंचायत में ई फैसला हुओ कि बेटा वाळा और उसके कुछ सगी-सम्बन्धियों को फिरोजपुर नमक बुलवाया जाये। अगले दिन कुछ आदमी बेटा वाळा के घर गया और साथ में दो-ढाई दरजन आदमीन की पंचायत ले आया। शाम को भरी पंचायत में जब बेटा वाळा सू मोटर साइकिल ना देने पे उनकी ब्याहवली छोरी के साथ इस बर्बरता और बदसलूकी के बारे में पूछा, तो बेटा वाळा ने हामी भर ली।"

"क्याऽऽऽ...! लड़की के ससुर ने और उसके रिश्तेदारों ने अपनी बहू के साथ जो कुकर्म किया था, उसे कबूल लिया ? परऽऽऽ लड़की की सास ने तो पहले मना कर दिया था।"

"मोहन, पंचायत की यही ताकत होवे है। पंच परमेस्वर के आगे तो अच्छा-अच्छा अपना गुनाह कबूल लेवे हैं। ऐसा आदमी अच्छी तरह जाणे है कि अगर वाने झूठ बोली, तो बिरादरी वाको हुक्का-पाणी बन्द कर देएगी।"

"यह बात भी सही तेरी रहमान।"

"जब बेटा वाळा ने अपनी गलती कबूल कर ली, तो फिरोजपुर नमक की बिरादरी बोली कि हमें अब वे सारे गुनहगार चहिए।"

"एक बात है कि अगर बेटे वाले ने फिरोजपुर नमक की पंचायत के आगे अपना गुनाह कबूल कर लिया, तो गुनहगार भी हवाले कर दिये होंगे !"

"बेटा वाळा की तरफ सू जो पंच आया, उन्ने बेटा वाळो और वाका दो नातेदार ई कहके फिरोजपुर नमक की बिरादरी के हवाले कर दिये कि आज जो पंचायत हुई ही, वामें बाकी गुनहगार हाजिर कर देंगा। जब तक वे ना आएँगा, ये तीनूँ आदमी जमानत के तौर पे फिरोजपुर नमक में ही रहँगा। अब देखो, आज तीन सौ साठ गाँवन के मेवों के बारह पाल और बावन गोतों की महापंचायत में क्या फैसला हुओ है। वैसे एक बात बताऊँ मोहन, मेरो अन्दाजा है कि अब कोई फैसला होणो बहुत मुस्किल है !"

"ऐसा क्यों ?" मोहन ने हैरानी के साथ पूछा।

"इसलिए कि अब यह मसला हाथ लग गया है चौधरी करीम हुसैन और चौधरी मुर्सीद अहमद जैसे बड़े लीडरों के। अब यह बन गयी है गोत-पाल की नाक की लड़ाई। खैर, अब ई तो कल पतो चलेगी, जब अखबारन में या बारा में खबर छपेगी। अब चल सो जा, बहोत देर होगी है।" इतना कह रहमान ने सोने के लिए करवट ले ली।

लेकिन मोहन को देर तक नींद नहीं आयी। वह आसमान में उड़ते बादलों के गुच्छों में से रह-रहकर ज़मीन पर झाँकते तारों को देखता रहा। उसे नहीं पता बादलों से अठखेलियाँ करते तारों को निहारते हुए उसे कब नींद आ गयी।

19

अलवर से दिल्ली के लिए रवाना हुई मेवात बस के फ़िरोज़पुर झिरका पहुँचने पर, रहमान नीचे उतर गया। वह सीधा एक खोके पर गया, जहाँ रखे आज के कुछ दैनिक अख़बार उनींदी आस के साथ अपने पाठकों का इन्तज़ार कर रहे हैं। रहमान ने स्थानीय संस्करण वाला एक अख़बार लिया और पहले से एक चाय की दुकान के बाहर बिछी लकड़ी की बेंच पर बैठे अपने कंडक्टर मोहन के पास आकर बैठ गया। रहमान की आँखें बड़ी व्यग्रता के साथ उस समाचार को ढूँढ़ने लगीं, जिसके लिए उसने इस अख़बार को ख़रीदा है।

और जैसे ही रहमान की नज़र अख़बार के भीतर एक पृष्ठ पर सबसे ऊपर 'नूँह काण्ड : सुहागरात बलात्कार काण्ड में पंचायत फिर बेबस' शीर्षक से छपी ख़बर पर पड़ी, उसने मोहन को झिंझोड़ते हुए कहा, "मोहन, अन्यायी होगी न वही बात जो मैं रात कू कहरो हो !"

"कौन-सी बात ?"

"यही कि अब कोई फैसला होणो मुस्किल है। देख, कहा छपी पड़ी है या अखबार में ?" रहमान ने समाचार का शीर्षक मोहन के सामने कर दिया।

मोहन ने पहले सरसरी नज़र से शीर्षक पढ़ा और यह कहते हुए खड़ा हो गया, "एक मिनट ! यार मैं पहले चाय ले आऊँ। फिर सुनइयो आराम से इस खबर को।" इतना कह वह तेज़ी से सामने चाय की दुकान पर गया। वहाँ पतले-पतले पैंदे वाले शीशे के दो गिलासों में इन्तज़ार करती चाय उठायी और एक गिलास रहमान को देने के बाद वापस बेंच पर बैठते हुए बोला, "अब बता क्या खबर है ?"

रहमान इसके बाद मोहन को पूरी ख़बर पढ़ कर सुनाने लगा। पूरी ख़बर सुनने के बाद कुल-जमा सार यह निकला कि तीसरी बार फ़िरोज़पुर नमक के जेबीटी संस्थान में बारह घण्टे की मन्त्रणा के बाद भी महापंचायत कोई फ़ैसला नहीं ले पायी। देर तक चली इस पंचायत में यह तय नहीं हो पाया कि सज़ा का फ़ैसला आख़िर कौन करे और कौन सज़ा को अमली जामा पहनाये ?

"पतो है बेटा वाळा की तरफ सू या पंचायत के हवाले जिन बाकी बचे गुनहगारों को हाजिर करने की बात हुई ही, वे हाजिर ही नहीं किये। पता चला कि वे नूँह तक तो आये थे, पर पंचायत में हाजिर नहीं हुए। जब यह बात बिरादरी के कानों में गयी, तो वह बहुत नाराज हुई और यह फैसला हुआ कि इस जुर्म के लिए उन पर एक लाख का जुर्माना किया जाये, और हप्ताह-भर पीछे अगले इतवार को उन्हें पंचायत में हाजिर किया जाये। वैसे मोहन, तेरो कहा अन्दाजो है ? गुनहगार अगले इतवार भी हाजिर कर दिया जायेंगा ?"

"यार, अगर छत्तीस बिरादरी और तीन सौ साठ गाँव की पाल और गोत की पंचायत हुक्म दे रही है, तो हाजिर करने ही पड़ेंगे।" मोहन ने पूरे विश्वास के साथ जवाब दिया।

"देखो, अगला इतवार में कौण-सा छत्तीस महीना हैं। पर मेरो अन्दाजा है कुछ ना होएगो।"

"ऐसा क्यों कह रहा है तू ?" मोहन ने आश्चर्य प्रकट करते हुए पूछा।

"बात ई है कि भलेई या पंचायत में मेवात को कोई लीडर सीधा-सीधा शामिल ना हैं, पर असल बात ई है मोहन कि याको रिमोट इन्हीं का हाथ में है। दरसल, एक बात और है कि बेटा वाळा, बेटी वाळा सू जबर पड़रा है। इनको गोत वही दहंगल गोत है, जो चौधरी करीम हुसैन को है। जबकि छोरी वाळा को गोत कुछ हल्को पड़रो है। हालाँकि नूँह थाणा में भी मामला दर्ज हुओ पड़ो है और लड़की

को मेडिकल भी हो चुको है, पर पंचायत ने कुछ मोहलत माँगी हुई है कि अच्छो है मामला बिरादरी के लेवल पे निपट जाये।" इतना कह रहमान ने चाय की आख़िरी चुस्की ली और बस की तरफ़ चल दिया।

बस अब तेज़ी से बड़कली, मालब, नूँह को पार कर जैसे ही फ़िरोज़पुर नमक पहुँची, तो पाया जिस सड़क पर कल निकलना मुश्किल हो रहा था, आज सन्नाटा छाया हुआ है। सामान्य दिनों की तरह लोग अपने काम-धन्धे में मुब्तिला हैं।

रहमान का अनुमान एकदम सही निकला। अगले सप्ताह अलवर से सुबह दिल्ली आने के दौरान उसने फ़िरोज़पुर झिरका से वही समाचार पत्र लिया, तो 'मेवात की पारम्परिक पंचायती व्यवस्था भी कलंकित होकर रह गयी' शीर्षक से छपी ख़बर को देख उसने लम्बी साँस ली। मेवात की छत्तीस बिरादरी की चार-चार महापंचायतों के बावजूद नव-विवाहिता पर हुए इस अमानवीय और सामूहिक बलात्कार के मामले में कोई फ़ैसला नहीं हो सका। हार कर मामला पुलिस प्रशासन और क़ानून पर छोड़ दिया गया। स्थानीय राजनीतिक हस्तक्षेप ने न्याय का जिस तरह गला घोंट दिया, उसकी कल्पना करना मुश्किल है। पंच परमेश्वर और पंचायत की विफलता ने एक नव-विवाहिता को शतरंज का गोटी बनाकर रख दिया।

इस लोमहर्षक घटना ने पूरे मेवात को बुरी तरह उद्वेलित कर दिया। मर्दों का तो पता नहीं मगर औरतों की हालत यह हो गयी कि जब-जब वे इस घटना और उससे जुड़े प्रसंगों को याद कर, आँखों में ढेर सारे सपने सँजोये उस नयी-नवेली दुल्हन की मन:स्थिति और हालत की कल्पना करतीं, तो लगता मानो पूरे जिस्म में लम्बे-लम्बे नाखून खुबे हुए हैं। शरीर का रोंआँ-रोंआँ सिहर उठता। आपस में एक-दूसरे से आँख मिलाने की हिम्मत ना पड़े।

उस दिन जाहिदा अपने डहर वाले खेतों की तरफ़ गयी तो देखा वहाँ फरजाना, फातिमा और कुलसुम पहले से मौजूद हैं।

"कंडक्टरनी आ जा!" फरजाना ने जाहिदा के पास आते ही कहा।

"आपस में कहा गपड़चौथ चलरी है?" जाहिदा ने बैठते हुए पूछा।

"दारी गपड़चौथ कहा, वा छोरी की ही बात करra हैं, जाके साथ जो ऊ सल्लूक हुओ है।" फरजाना ने जाहिदा से कहा।

जाहिदा ने पहले एक लम्बी साँस भरी और फिर डूबे हुए शब्दों के साथ बोली, "बहाण, बहोत बुरो हुओ वाके साथ। ऐसो सल्लूक तो काई जिनावर के साथ भी ना करो जाये है।"

"और तो और इन पंचन पे माटी पड़े, इन्ने भी तो कोई फैसला ना करो।"

"वैसे उन हरामीन को ईलाज तो ई हो कि काई दरखत सू बाँधके उनमें ऐसा जेवड़ा उड़ाता कि अल्लाह ही अल्लाह करता।" मारे ग़ुस्से के कुलसुम का चेहरा तमतमा उठा।

"और ऊ छिनाळ सास, जो ई कहरी ही कि ऐसो कुछ ना हुओ, वाका तो लटूरान्ने पकड़ चटाई-चट्ट ऐसा रहपटा देता कि वाका देवता भी पाणी माँगता।" फातिमा भी कुलसुम का साथ देती हुई बोली।

"ले बता, कहा औकात है एक मोटर साइकिल की, जाका ना मिलणा सू वा छोरी के साथ ऐसो करम करो।"

"ई बात तो तेरी सही है जाहिदा, पर जाकी गुँजाइस ना होए, वाकू तो ई बहुत बड़ी बात है।" फरजाना धीरे-से बोली।

"पतो ना हम तो जैसे इन मरदन का पाँव की पणहा होगी कि जो जी में आये हमारे साथ सल्लूक करें ? हमारे तो जैसे जान ही ना है।" फातिमा ने दाँत पीसते हुए कहा।

"पाँव की पणहा हैं जभी तो कही है कि—

भली करी करतार, मरद की नार बणाई
बणके हुई तैयार, मरद के चरण चढ़ाई।"

फरजाना के इस तर्क के बाद किसी के पास जैसे कहने को कुछ नहीं बचा।

कुछ देर बैठने के बाद एक-एक कर सब अपनी-अपनी जगह से खड़ी हो गयीं। जैसे ही सब जाने लगीं जाहिदा एकाएक ठिठक गयी।

"दारी, तोहे कहा याद आगो जो ऐसे चलती-चलती रुकगी ?" फरजाना ने जाहिदा से पूछा।

जाहिदा ने कोई उत्तर नहीं दिया बल्कि धीरे-से कुलसुम के पास आयी और मुस्कराते हुए बोली, "कुलसुम, दारी आज कोई बिरहा सुणा दे ! बहोत दिन होगा हैं तेरा मुँह सू सुने !"

"कंडक्टरणी सही कह री है।" फरजाना भी जाहिदा का समर्थन करते हुए बोली।

पहले तो कुलसुम ना-नुकर करती रही लेकिन सबने जब उसका पीछा नहीं छोड़ा, तो वह यह कहते हुए तैयार हो गयी, "वैसे आज मन तो ना है, पर जब तम सब कहरी हो तो सुणो !"

इतना कह कुलसुम यह बिरहा सुनाने लगी—

दिन ना छिपे, साँझ ना ढळे
और ना कटे निगोडी रात।
माई, कस सू कहूँ जिगर की बात।
बरस भर हुओ गयो परदेस,
घर भी बणो परायो देस।

नणद भी जाय सासरे बसाँ,
जिठाणी दौराणी सब हसाँ।

पड़ोसी आते-जाते तकाँ,
गळी का छोरा अकबक बकाँ।

ओ बाबा बुरा बखत की बात,
खाय है देख हाथ कू हाथ।

जळूँ मैं दीवा की सी बात,
माई कस सू कहूँ जिगर की बात।

कुलसुम ने जिस विह्वलता के साथ यह बिरहा सुनाया उसे सुन सबकी, विशेषकर जाहिदा की आँखों में जैसे पुरानी स्मृतियों का रेगिस्तान बिछता चला गया।

"कंडक्टरणी, कहा हुओ ?" फातिमा ने जाहिदा की भर आयी आँखों में उतरते हुए पूछा।

"कुछ ना।" जाहिदा ने दुपट्टे से आँखों को पोंछते हुए उत्तर दिया।

"लगे है कंडक्टर की याद आगी ?" फातिमा ने जाहिदा को कोंचते हुए कहा।

"अब कहा याद आयेगी बहाण !" जाहिदा ने लम्बी साँस लेते हुए कहा।

"अच्छो, तो बिहावली का दिन याद आगा जब कंडक्टर महीना-महीना घर ना आवे हो।"

"नौकर आदमी को तो बहाण यही किस्सो है। जभी काई ने कही है कि—

ई नौकरी बणी सोक मेरी,
ई तनखा हुई मौत मेरी।

अरे कितेक बड़ी जंग होगी,

फौज तेरी कहाँ गैल खोगी।"

जाहिदा कुछ नहीं बोली। बोले तो तब जब कुलसुम ने कोई ग़लत बिरहा सुनाया हो।

"फरजाना, ये बिरहा काई ने ऐसी ही बिरहण पे लिखा होगा, जिनका खसम महीना-महीना घर ना फटके हैं। सही कही है कि—

दिन ना छिपे; साँझ ना ढळे

और ना कटे निगोडी रात।"

कुछ देर पहले सुनाये गये बिरह की शुरुआती पंक्तियों को गुनगुनाते हुए कुलसुम ने कनखियों से जाहिदा की ओर देखा।

इसके बाद सब अपने-अपने जिस काम के लिए आयी थीं, उसके लिए अपनी-अपनी दिशाओं की ओर बढ़ गयीं।

20

इस बार नसरू को उसका बड़ी बेसब्री से इन्तज़ार है। जैसे-जैसे मीठी ईद यानी ईद-उल-फ़ितर नज़दीक आती जा रही है, उसकी व्यग्रता व बेचैनी भी तेज़ी से बढ़ती जा रही है। और जैसे ही ईद से एक दिन पहले मस्जिद में मग़रिब की नमाज़ के दौरान, अपने आगे की सफ़ में ठीक उसके आगे नमाज़ अदा करते नमाज़ी के मुँह से झरते सलाम के 'अस्सलामु अलैकुम व रह्मतुल्लाह' के जाने-पहचाने शब्दों के साथ, उसके कानों में 'अल्लाहुम-म-अन्तस्सलामु' दुआ पड़ी, उसे इसे पहचानने में क्षण-भर की भी देर नहीं लगी।

नमाज़ पढ़ने के बाद एक-एक कर सारे नमाज़ी बाहर आने लगे, तो नसरू जान-बूझकर इस तरह उस नमाज़ी के पास आया, मानो उसे इसका पता ही नहीं है। जैसे ही वह नमाज़ी मस्जिद की सीढ़ियों से उतरा, नसरू उसके सामने इस तरह पड़ा कि उससे दुआ-सलाम करने का मौक़ा मिल गया।

"इमाम साब, सलाम मालेकुम !" नसरू ने बड़े अदब के साथ बन्दगी की।

"व'अलैकुम-अस्सलाम !" जितने अदब के साथ नसरू ने बन्दगी की, उतने

ही अदब के साथ इमाम साब ने बन्दगी क़बूल करते हुए जवाब दिया।

"दिल्ली सू कद आये ?"

"आज दोपहर को ही आया हूँ।" उसने बेहद साफ़-सुथरे लहजे में कहा।

नसरू ने इसके बाद कोई बात नहीं की। अगर यह शाम का वक़्त नहीं होता और यह आज ही दिल्ली से नहीं आया होता, तो अभी इस इमाम को धर लेता। कोई बात नहीं, अभी कौन-सा मुल्ला मर गया, या रोज़ा घट गया। कल का दिन ठीक रहेगा, जब दुकाना यानी ईदगाह से यह ईद की नमाज़ पढ़कर लौटेगा, तब रास्ते में इससे वह निपटेगा। मन-ही-मन पूरी योजना को अन्तिम रूप दे नसरू अर्थात नसीरुद्दीन निश्चिन्त हो गया। उसका इस पर ध्यान ही नहीं गया कि वह कब अपने घर चला आया और कब वह अपने घर की ओर बढ़ गया।

गाँव के पश्चिम में आबादी से बाहर बनी ईदगाह नसरू समय से पहले पहुँच गया। अन्दर जाने के बजाय वह बाहर ऐसी जगह खड़ा हो गया, जहाँ से नमाज़ पढ़ने के लिए आने वाले लोगों को आसानी से देख सके। नसरू को अभी थोड़ी देर ही हुई थी कि तभी उसकी नज़र दूर से आती उस जानी-पहचानी आकृति पर पड़ी, जिसका उसे बेसब्री से इन्तज़ार है। इससे पहले कि वह ईदगाह के पास आता, नसरू बड़ी सफ़ाई के साथ इस तरह उसके नज़दीक आया, जैसे उसे कुछ पता ही नहीं है। पास आने के बाद दोनों की आपस में दुआ-सलाम हुई और नसरू उसके साथ-साथ ईदगाह में दाख़िल हो गया। बल्कि वह उसके साथ उसी पंक्ति में नमाज़ पढ़ने वालों की जमात में शामिल हो गया।

हालाँकि नसरू हमेशा की तरह इससे पहले ईदगाह पर अदा होने वाली ईदैन की नमाज़ अदा करता रहा है, लेकिन इस बार वह थोड़ा सचेत हो गया और ध्यान से उसके नमाज़ पढ़ने के तरीक़ों को बारीकी से देखने लगा। आख़िर दिल्ली में एक मस्जिद का इमाम है, इसलिए उसे नमाज़ पढ़ते हुए ध्यान से देखना तो बनता ही है। सफ़े दुरुस्त होने के बाद ईद की नमाज़ अदा करने वाले इमाम ने 'अल्लाहु अकबर' के साथ तकबीरे-तहीमा कहा, तो उसने भी दोनों हाथ कानों तक उठाते हुए 'अल्लाहु अकबर' कहा और इसके बाद हाथ बाँध सना पढ़ने लगा। वह वैसे ही नमाज़ की तरक़ीब का पालन करने लगा, जैसे उसके बग़ल में नमाज़ पढ़ रहा नमाज़ी कर रहा है। इस तरह चौथी और आख़िरी तकबीर के बाद वह घुटनों पर हाथ रख कर झुका और कौमा, सजदा, जलसा और क़ादा के बाद, दोनों तरफ़ सलाम फेर कर नमाज़

ख़त्म कर दी। मगर नसरू को सबसे अधिक हैरानी यह देखकर हुई कि नमाज़ ख़त्म करने के बाद इमाम उठा नहीं, वहीं बैठा रहा।

"इमाम साब, चलणो ना है ?" नसरू ने हिचकिचाते हुए पूछा।

"अभी ख़ुतबा भी तो सुनना है। ईदैन की नमाज़ के बाद ख़ुतबा सुनना भी सुन्नत होता है।"

यह सुन नसरू भी वापस बैठ गया। सच तो यह है कि अगर उसे आज इस इमाम से वह बात नहीं करनी होती, तो ईदगाह से जाने वाले दूसरे नमाज़ियों के साथ वह भी अपने घर चला आता। जहाँ इतना किया, थोड़ा और सही। यही सोच कर वह भी ख़ुतबे को ध्यान से सुनने लगा।

नमाज़ अदा करने के बाद नसरू जैसे उसके साथ ईदगाह आया था, वैसे ही बाहर निकल उसके साथ-साथ चलने लगा। नसरू को आज पहली बार यह एहसास हुआ कि हाफ़िज़, कारी, मौलाना, मुफ़्ती या इमाम होने के क्या मायने हैं ? समाज में इनका क्या रुतबा होता है ? इस रुतबे का इसी से पता चलता है कि कोई ऐसा आदमी नहीं है जो इमाम होने के नाते उसे बन्दगी ना कर रहा हो।

नसरू ने पलट कर देखा तो पाया कि ईदगाह उनसे काफ़ी पीछे छूट गया है। एक तरह से वे दोनों गाँव और ईदगाह के बीच में हैं। नसरू को यही मौक़ा ठीक लगा। उसने पहले मठारते हुए गला दुरुस्त किया और फिर गम्भीर मुद्रा अपनाते हुए बोला, "इमाम साब, तैने ऊ पिरोजपर नमक को किस्सा तो सुणो होएगो ?"

"हाँ सुना था। बहुत बुरा किया उन ज़ालिमों ने उस लड़की के साथ। ऐसा नहीं करना चाहिए था उसके ससुरालियों को।" इमाम ने दुःख प्रकट करते हुए कहा।

"सही कही है इमाम साब। एक मोटर साइकिल के पीछे इतनो बड़ो जुलम ना करणो चहिए।" इमाम से सहमति जताते हुए बोला नसरू।

"सही कह रहे हो जनाब। अगर किसी की गुंजाइश नहीं है, तब तो आदमी को ऐसा बिल्कुल भी नहीं करना चाहिए। वैसे भी दहेज़ के नाम पर वसूल किया जाने वाला माल ग़ैर-वाजिब तरीक़े से दूसरे का माल खाने जैसा है। क़ुरआन में हज़रत मुहम्मद सल्लल्लाहु अलैहि वसल्लम ने साफ़ फ़रमाया है कि ऐ लोगो जो ईमान लाये हो, आपस में एक-दूसरे का माल ग़लत तरीक़ों से ना खाओ...लेन-देन आपस की रज़ामंदी से होना चाहिए...जो इन्सान जुल्म और ज़्यादती के साथ ऐसा करेगा, उसको हम ज़रूर आग में झोंकेंगे।"

"इमाम साब, ये सब कहण की बात हैं। असल बात तो ई है कि जब मौका आवे है तो सब हुकम-फरमान धरा रह जावे हैं। जहाँ तलक रजामन्दी सू लेण-देण

को मसला है, तो ई सब उनके बीच चले है जिनके पै पहले ही दौलत है। अगर वा पिरोजपर नमक का बिचारा मेव के पै इतनी गुंजास होती, तो ई नौबत ही ना आती। वैसे एक बात बताओ इमाम साब, आपने तो सरा और सरीअत जमालघोटा सी घोटके पी राखी हैं, ई लेण-देण मेरो मतलब है दान-दहेज तो हमारा मजहब में कहीं है ना ? ये सब तो हिन्दून में होवे है।" अन्ततः नसरू घूम-फिर कर वहाँ आ गया, जिसके लिए उसे इतना लम्बा इन्तज़ार करना पड़ा था।

"दरअस्ल, यह मसला बड़ा पेचीदा है। यह कहना बड़ा मुश्किल है कि आख़िर हमारे मुसलमान भाइयों में दहेज़ की रवायत कैसे शुरू हुई। हालाँकि इसे मैंने कुछ जनूबी इलाक़ों जैसे हैदराबाद और केरल में भी देखा है। मैं एक बार तबलीग़ी जमात में वहाँ गया था, तो मैंने देखा कि जिस तरह हमारे यहाँ दहेज़ की यह रस्म मौजूद है, वैसी ही रस्म वहाँ भी मौजूद है। इस रस्म के मुताबिक़ वहाँ लड़के के माँ-बाप लड़की वालों से एक भारी रक़म की माँग करते हैं।"

"इमाम साब, ई सब तो हमारा मेवात में भी है। ई कोई नयी बात ना है। आप तो..."

"वही बताने जा रहा हूँ। ऐसा कहा जाता है कि अल्लाह के रसूल हज़रत मुहम्मद सल्लल्लाहु अलैहि वसल्लम ने जब फ़ातिमा का निकाह हज़रत अली से किया, तो विदा के वक़्त कुछ सामान भी दिया था। इसके बारे में अल्लामा शिबली नोमानी ने एक जगह कहा है कि–अल्लाह के पैग़म्बर ने अपनी बेटी को जो दहेज़ दिया था, उसमें बान की चारपाई, रुई के बदले ख़जूर के पत्तों से भरा चमड़े का गद्दा, एक मशक, दो चक्कियाँ और माटी के दो घड़े दिये थे। कहते हैं कि ज़िन्दगी-भर यह मशक और दो चक्कियाँ उनके साथ रहीं। दरअस्ल, मुसलमानों में दहेज़ फ़ातमी के नाम से विदाई के वक़्त, घर की ज़रूरतों का कुछ सामान दिया जाता है जिसे दहेज़ कहा गया है। हमारे आलिमों ने भी इसे जायज़ माना है।"

"तू ई कहा कहरो है इमाम साब ? दान-दहेज जाइज है ?" नसरू को हैरानी हुई।

"मगर, साथ में यह भी कहा है कि इस मामले में बीच का रास्ता अपनाना चाहिए। लड़की के माँ-बाप पर ज़्यादा बोझ नहीं डालना चाहिए। ख़ुदगरज़ी के इस घिनावने रास्ते से अपने आपको बचा कर रखना चाहिए।"

"इमाम साब, जब ई जाइज ही है तो यामें बीच का रस्ता को कहा मतलब है... और खुदगरजी सू माणस अपणे आप ए काईं लू बचाए ? या हिसाब सू तो पिरोजपर

नमक का मामला में कुछ ग़लत ना हुओ। अन्यायी, मैं तो समझ रो हो कि ई बीमारी हमने हिन्दून सू ली है, पर तू तो याहे जाइज ही बतारो है !" नसरू ने जिस काम के लिए इमाम को घेरने की कोशिश की थी, वह उसे असफल होती नज़र आने लगी।

"मैं तो आपके उस सवाल का जवाब दे रहा हूँ, जो मुझसे किया गया था। अगर आदमी जान-बूझकर ख़ुदगरज़ी के इस घिनावने रास्ते पर चल रहा है, तो हमारे आलिम इसमें क्या कर सकते हैं ?"

"सही कहरो है इमाम साब ? ई जाइज-नाजाइज बस गरीब माणस पे लागू होवे हैं। जाके पै दौलत है ऊ खुल्लम-खुल्ला दे भी सके और ले भी सके है...और जो ना दे सके, ना ले सके...और खुदा-ना-खास्ता वाने माँगणा की हिमाकत कर ली, तो ऊ होगो खुदगरज ?" नसरू का धैर्य अब जैसे बग़ावत पर उतर आया।

इमाम यानी वाजिब अली अभी तक यह समझने में असफल रहा कि आख़िर इस नसरू के अन्दर खदबदा क्या रहा है ?

"वैसे एक बात कहूँ इमाम साब, बुरो मत मानियो !"

नसरू ने जिस तरह एक-एक शब्द को निचोड़ते हुए कहा, एक क्षण के लिए वाजिब अली की आँखों के सामने सालों पहले का थड़ी वाला दृश्य कौंध गया। नसरू का एक-एक शब्द उसके कानों में जैसे सरगोशियाँ करने लगा। वह समझ गया कि आज एक बार फिर वह इस नसरू के बच्चे के हत्थे चढ़ चुका है।

"ई जो नमक का पिरोजपर में काण्ड हुओ है न, याका असली जिम्मेदार तम जैसा नया-नया मुल्ला हैं। तिहारी चलाई लीक पे ही आज ई मेवात चलरी है।"

"अमाँ, हम कैसे हो गये इसके ज़िम्मेदार ?" वाजिब अली अकबका गया इस बार।

"तिहारी यही अमाँ या मेवात की दुसमन बनी पड़ी है। एक तरफ तो तम कुरान, हदीस, सरा-सरीअत की दुहाई देओ हो और दूसरी तरफ वही काम करो हो, जाकी मजहब में मनाही है। जब तम जैसा गोळ टोपी वाळा हाप्पजी, कारी, मौलाना और मुफ्ती-इमाम खुलेआम मोटा-मोटा दान-दहेज देंगा, तो भई, ये गरीब आदमी कहान जांगा ? अन्यायी, ई लेण-देण की बीमारी सबसू जादा उन मुल्ला-मौलवीन ने फैला राखी है, जो बड़ा-बड़ा मदरसान में पढ़के आवे हैं। सबसू जादा माँग इनकी ही होवे है। तिहारी देखा-देख आज हर आदमी चाहे ऊ पट्ठा गूँठाटेक है या पढ़ो-लिखो, मारुति और राजदूत सू नीचे ही ना उतरे है। आज मेवात ऐसान की वजह सू ही तळी में बैठी पड़ी है।" यह वही नसरू है जो इमाम वाजिब अली से कहकर एक

समय अपने पोते हारून को मौलवी यानी मौलाना, कारी और हाफ़िज़ के बजाय सीधा मुफ़्ती बनवाने की जुगत भिड़ा रहा था।

समझ गया। वाजिब अली कि नसरू का इशारा किस तरफ़ है। ज़ाहिर-सी बात है उसी की तरफ़ है क्योंकि हाल में उसी की भतीजी की शादी में उनके मुफ़्ती दामाद को दहेज़ में भारी नक़दी के साथ मारुति कार दी गयी थी।

"तू वही पेश इमाम है न, जाने चाँदबी का मामला में भरी पंचायत में कही ही कि वैसे तो ये मेव हर मामला में सरीअत ए सबसू आगे रखे हैं...और जब दादालाई जायदाद में बहाण-बेटीन का हिस्सा की बात आवे है, तो या रिवाजे-आम को आगे कर देवे हैं ?"

"बिल्कुल कही ही।" वाजिब अली ने तमतमाते हुए जवाब दिया।

"इमाम साब, तम जैसा आदमी तो भारी-भरकम दान-दहेज ए झेल जाओ हो, पर गरीब आदमी कहाँ जायें। अरे अन्यायी, ई दहेज कितनी बड़ी बिमारी है याका बारा में वा बाप सू जाके पूछ, जाकी जमीन और इज्जत तो गयी ही, साथ में बेटी भी चलीगी।" इस बार कहते-कहते नसरू के शब्द भारी होते चले गये।

वाजिब अली ने अपने साथ-साथ चल रहे नसरू को तिरछी निगाह से देखा। कुछ भी कहते नहीं बना उससे। अगर पास से गुज़रने वाले की बन्दगी वाजिब अली के कानों में नहीं पड़ती, तो नसरू से उसे और जाने क्या-क्या सुनने को मिलता। गाँव की फिरनी में दाख़िल होते ही वाजिब अली किसी काम का बहाना बना दूसरी दिशा में बढ़ गया। उसने मुड़कर यह भी देखने की ज़हमत नहीं उठायी कि पूर्व पंच नसरू अर्थात नसीरुद्दीन उसके पीछे-पीछे आ रहा है, या किसी दूसरी दिशा में बढ़ गया है ?

21

कहते हैं कि जल को और कुल को मिलने में देर नहीं लगती है।

उमर खाँ जब तक ज़िन्दा रहा पूरा परिवार किसी पुआल की तरह मज़बूती के साथ बँधा रहा। बल्कि उसके मरने के बाद भी यह परम्परा बनी रही। घर में जो भी काम होता तीनों बेटे मौज खाँ, सलीम और कासिम अपनी माँ अकबरी के सलाह-मशविरा के बिना नहीं करते। यहाँ तक तीनों भाइयों ने अपनी बेटियों की शादी मिल कर की। भात-छूछक भी मिल-जुल कर भरे जाते। इसे इमामनगर चाँदबी की बेटी अमीरा के मामले में देख भी चुका है। कुछ अमीरा की समझदारी और कुछ लोकू सन्नार्थी के लोकानुभव ने जो वितान रचा, उसने अकबरी व उसके बेटों की जैसे लाज रख ली। वरना वे ज़िन्दगी-भर एक अभिशाप के बोझ तले तो दबे रहते ही, बल्कि उसे ढोते रहते। अमीरा की एक छोटी-सी समझदारी और लोकू की दूरदर्शिता ने उमर खाँ के परिवार का जैसे उम्र-भर का कलंक धो दिया। आज यही परिवार मानो एक मिसाल बन गया कि कुनबा क्या होता है, इसे उमर खाँ के परिवार से जाना जा सकता है।

मौज खाँ की बड़ी बेटी नसीमा की शादी के समय तीनों भाइयों का यह आपसी प्यार पूरे इमामनगर ने देखा। अकबरी जब-जब बेटों के भाईचारे को देखती उसका सीना मारे गर्व के फैलता चला जाता। जब-जब उसके कानों में गैल-दगड़ों से आते-जाते लोगों के मुँह से निकले ये शब्द पड़ते कि भले ही उमर खाँ ने अपनी भतीजी चाँदबी के साथ अच्छा नहीं किया, किन्तु उसके जाने के बाद बेटों को अकबरी ने सचमुच किसी पुआल की तरह बाँधे रखा, तब उसे लगता जैसे उससे नसीब वाली माँ कोई और नहीं है।

मगर जैसे-जैसे नसीमा के निकाह के दिन पीछे छूटने लगे और पहले एक साल, फिर दूसरा साल बीत गया तो दादी के रूप में अकबरी ही नहीं, नसीमा की माँ फरजाना की चिन्ता भी बढ़ने लगी। यह तो शुक्र है कि तीसरा साल लगते ही यह ख़ुशख़बरी आ गयी वरना पोती की चिन्ता में अकबरी मानो अधमरी-सी हो गयी थी। और कुछ महीने बाद जैसे ही यह ख़बर अकबरी के साथ-साथ सबके कानों में पड़ी, तो पूरा घर मारे ख़ुशी के किलक उठा। छूछक न्यौतने के लिए जिस दिन पोते का दादा यानी नसीमा का ससुर भेली लेकर आया, वह दृश्य जैसे देखने वाला था। मौज खाँ ने अपने समधी या कहिये नसीमा के ससुर की ख़ूब आवो-भगत की। इधर नसीमा का ससुर छूछक न्यौत कर गया, उधर दोनों सास-बहू यानी अकबरी और फरजाना आगामी तैयारियों में जुट गयीं। दोनों ने मिल कर अपने नवासे को अच्छी-बुरी नज़रों से बचाने के लिए छोटे-छोटे काले मोतियों के नज़राने, गले में पहनने के लिए सोने का चाँद और चाँदी के दो जोड़े कड़ूलों का ख़ुद सुनार के पास जाकर ऑर्डर कर दिया। नवजात के कुरता-टोपी और दादा-दादी से लेकर उसकी बुआ-फूफियों के लिए बढ़िया कपड़े ख़रीदे गये। बड़े इन्तज़ार और समय के बाद तो यह ख़ुशी का मौक़ा आया है। इसलिए अकबरी लेन-देन में किसी तरह की कोताही नहीं बरतना चाहती है। उसने अपनी दोनों बहुओं से भी साफ़ कह दिया है कि अगर वे अपनी मर्ज़ी से इस घर के नवासे को कुछ देना चाहें, तो उन्हें पूरी छूट है।

इस तरह आख़िर वह दिन भी आ गया जिसका सभी को इन्तज़ार था। जुह्र की नमाज़ अदा करने के बाद इमामनगर से पूरी तीन टाटा सूमो मौज खाँ के समधाने मालब के लिए रवाना हो गयीं। आख़िर पोते के दादा नन्हे नम्बरदार को भी तो पता चलना चाहिए कि उसके पोते के ननिहाल की क्या हैसियत है। इधर नन्हे नम्बरदार भी अपने घर के इस सबसे छोटे चिराग़ यानी पोता होने की ख़ुशी में किसी तरह के चाव-चोंचले को छोड़ना नहीं चाहता है। ऐसे में अब आप सोचिए कि मेवात के मालब जैसे बड़े गाँव के नम्बरदार के पोता हो, इस मौक़े पर नवजात के ननिहाल

से छूछक लेकर मेहमान-पावणे आयें और ऐसे में जग्गा-जोगी या मीरासी ना पहुँचे, यह कैसे सम्भव है। तो इधर जैसे ही गफरुद्दीन मेवाती को पता चला कि मालब के नन्हे नम्बरदार के यहाँ छूछकिया छूछक लेकर आ रहे हैं, वह भी अपने भपंगे, सारंगी और ढोलक-हारमोनियम के साथ पहुँच गया। वही गफरुद्दीन मेवाती, जिसके वालिद बुद्धसिंह कभी ग्यारह तुरुप की सारंगी बजाया करते थे।

जब तक छूछकिया पहुँचते नन्हे नम्बरदार की बैठक गफरुद्दीन मेवाती के भपंग, सारंगी, हारमोनियम और ढोलक के साथ कभी पंडून कौ कड़ा, तो कभी तारागढ़ की बात; कभी दरियाव खाँ मेव-ससीबदनी मीणी की बात, तो कभी मेव खाँ-घुड़चढ़ी की बात; कभी महादेव गोरा कौ छल, तो कभी रुस्तम जोधिया की बात के छोटे-छोटे क़िस्सों के बोलों से गूँजती रही। गफरुद्दीन मेवाती के गले और उसके भपंग ने आने वाले मेहमान-पावणों को बिल्कुल निराश नहीं किया। जिसकी तरफ़ से जो फ़रमाइश आयी, उसे पूरा किया।

इसी बीच एक बुज़ुर्ग ने यह इच्छा जतायी, "गफरुद्दीन, मेरे यार चन्द्रावळ गूजरी की बात और सुणाए न!"

बुज़ुर्ग की इस फ़रमाइश पर गफरुद्दीन की बाँछें खिल उठीं और मुस्कराते हुए बोला, "जिजमान, तैने मेरा मुँह की बात छीन ली। मैं सोच ही रहो हो कि काई भला माणस ने अब तलक चन्द्रावळ गूजरी की बात की फरमाइस कैसे ना करी?"

"अन्यायी, फरमाइस तो कोई जब करे, जब काई ए या बात की पतो होए। नयी ताँती का इन छोरा-छापरान्ने तो याको नाम भी ना सुणो होएगो। अगर मैं झूठ बोलरो हूँ तो पूछ ले इनसू!" बुज़ुर्ग ने मुस्कराते हुए नन्हे नम्बरदार की खचाखच भरी बैठक से पूछा।

बुज़ुर्ग के अनुमान पर गफरुद्दीन को यह देखकर हैरानी हुई कि बैठक में मौजूद अधिकतर युवाओं ने ना में मुंडी हिला दी।

"ठीक है जिजमान, आज मैं चन्द्रावळ गूजरी की बात ही सुणारो हूँ।" इतना कह गफरुद्दीन ने पहले अपने साथी साज़िंदों की ओर देखा और फिर बोलने लगा, "तो जिजमान, चन्द्रावळ गूजरी की ई बात सायर सादी ने कही है। या बात में सायर ने बरसाने की गूजरी चन्द्रावळ और हमारे किरसन जी के बीच हुई नोक-झोंक बहुत ही मलूक ढंग सू पेश करी है। ई बात तब की है जब किरसन जी गोकुल के अपने ग्वाळन के साथ मिलके ग्वालिनों का दूध, दही और मक्खन लूट लेवे हो। ...तो जब ई बात चन्द्रावळ गूजरी ए पतो चली, तो वाने एक तरकीब निकाळी कि

अलग-अलग जाणा के बजाय क्यों न हम सब साथ मिलके मक्खन बेचण चलें। ...तो या तरकीब पे अमल करके जब अगले दिन चन्द्रावळ सोलह सिंगार कर, सिर पे मक्खन की मटकिया धर जैसे ही जमना किनारे पहुँची, तो भई किरसन जी और वाका ग्वाळन्ने ऊ घेर ली। जब ऊ घेर ली, तो पहले चन्द्रावळ ने बहोत मिन्नत-चिरौरी करी...पाछे ई धमकी भी दे दी कि अगर तू ना मानेगो तो तोहे बाबा नन्द और जसोदा मइया के पै ले जाऊँगी। तो जिजमान, ऊ किरसन जी ही कहा जो मान जाये और ऊ चन्द्रावळ के लिपटगो। ...तो भई, या लिपटम-लिपटाई और छीना-झपटी में चन्द्रावळ की अँगिया फटगी। बस फिर कहा, इतलू बिचारी चन्द्रावळ लाज बचाणा का चक्कर में अपणी अँगिया में लग्गी और उतलू मौका देख सारो मक्खन किरसन जी ने अपणा ग्वाळन कू खवा दियो।"

गफरुद्दीन ने जैसे ही यह कहा कि इस लिपटम-लिपटाई और छीना-झपटी में चन्द्रावल की अँगिया फट गयी, उन्हीं युवाओं की अगले दृश्य की कल्पना में आँखें चमक उठीं, जिनके बारे में बुज़ुर्ग ने कहा था कि चन्द्रावल गूजरी की बात का तो इन्होंने नाम भी नहीं सुना होगा। सबकी आँखें इस बार गफरुद्दीन के होंठों पर चिपक गयीं कि आगे इस छीना-झपटी में फटी अँगिया के बाद चन्द्रावल के साथ क्या हुआ ?

"तो साहिबान, जब चन्द्रावळ या हालत में अपणे घर पहुँची तो वाकी सास ने पूछी कि अरी ओ कुलखणी, तू अपणा या जम्फर ए कसपे फड़वाके आयी है ?... तो चन्द्रावळ ने सारी बात अपणी सास कू बता दी। बस, फिर कहा वाकी सास वाहे वाही बखत जसोदा के घर लेगी और बोली कि जसोदा देख, तेरा लाडला ने मेरी बहू के संग ई कहा कौतक करो है ? तो चन्द्रावळ की सास की बात सुन मइया जसोदा बोली कि बहाण, मेरो लाल ऐसो ना है। ऊ तो अभी बाळक है। ई सारी कारिस्तानी जरूर तेरी या छिनाळ बहू ने करी होएगी ! या बीच कुदरती किरसन जी भी घर पहोंचगो। जैसे ही ऊ घर में घुसो जसोदा वाका कान उमेठती हुई बोली कि तैने या चन्द्रावळ के साथ ई कहा करो है ? पर किरसन जी तो पट्ट नाटगो कि मइया ई झूठ बोलरी है। जैसे ही किरसन जी ने ई बात कही, चन्द्रावळ आपा खो बैठी और वाने किरसन जी कू खूब खरी-खोटी सुणाई। चन्द्रावळ की खरी-खोटी सुण किरसन जी भी ताव में आगो और बोलो कि सुण गूजरी, अभी तो जमना किनारे मैंने तेरी मटकी फोड़ी है, अब देखियो मैं काई दिन तेरा रंग महल में भी आके तेरे संग सोऊँगो !"

जिस तरह छीना-झपटी में चन्द्रावल की अँगिया फटने वाले प्रसंग को सुन नन्हे नम्बरदार की बैठक की आँखें गफरुद्दीन के होंठों पर चिपक गयीं कि आगे क्या होगा, उसी तरह इस बार भी आगे की कल्पना में सबकी आँखें चमक उठीं कि जब कृष्ण जी चन्द्रावल के रंग महल में जाकर सोयेगा, तो आगे क्या होगा ?

"तो जिजमान, एक दिन किरसन जी ने नारी को रूप धरो और सोलह सिंगार कर पहोंचगो रंग महल। चन्द्रावळ गच्चा खागी और वा परपंची ए ना पिछाण पायी। जब ऊ वाहे ना पिछाण पायी, तो नारी बणो किरसन जी बोलो कि बहाण कहा करूँ मैं तो अपणा खसम और अपणी सासू छिनाळ सू बहोत दुखी हूँ। वा दुखियारी की बात सुण चन्द्रावळ गूजरी बहोत दुखी हुई और वा बिचारी ए अपणे घर लिआयी। चन्द्रावळ का घरवाळा और सास ने जब ई पूछी कि ई कौन है, तो चन्द्रावळ बोली कि ई मेरा गाँव की पुराणी भायेली है...तो साहिबान, सायर सादी ने यही किस्सो या चन्द्रावळ गूजरी की बात में कही है। कहा कही है यापे थोड़ो ध्यान धरियो !" इतना कह गफरुद्दीन ने अपने साज़िन्दों की तरफ़ देखा और गाना शुरू कर दिया।

जब-जब गफरुद्दीन मेवाती अपने भपंगे के साथ कभी दोहा, तो कभी छप्पय छन्द में हुमक-हुमक कर चन्द्रावल गूजरी का क़िस्सा सुना रहा था, नन्हे नम्बरदार की बैठक उसके भपंगे और सहयोगी साज़िन्दों की सारंगी, हारमोनियम और ढोलक की गुमक से गूँज-गूँज उठती।

बरसाना की गूजरी, गढ़ गोकल को कान्हा
जमना पे झगड़ो हुओ, सायर सादी करे बयान
सायर सादी करे बयान, दिलन पे नाय अँधेरा
चर्चा वासू लई, सुणो तम भाई मेरा
झूठी-साँची बात, कोई मत करियो रोष
सुणो बात सायर कथे, ना है ज्ञान को दोष।

इससे पहले कि गफरुद्दीन मेवाती इस छप्पय के साथ अपने भपंगे को विश्राम दे कोई दूसरा क़िस्सा छेड़ता, तभी दूर से गरद उड़ाते और उनमें लिपटे कुछ वाहनों के छोटे-से काफ़िले को नन्हे नम्बरदार की बैठक की ओर आता देख, सबको समझते हुए देर नहीं लगी कि जिनका सबको इन्तज़ार था, वे आ पहुँचे हैं।

गफरुद्दीन मेवाती के भपंगे के ताँत ने अभी साँस लिया ही था कि, बैठक के सामने तीन टाटा सूमो को रुकता देख, एक बार फिर पूरे उत्साह के साथ उसका

भपंगा अपने रंग में आ गया। इस बीच छूछकियों की आव-भगत शुरू हो गयी। जब तक मेहमानों को पानी-पत्ता पिलाया जाता रहा, गफरुद्दीन मेवाती एक के बाद एक तुकबन्दियों के साथ नन्हे नम्बरदार की प्रशंसा करता रहा—

आव करे आदर करे, हरदम राखे मान
नन्हे नम्बड़दार तू सम्पत भोगे चौगुणी
मौकू देवे इक्कीस सौ को दान
एक खुशहाली ब्याह की, दूजी चाला की
तीजी बड़ी खुशी है या पोता होणा की

पानी-पत्ते से फ़ारिग़ होने के बाद गफरुद्दीन मेवाती ने जैसे ही देखा कि छूछकिया एक-एक कर टाटा सूमो से कुछ गठरियों को उतार बैठक में ला रहे हैं, उसके भपंगे की आवाज़ थम गयी। वह समझ गया कि छूछक लेने की रस्म अब शुरू होने वाली है। सारी गठरियों और उनके साथ उतरे दो कनस्तर सहित खिलौनों को इस बीच बिछा दी गयी जाजम पर एक तरफ़ रख दिया गया। जैसे-जैसे छूछक लेने की रस्म आगे बढ़ने लगी, एक-एक कर सारी गठरियाँ खुलने लगीं। जैसाकि उम्मीद थी उसी के अनुरूप अच्छा छूछक दिया गया।

इधर जैसे ही छूछक की रस्म पूरी हुई गफरुद्दीन मेवाती के बोल नन्हे नम्बरदार की बैठक में पूरे जोश के साथ गूँजने लगे—

छूछक भरो हो चाव सू, ना करी कोई रोक
बेटी और असनाव कू पहरन लू दिया टेरीकोट
दीने पन्ना-पुखराज, दिये सच्चा सा मोती
छूछक भरो चाव सू, फिर भी बेटी रहे रोती
छूछक भर दियो चाव सू नहीं लगाई टेर
याद खुदा कू राखयो बेटी हम ना आवें बारम्बार

गफरुद्दीन मेवाती ने इमामनगर से छूछक लेकर आने वाले और नन्हे नम्बरदार की प्रशंसा में जितने झूठे-सच्चे विशेषण लगाने थे, लगा दिये। वह जानता है कि इन मेवों को ऐसे ही अवसरों पर काटा जा सकता है। वरना बाद में ये हम राय, जग्गा-जोगी और मीरासियों की ओर पलट कर भी नहीं देखते हैं। घण्टों गला फाड़ने के बाद गफरुद्दीन मेवाती को उतना नेग तो नहीं मिला, जितना वह उम्मीद लगाकर आया था। मगर कम भी नहीं मिला।

बेटा होने के कुछ महीने बाद नसीमा पहली बार अपने शौहर एहसान अली के साथ अपने मायके आयी। पोती-दामाद और नवासे मुस्तकीम को देख अकबरी जैसे

बौरा गयी। एहसान अली नसीमा को मायके छोड़ उसी दिन लौट गया। अकबरी ने बहुत रोका। बड़ी मिन्नतें कीं लेकिन वह नहीं रुका। किसी ज़रूरी काम का हवाला देकर कुछ देर रुक कर चला गया।

इसके बाद मजाल है अपने नवासे को अकबरी अपनी आँखों से दूर तो कर दे। उसका बस चले तो वह इसे हरदम पलकों के पालने में झुलाती रहे। नवजात को चौंकने से बचाने का जो भी टोटका होता, वह तुरन्त पूरा कर देती। कभी कुल्हिया में दूध लेकर नवजात के सिर के ऊपर से सात बार वार-फेर कर चुपचाप किसी चौराहे पर रख आती, तो कभी उसके सिरहाने कपड़े में फिटकरी बाँध कर रख देती। इसी बीच एक दिन अकबरी अनारो दाई के पास भी गयी। अनारो ने उसे बताया कि घोड़े के दाँत का ताबीज़ बना कर बच्चे की गले में बाँधने से वह बुरी नज़र से दूर रहता है। और अगर श्मशान में उगा गुलाब का फूल छोटे बच्चे के सिरहाने रख दिया जाये, तो वह रात में चौंकना बन्द कर देता है। अकबरी ने श्मशान में उगा गुलाब का फूल अनारो से और न जाने कहाँ से घोड़े के दाँत के ताबीज़ का ख़ुद इन्तज़ाम कर लिया। वह नवजात के तकिये के नीचे छोटा-सा चाकू रखना नहीं भूलती। रात-बिरात वह ख़ुद जाकर तकिये को उठा कर देखती कि नसीमा कहीं चाकू रखना भूल तो नहीं गयी है। नवजात को नज़र लगने से लेकर डर और चौंकने से बचाने के अकबरी के पास जितने भी पुरातन टोटके थे या उसे बताये गये, उनमें से कोई नहीं छोड़ा। जब तक नसीमा अपने मायके रही, अकबरी मग़रिब की नमाज़ के समय बिना नागा नवजात नवासे को मस्जिद के बाहर ले जाकर नमाज़ियों से फूँक मरवा कर लाती।

नसीमा के जाने के बाद कई दिनों तक अकबरी का किसी काम में मन नहीं लगता। हर समय कानों में नवजात की किलकारियाँ गूँजती रहतीं। लेकिन समय के बीतने के साथ पहले कम और एक दिन वे किलकारियाँ कानों में गूँजनी बन्द हो गयीं।

22

जुह्र की नमाज़ पढ़कर अकबरी जा-नमाज़ को अभी बरामदे में उसकी जगह रख कर आयी ही थी कि पौळी में नसीमा को आया देख, वह किलकती हुई तेज़ी से उसकी ओर लपकी। नवासे को उसने नसीमा की गोद से ले लिया। नसीमा को साथ ले वह पीढ़े पर बैठ गयी। काफ़ी देर तक अकबरी को लगता रहा बच्चा शायद सो रहा है। लेकिन तेज़-तेज़ चलती उसकी साँसों को देख वह पास बैठी पोती से बोली, "नसीमा, बेटी तेरा लाला की तबैत तो मोहे कुछ ठीक-सी ना लगरी है ?"

"हाँ बूढ़ी माई, सारा डाक्टरन लू दिखा लियो पर कोई फायदा ना होरो है।" नसीमा ने बुझी आवाज़ में अपनी दादी को बताया।

अकबरी ने पहले अपनी पतली-पतली अँगुलियों से बच्चे की पसलियों को टटोला और फिर कहा, "बेटी, याकी तो पसली चलरी हैं। ज़रूर याके ठण्ड बैठगी है।"

इस बीच लपक कर फरजाना अपनी सास के पास आयी और उसने भी बच्चे की पसलियों को छूने के बाद अपनी सास अकबरी की आशंका की पुष्टि की, "माई, तू सही कहरी है। मोहे तो याके निमोनिया-सो लगे है।" इसके बाद वह बेटी की ओर पलटी, "नसीमा, बेटी काई बढ़िया-सा डागधर लू दिखा याहे !"

"माई, सब जिगह दिखा लियो...सारा झाड़ा-निजर उतरवा ली...मेरी सास याहे मूसा की माजर सू लेके नल्हड़ में दादा नूरशाह की दरगाह, कहाँ-कहाँ ना लेके गयी पऽऽऽर कोई फायदा ना होरो है !" इस बार नसीमा का गला भर आया।

"घबराये मत बेटी। सब ठीक हो जायेगो।" अकबरी ने पोती के सिर को सहलाते हुए पहले सान्त्वना दी और फिर कुछ पल रुककर बोली, "ऐसो है, कल मेरे साथ तू याहे लेके चोखा चल ! मालिक ने चाही तो दादा शाह सब ठीक कर देएगो। वैसे भी कल जुम्मेरात है।"

"माई कह तो तू सही रही है। शाह चोखा की दरगाह सू कोई निरास होके ना लौटो है।" फरजाना ने भी पहले बेटी को तसल्ली दी और फिर अपनी सास से बोली, "परऽऽऽ मेरी माने तो माई तू रहण दे !"

बहू की इस गुस्ताख़ी पर अकबरी ने फरजाना की तरफ़ घूर कर देखा, "कहा मतलब है तेरो ?"

"मेरा कहणा को मतलब ई है कि चोखा की दरगाह पहाड़ी पे घणी ऊपर है। तोपे ना चढ़ो जायेगो। वैसे भी तेरो ऊ हाल है माई कि—

भग्के परबत चहड़ती, मेरे वे दिन अब सालाँ
हाथ लकड़िया ले लई, अब टेक-टेक चालाँ।"

"बात तो तेरी सही है दारी नसीमा, बुढ़ापा हेई ऐसो। जभी तो काई स्याणा माणस ने कही है कि—

धौळा-धौळा सब भला, धौळा भला न केस
आँगन परबत हो रहो, पिछवाड़ो परदेस।"

इसके बाद अकबरी ने गहरी साँस ली और उसे बाहर छोड़ते हुए बोली, "तुई कहा कहरी है। ई तो दुनिया की रीत है कि—

ब्याही आयी या नगर में, देखण आयो सब गाँम
दुल्हन-दुल्हन कहरता, आज मेरो बुढ़िया धर दीनो नाम।"

"जभी तो कह री हूँ माई कि तू रहण दे। मैं चली जाऊँगी याके साथ।" फरजाना ने जैसे एक बार फिर अपनी सास अकबरी को समझाने की कोशिश की।

"तू फिकर मत कर। मैं अपने आप देख लूँगी।" अकबरी जैसे अपनी ज़िद पर अड़ गयी।

कुछ नहीं बोली फरजाना। नसीमा चुपचाप सास-बहू अर्थात अपनी माँ और दादी के संवादों को सुनती रही। बीच-बीच में अपनी दादी की गोद में निश्चेष्ट लेटे अपने बेटे को अपलक निहारती रही।

"तो फिर ठीक है माई, मैं भी तिहारे संग चलूँगी।" फरजाना अपना फ़ैसला सुनाते हुए बोली।

अगले दिन अकबरी-फरजाना यानी दोनों सास-बहू नसीमा और उसके बच्चे को लेकर शाह चोखा के लिए निकल गयीं। इमामनगर से कुछ मील दूर क़स्बा पिनगवाँ से सटे गाँव खोरी शाह चोखा के आसपास रेत के टिब्बों के बीच पहाड़ी पर स्थित दूर से नज़र आती शाह चोखा की दरगाह की गुम्बद। वही दरगाह जिसके बारे में कहा जाता है कि एक बार बादशाह अकबर फतेहपुर सीकरी से दिल्ली जा रहा था, तो रास्ते में उसने यहाँ एक झोपड़ी में आराम किया। उसी झोपड़ी में जिसमें शाह चोखा नाम का एक फ़क़ीर भी रहता था।

देर तक आराम करने के बाद जब बादशाह अकबर जाने लगा, तो बड़ी हिम्मत कर उसने फ़क़ीर से कहा, "बाबा, मेरी आपसे एक छोटी-सी गुज़ारिश है !"

इस पर फ़क़ीर ने पहले बादशाह की तरफ़ देखा और फिर एक महीन मुस्कान उछालते हुए बोला, "गुज़ारिश ! एक बादशाह होकर मुझ जैसे मामूली फ़क़ीर से ?"

"हाँ बाबा। दरअस्ल, मेरे कोई औलाद नहीं है। आप मेरे लिए दुआ करें कि कोई औलाद हो जाये। वैसे भी सुना है कि पीर-फ़क़ीरों की दुआओं में बड़ी ताक़त होती है। उनकी दुआ ज़रूर क़बूल होती है।"

इसके बाद फ़क़ीर एक बार फिर मुस्कराया और बोला, "बादशाह सलामत, तुम्हारी फ़रियाद पहले ही ख़्वाजा सलीम चिश्ती ने क़बूल कर ली है। तुम्हारे बेटा पैदा होगा। जाओ, उसका नाम सलीम रखना !"

बादशाह अकबर कुछ नहीं बोला। बस हैरानी के साथ सामने बैठे फ़क़ीर को देखता रहा।

"ऐसे क्या देख रहे हो बादशाह सलामत ?" फ़क़ीर ने मुस्कराते हुए पूछा।

अकबर इस बार अकबका गया, "कु...कुछ नहीं बाबा।"

"मैं बताता हूँ। तुम यही सोच रहे हो न कि मैं यह सब क्यों कह रहा हूँ ? तो सुनो, तुम यहाँ ख़्वाजा सलीम चिश्ती के पास से ही होकर आ रहे हो न ?"

"जी...जी बाबा।" बादशाह अकबर झेंप गया। झेंप इसलिए गया कि वह सचमुच ख़्वाजा सलीम चिश्ती के पास से ही होकर आ रहा है और उसने वहाँ भी यही फ़रियाद की थी।

और ऐसा ही हुआ। बादशाह अकबर के बेटा पैदा हुआ जिसका नाम सलीम रखा गया।

सलीम के पैदा होने के बाद बादशाह अकबर फतेहपुर सीकरी से फ़क़ीर दादा शाह का शुक्रिया अदा करने गाँव खोरी आया। लेकिन यहाँ आने के बाद पता चला कि वह फ़क़ीर यानी दादा शाह चोखा तो अल्लाह को प्यारे हो गये हैं। निराश अकबर जब लौटने लगा, तो लौटते हुए उसने अपने वज़ीर को इस झोपड़ी की जगह एक दरगाह तामीर करने का हुक्म दिया।

बस से वे तीनों शाह चोखा उतर गयीं। बच्चे को उसकी नानी फरजाना ने गोद में ले लिया और तेज़ी से सड़क पार करने के लिए बढ़ गयी। जबकि नसीमा अपनी दादी अकबरी का हाथ पकड़ दायें-बायें देखने के बाद सावधानी के साथ आगे बढ़ने लगी। गोद में बच्चा लिए फरजाना सड़क के बीचो बीच पहुँची ही थी कि नसीमा की ज़ोर की चीख़ निकल गयी, "माईऽऽऽ देख्के !"

एक पल के लिए नसीमा की आँखों के आगे अँधेरा छा गया। जब तक वह और दादी अकबरी कुछ समझ पाती, फरजाना सड़क पार कर चुकी थी। पसीना-पसीना हो चुकी नसीमा अपनी दादी को लेकर जैसे ही अपनी माँ के पास पहुँची, उसने माँ की गोद से बच्चे को लिया और अपने सीने से चिपका लिया। अकबकाई-सी वह उस तरफ़ देर तक देखती रही जिस तरफ़ देखते-देखते वह ट्रक उनकी नज़रों से बहुत दूर जा चुका है, जिसकी चपेट में उसकी माँ फरजाना आते-आते रह गयी थी।

"खुदा को सुकर है माई...नहीं तो आज मेरी गोद सूनी होणा में कोई कसर ना बची ही !" नसीमा बच्चे को चूमते हुए अपनी माँ से बोली।

फरजाना कुछ नहीं बोली। चुपचाप अपराध-बोध के साथ बेटी की भयातुर आँखों में सिमटे भय को देखती रह गयी। होती-होती रह गयी अनहोनी की कल्पना में डूबती-तिरती रही। उस दृश्य को याद कर उसकी रूह काँप गयी। बिजली की गति के साथ अपनी माँ के बग़ल से गुज़रे उस ट्रक और उसके बीच अगर सम्पर्क हो जाता, तो क्या होता ?

"फरजाना, नसीमा सही कहरी है। दादा चोखा ने कोई तगड़ी रहम करी है... नहीं या बाग ए उजड़ना में कोई कसर तो रही ना। एक अजाप आतो-आतो रहगो मेरी बहाण।"

"माई, कुछ उल्टी-सुल्टी बात हो जाती तो जिन्दगी-भर कहीं मुँह दीखाण लायक ना रहता।" फरजाना अपनी सास अकबरी के पास आते हुए बोली।

"चल, बळा टळगी न।" इतना कह अकबरी आगे बढ़ गयी। लेकिन थोड़ी दूर चलने के बाद अकबरी ने पहले सिर उठा कर ऊपर की तरफ़ देखा और एक लम्बी साँस लेते हुए फिर से चल दी।

फरजाना समझ गयी अपनी सास का इस तरह लम्बी साँस लेने का अर्थ।

"माई, मैंने पहले ही कही ही कि तोपे ना चढ़ो जायेगो।"

"ऐसी बात ना है। हौळे-हौळे सब चढ़ जाऊँगी।" इसके बाद अकबरी छोटे-छोटे क़दमों से एक बार फिर दरगाह की ओर बढ़ने लगी।

जुम्मेरात यानी बृहस्पति का दिन होने के कारण दरगाह पर आने-जाने वाले श्रद्धालुओं का ताँता लगा हुआ है। रास्ते में ज़मीन पर लगी दरगाह पर चढ़ने वाली हरी चादर और सीवनी की छोटी-छोटी दुकानों में से एक के सामने रुकते हुए अकबरी बोली, "फरजाना, मैं या दुकान सू सीवणी और लियाऊँ!"

अकबरी ने दुकान से सीवनी ली और अब वे तीनों दरगाह के सामने आ गयीं। फरजाना ने आते-जाते श्रद्धालुओं पर नज़र मारी, तो पाया इनमें सबसे अधिक संख्या हिन्दू श्रद्धालुओं की है। उसके लिए यह नयी बात नहीं है क्योंकि उसने मेवात में जितनी भी दरगाह-मज़ार देखी हैं, वहाँ हिन्दू श्रद्धालुओं की संख्या अधिक होती है। उसे याद नहीं है कि किसी मज़ार या दरगाह पर उसने किसी मेव स्त्री-पुरुष को देखा हो। मुसलमान श्रद्धालुओं के नाम पर जो आते भी हैं, वे मेव नहीं दूसरे राज्यों या प्रदेशों के होते हैं।

इस बीच बच्चे को फरजाना से अकबरी ने अपनी गोद में ले लिया। अपनी बारी आने पर अकबरी ने बच्चे को मज़ार के सामने लिटा, सीवनी पास में बैठे ख़ादिम या कहिए फ़क़ीर को दे दी। ख़ादिम ने दोनों आँखें बन्द कर पहले होंठों-होंठों में दुरुद पढ़ी और फिर सीवनी में से थोड़ा-सा प्रसाद मज़ार पर चढ़ाने के बाद, बाकी अकबरी को लौटा दी।

"ऐंरै फकीर, हमारो लाला ठीक तो हो जायेगो?" अकबरी ने बच्चे को मज़ार के सामने से उठाते हुए ख़ादिम से पूछा।

"माई, जब दादा चोखा ने बादशाह अकबर की मन्नत पूरी कर दी, तो तिहारी दुआ भी जरूर कबूल करेगो। दादा चोखा की देहळी सू कोई खाली हाथ ना लौटो है। जा, बेफिकर होके जा ! अल्लाह ने चाही तो तिहारो बीरा जल्दी ही भलो-चंगो हो जायेगो।"

दरगाह के ख़ादिम ने जिस आत्मविश्वास के साथ अकबरी को तसल्ली दी, उसे सुन अकबरी ही नहीं फरजाना और नसीमा की जैसे साँस लौट आयी।

इसके बाद दादा शाह चोखा की दरगाह से नीचे उतर, वे तीनों वापस जाने वाली बस का इन्तज़ार करने लगीं। बस का अधिक इन्तज़ार नहीं करना पड़ा और दोपहर से पहले वे घर लौट आयीं।

अकबरी का ख़ाली दादा शाह चोखा से मन नहीं भरा बल्कि उसे जो भी औलिया, पीर-फ़क़ीर, ओझा-औघड़ बताया गया नसीमा और बच्चे को लेकर वहाँ गयी। एक दिन तो वह बच्चे को लेकर नौगाँव के पास शेरपुर स्थित लाल दास के मन्दिर भी गयी।

पता नहीं किस दरगाह-मज़ार के दर या उसके पीर-फ़क़ीर अथवा शाह-शेख़ की दुआ लगी कि नसीमा का बच्चा धीरे-धीरे स्वस्थ होता चला गया। कई बार अकबरी को लगता है कि यह सारे पीर-फ़क़ीरों की दुआओं का असर है, जो नसीमा का बेटा मुस्तकीम सारे अलसेटों को पार कर गया।

कहते हैं कि इन्सान की इच्छाओं का कोई अन्त नहीं होता। यही हाल अकबरी का था। रात-दिन, उठते-बैठते बस यही दुआ माँगती कि अबकी बार नहीं तो अगली बार उसकी पोती नसीमा के एक बेटा और हो जाये। लेकिन कहते हैं कि आदमी के चाहने से कुछ नहीं होता और एक के बाद एक नसीमा के तीन बेटियाँ पैदा हो गयीं।

23

"असनाव, अस्सलाम वालैकुम !"

बड़कली से सवारी उठा रहमान ने गियर बदलते हुए अभी बस को रेस दी ही थी कि, अपने कानों में पड़े इन शब्दों की ओर पलट कर देखा। रहमान ने भी उसी सम्मान के साथ मुस्कराते हुए जवाब दिया, "वालैकुम अस्सलाम !"

रहमान ने तुरन्त अपनी सीट के नीचे रखा टाट का टुकड़ा निकाला, और उसे बड़कली से चढ़ी सवारी अर्थात उसके ससुराल नाँगल से ताल्लुक़ रखने वाले दिल्ली पुलिस में तैनात सिपाही जुनैद मोहम्मद को देते हुए बोला, "ले याहे बिछा ले ! बोनट गरम होरो होएगो !"

जुनैद ने टाट का टुकड़ा बोनट पर बिछाया और उस पर बैठ गया।

"तो असनाव कभी-कभार अपणी सुसराड़ भी जाओ हो या ना ?" जुनैद ने बातचीत का सिलसिला शुरू करते हुए पूछा।

"पहली बात तो फुरसत कहाँ है रिस्तेदार। दूसरी बात ई है कि जब नयी-नयी असनाई बननी शुरू हो जायें, तो पुराणा रिश्तेदारन्ने पीछे हटना में ही भलाई है।" रहमान ने मुस्कराते हुए उत्तर दिया।

"ई बात तो सही है।" इतना उत्तर दे जुनैद मोहम्मद ने ड्राइवर रहमान से पूछा, "आपको हमारे गाँव के वली मोहम्मद का तो पता होगा ?"

"वलीऽऽऽ मोहम्मद ! जनाब कहीं आप उस वली मोहम्मद की बात तो नहीं कर रहे हो, जिसने अपणी विरासत अपणी छोरी के नाम करा दी ही...और वाने इन्तकाल अपणी चार छोरीन के नाम चढ़वा दी ही ?" रहमान को जैसे आज भी सब याद है।

"हाँ-हाँ वही। फिर तो आपको यह भी पता होगा कि या बात पे वाको फूफी को छोरा अब्दुल हसन चंडीगढ़ हाई कोर्ट तलक चलोगो हो ?" जुनैद एक-एक कर पुरानी कड़ियों को आपस में जोड़ने लगा।

"और हाई कोर्ट ने अब्दुल हसन की अपील खारिज करते हुए ई फैसला दियो हो कि वली मोहम्मद ने अपणी छोरी...कहा नाम हो वाकोऽऽऽ ?"

"जैनब।" जुनैद रहमान को वली मोहम्मद की लड़की का नाम याद दिलाते हुए बोला।

"हाँ-हाँ वही जैनब...वाके नाम जो विरासत लिखी है, ऊ कानूनी तौर पर जाइज है।"

"हाई कोर्ट ने यही ना कही बल्कि ई भी फैसला दियो हो कि जैनब की बेटी भी अपने-अपने हिस्से की जायदाद किसी को भी बेच सकती हैं, या उसे दूसरें के नाम कर सकती हैं।"

"बिल्कुल याद है।" इसके बाद रहमान ने एक्सीलरेटर पर पंजे के दबाव को हल्का करते हुए पूछा, "ऐसो अब कहा हुओ, जो पूरी रामाण ए फिर सू दोहराणा की जरूरत पड़गी?"

"बात ई है असनाव कि जैनब की छोरी अब होगी बाळ-बच्चेदार और काई जरूरी काम के चलते उन्ने अपणा हिस्सा बेचणा की जरूरत पड़गी।"

"तो यामें काई ए कहा एतराज हो सके है। अन्यायी, उनकी जायदाद। अब चाहे वे छोरी वाहे बेचें या काई ए दान देएँ, काई ए यासू कहा मतलब ? और फिर उनके पै तो कोर्ट को ओडर है।" रहमान ने फिर से एक्सीलरेटर पर पंजे का दबाव बढ़ाते हुए तर्क दिया।

"एतराज कर दियो न...और वाही माणस ने करो, जाने पहले करो हो।"

"तेरो मतलब है जैनब का फूफी का वाही छोरा अब्दुल हसन ने फिर सू एतराज कर दियो ?" रहमान ने पलटते हुए जुनैद से पूछा।

"हाँ।"

"फिर ?" रहमान ने आगे पूछा।

"फिर कहा, ऊ तो पहोंचगो अदालत और दे दी ई दरखास कि ये छोरी काई ए या जायदाद ए ना बेच सके हैं। इन्ने ना है कोई हक। एक-एक कर जब ऊ निचली अदालत में केस हारगो, तो चलोगो चंडीगढ़ हाई कोर्ट।"

"पर हाई कोर्ट तो पहले ही ई फैसला दे चुकी है कि जैनब की बेटी अपने-अपने हिस्से की जायदाद किसी को भी बेच सकती हैं, या उसे दूसरे के नाम कर सकती हैं ?" रहमान ने फिर से दोहराते हुए कहा।

"वही तो, जब जैनब की छोरीन के वकील ने पुराणा फैसला की नकल दिखायी, तो हाई कोर्ट ने अब्दुल हसन की अपील खारिज कर दी।"

"मर डोकरी का ! करा अब अपणी ऐसी-तैसी। मेरी सुरी या मेव की जात के थोड़ी-सी भी सरम ना है। सारी हया बेच राखी है। बेईमानी में थोथरी गाड़ राखी है।" रहमान ने जुनैद को सुनाते हुए अब्दुल हसन की अनुपस्थिति में उसे गरियाते हुए कहा।

बीच-बीच में रास्ते में चढ़ने वाली सवारियों को चढ़ाने और उतारने के बाद, मोहन भी उन दोनों की बात सुनने आ जाता।

"इस फैसले के बाद तो जैनब की लड़की ने अपने हिस्से की जमीन बेच दी होगी ?" मोहन ने बोनट के पास आते हुए पूछा।

"बिल्कुल बेच दी।" जुनैद ने मोहन के सवाल का जवाब दिया।

"इसका मतलब यह हुआ कि कानून एक तरह से अब, पति और बाप द्वारा विरासत में छोड़ी गयी जायदाद के बँटवारे को लेकर, मेव औरतों के हक में खड़ा हो गया है।"

"फिलहाल तो कंडक्टर साब ऐसे ही है। बाकी आगे खुदा मालिक है कि ई हक इन्ने आसानी सू कोई लेण देएगो या ऐसेई फच्चर फँसतो रहेगो। मेव की कौम इतनी भली ना है जो आसानी सू मान जाये। बिना लट्ठ बजाये इन्ने मजा नहीं आवे है।"

"मोहन, ई तो बखत ही बताएगो।" रहमान ने भी जुनैद की आशंका को पुख़्ता किया।

बातों-बातों में पता ही नहीं चला कि कब नूँह निकल गया और कब सोहना आ गया। कब सोहना पीछे छूट गया और कब गुड़गाँव आ गया।

24

दिन तेज़ी से बिना पंख उड़ने लगे और एक दिन वह भी आ गया, जब अकबरी इस दुनिया से हमेशा के लिए विदा हो गयी। हालाँकि अपने रहते हुए इस घर रूपी पुआल की एकता को अकबरी ने अपने मरने तक बनाये रखा। मगर जैसे-जैसे तीनों बेटों मौज खाँ, सलीम और कासिम के बच्चों के शादी-विवाह होते गये, नयी-नयी रिश्तेदारियाँ बनने लगीं।

अकबरी के गुज़रते ही सारी पुश्तैनी जायदाद तीनों बेटों के नाम चढ़ गयी। इधर अकबरी के इस दुनिया से जाने के साल होते-होते नसीमा का ससुर नन्हे नम्बरदार भी जन्नत-नशीं हो गया। हालाँकि नन्हे ने अपने जीते-जी अपनी सारी जायदाद बेटों में बाँट दी।

समय का चक्र अपनी गति से घूम ही रहा था कि लगा जैसे किसी अदृश्य शक्ति ने उसे एक झटके में रोक दिया। मालब तो मालब, इमामनगर में नसीमा के

मायके तक में हा-हाकार मच गया। किसी ने इसकी कल्पना भी नहीं की थी कि पहले नन्हे नम्बरदार और उसके बाद उसका सबसे छोटा बेटा एहसान अली यानी नसीमा का शौहर, उसे और उसकी तीन-तीन ना-बालिग़ बेटियों और इकलौते बेटे मुस्तकीम को अकेला छोड़ कर चला जायेगा। लेकिन क़ुदरत की इस लीला को कौन समझ सकता है, जो नसीमा या कोई और समझ पाता। हार कर सभी ने यह सोच कर मन को तसल्ली दे ली कि शायद ऊपर वाले को यही मंज़ूर था। इस तरह, समय फिर से अपनी पुरानी चाल के साथ आगे बढ़ने लगा। पुरानी यादों और बच्चों के सहारे नसीमा को पता ही नहीं चलता कि कब सुबह होती और कब शाम हो जाती।

नसीमा सोच तो कई दिनों से रही थी कि इस बारे में उसे अपनी दोनों जेठानियों से कहकर अब यह काम करवा लेना चाहिए। लेकिन उसकी यह सोच कर हिम्मत नहीं हो रही है कि, कहीं उसके जेठ बुरा ना मान जायें कि खसम को मरे अभी दो साल भी नहीं हुए और इसे इसकी पड़ी हुई है। इसके अलावा नसीमा यह सोच कर भी चुप रह जाती कि कहीं उसके जेठ-जेठानी यह न समझ बैठें कि इसे उन पर यक़ीन नहीं है। नसीमा कुछ तय नहीं कर पा रही है कि वह कैसे अपने मन की बात अपने जेठ-जेठानियों तक पहुँचाये।

हिम्मत कर उस दिन नसीमा ने मन-ही-मन फ़ैसला कर लिया। इशा की नमाज़ अदा करने के बाद उसने जा-नमाज़ उठाया, उसे उसकी तय जगह पर रखा और चल दी अपनी सबसे बड़ी जेठानी के पास।

नसीमा को आया देख उसकी जेठानी को कोई आश्चर्य नहीं हुआ। घर-परिवार के सौ तरह के मसले होते हैं। आयी होगी किसी के बारे में सलाह-मशविरा करने या कोई सलाह लेने। यह भी हो सकता है कि ऐसे ही बोल-बतियाने की ग़रज़ से चली आयी है।

"आ जा !" अपनी दौरानी को आया देख, उसकी जेठानी मुस्कराते हुए चारपाई पर एक तरफ़ सरकते हुए बोली।

आँखों-आँखों में नसीमा ने आसपास का जायज़ा लिया। इधर-उधर नज़र मारी। वह समझ गयी कि उसका जेठ इस समय घर पर नहीं है। जिस तरह नसीमा आँखों-आँखों में आसपास का जायज़ा ले रही थी, उसकी जेठानी से वह बच नहीं पायी। इससे पहले कि नसीमा कुछ पूछती, उसकी जेठानी ने उसकी आशंका का निवारण कर दिया, "महजत में जमात आयी हुई है न, दोनूँ बाप-बेटा उनकी रोटी लेके गया हैं।"

नसीमा ने मन-ही-मन गहरी साँस ली। उसे इससे बढ़िया अवसर दूसरा नहीं लगा। अभी वह कुछ कहने के लिए भूमिका तैयार करती कि देखा सामने सीढ़ियों से उतर कर बीच वाली जेठानी भी आ रही है।

"दारी, आज रोटी-पाणी सू बखत सू निबड़गी दीखे है ?" बीच वाली जेठानी ने मुस्कराते हुए पूछा।

"हाँ।" नसीमा ने जवाब दिया। उसने जान-बूझ कर बात को लम्बा नहीं खींचा। इसलिए नहीं खींचा कि पता नहीं उसका जेठ कब मस्जिद से लौट आये।

इस बीच तीनों दौर-जेठानी जैसे ही किसी बात को पूरा कर रुकीं, नसीमा ने झिझकते हुए कहा, "बडी, एक बात कहणी है ?"

"हाँ-हाँ बोल !" बड़ी जेठानी स्वीकृति देते हुए बोली।

"एक बर हमारा जेठ सू बात करे न कि मुस्तकीम का बाप की विरासत याके नाम चढ़ जाये !" नसीमा ने अन्ततः अपने मन की बात कह दी।

"यामें कौण-सी बड़ी बात है। महजत सू आण दे हम आज ही या बारा में बात करंगा।" बीच वाली जेठानी ने नसीमा को आश्वस्त करते हुए कहा।

"वैसे हाकम को बाप भी एक दिन या बारा में कहरो हो।" बड़ी जेठानी ने यह कहकर नसीमा का डर जैसे पूरी तरह दूर कर दिया।

दोनों जेठानियों की बात सुन नसीमा ने मन-ही-मन अपने आपको ढेर सारी मलामत दी कि वह बे-वजह न जाने क्या-क्या सोच रही थी। उसके लिए इतना ही बहुत था। इससे पहले कि उसका बड़ा जेठ मस्जिद में जमातियों को खाना देकर लौटता, वह वहाँ से उठकर चली आयी।

नसीमा उठते-बैठते, सोते-जागते बस यही दुआ माँगती कि किसी तरह उसके शौहर एहसान अली के हिस्से की जायदाद उसके इकलौते बेटे मुस्तकीम के नाम चढ़ जाये। जहाँ तक उसे पता है इसमें कोई अड़चन नहीं आनी चाहिए, क्योंकि क़ानूनन और रिवाज़े-आम के मुताबिक़ इस पर मुस्तकीम का ही हक़ बनता है। वही इसका क़ानूनन असली वारिस है। सोच-सोच कर नसीमा अलग ही तरह की कल्पनाओं में कुलाँचे भरने लगती। उसने तो यहाँ तक सोच लिया है कि जैसे ही उसके शौहर की विरासत बेटे के नाम चढ़ जायेगी, वैसे ही किसी अच्छे ख़ानदान की बेटी ढूँढ़कर उसका रिश्ता तय कर देगी। इन्हीं कल्पनाओं में डुबकी लगाती नसीमा को पता ही नहीं चला कि जो बात उसने अपनी जेठानियों से कही थी, उसे दो सप्ताह हो चुके हैं।

नसीमा को एक दिन बैठे-बैठे जैसे ही इस बात का ख़याल आया कि दो सप्ताह बीत जाने के बावजूद उसके जेठ-जेठानियों की तरफ़ से कोई ख़बर नहीं आयी है, उसकी पेशानी पर बल पड़ते चले गये। किसी अनहोनी की आशंका से वह घिरती चली गयी। जुह्र की नमाज़ से कुछ देर पहले एकाएक आशंकाओं के मँडरा कर आये बादलों से वह इस क़दर घिरती चली गयी कि, उससे इशा की नमाज़ लेनी मुश्किल हो गयी। कब उसने अस्र की नमाज़ पढ़ी और कब मग़रिब की, कैसे उसने मग़रिब की नमाज़ अदा की और कैसे इशा की, उसे पता ही नहीं चला। इशा की नमाज़ के बाद तो उसकी व्याकुलता और बेचैनी इस तरह बढ़ गयी कि उसे अपने ऊपर नियन्त्रण रखना मुश्किल हो गया।

इसीलिए रोटी-पानी के बाद चौके-चूल्हे से निवृत्त हो नसीमा पहुँच गयी अपनी बड़ी जेठानी के पास। उसने आस-पास का बड़ी बारीकी से हल्का-सा मुआयना लिया तो उसका अन्दाज़ा एकदम सही निकला। घर में कोई मर्द नज़र नहीं आया। समझ गयी नसीमा कि सारे मर्द बैठक में होंगे।

"आ जा ! बहाण, मैं तेरे पै ही आणा की सोचरी ही...पर कहा करूँ या निगोडा काम-धन्धा सू फुरसत ही ना मिली।" दूर से आती अपनी देवरानी नसीमा से मुस्कराते हुए बोली उसकी बड़ी जेठानी।

नसीमा ने कोई जवाब नहीं दिया। पास में पड़ी मूढ़ी सरका कर बैठ गयी।

"हाकम को बाप आज ही बतारो हो कि वाकी पटवारी सू बात होगी है। पटवारी ने एकाध दिन की मोहलत और माँगी है। जैसे ही वाहे टैम मिलेगो रजिस्टरी करवा देएगो।"

अपनी जेठानी की बात सुन नसीमा ने एक आश्वस्ति भरी साँस ली। थोड़ी देर के लिए उसे एक बार फिर अपने आप पर ग्लानि-सी हुई कि वह बे-वजह इन पर शुबाह कर रही थी। दरअस्ल, सच यह है कि नसीमा अपनी ही अविश्वास की छाया से डर रही थी। वह जिन पर शक कर रही थी, वे उसके लिए कितने फ़िक्रमन्द हैं, उसकी जेठानी ने उससे गर्द पोंछ दी। नसीमा ने जैसे अन्तिम बार एक निश्चिन्तता भरी साँस ली और लौट आयी।

पता नहीं क्यों सुबह से नसीमा का जी ठिकाने नहीं है। एक अजीब-सी उबकाई से जी जैसे मितला रहा है। पेट में अजीब-सी घमेर उठ रही है। इस बीच उसे जब भी मौक़ा मिलता, वह कनखियों से मुस्तकीम को निहारती और मन-ही-मन उसकी बलाएँ उतार अपने काम में लग जाती।

जुह्र की नमाज़ के बाद हाकिम ने पहले इधर-उधर देखा और फिर नसीमा से पूछा, "काकी, मुस्तकीम ना है कै ?"

"तोहे वासू कहा काम पड़गो ?" नसीमा ने मुस्कराते हुए उलटा भतीजे हाकिम से पूछा।

"ऐसी कोई बात ना है। बस ऐसेई पूछ ली।"

"ना, कुछ तो बात है ? ऐसो तो तू भलो आदमी ना है, जो वाहे बे-मतलब ढूँढ़रो है !" इस बार नसीमा ने शरारत भरे अन्दाज़ में हाकिम की आँखों में देखा।

"तू तो खामखाँ मेरे ऊपर सक करी है काकी। मैं तो अब्बा ने भेजो हूँ कि थोड़ी देर कू मुस्तकीम ऐ बुला के ला। वासू कुछ जरूरी बात करणी है।" हाकिम ने अपने आने का प्रयोजन बताया।

"पर ऊ तो इमामनगर गयो है अपणा नाना के पै। कहरो हो कि माई नाना-नानी सू मिले घणाई दिन होगा हैं। मगरिब की निवाज तलक आ जायेगो।"

"ठीक है आ जाये तो वासू कह दीजो कि अब्बा ने याद करो है।"

"ठीक है कह दूँगी।"

हाकिम के जाने के बाद नसीमा का जी फिर से उचटने लगा। अब तो उसका किसी काम में भी मन नहीं लग रहा है। यहाँ तक वह कई बार शाइस्ता, समीना और अरस्तून से भी पूछ चुकी है कि उनका भाई लौटा है, या नहीं। आ जाये तो उसे उसके ताऊ के पास भेज दे। ताकि जिस ज़रूरी काम से उसे बुलाया है, वह जाकर कर आये।

अस्त्र की नमाज़ पढ़ नसीमा ने अभी जा-नमाज़ लपेटा ही था कि हाकिम बदहवास-सा गिरता-पड़ता उसके पास आया। एक पल के लिए उसे लगा जैसे शब्द हाकिम के गले में फँस गये हैं। इससे पहले कि वह कुछ कह पाता, उसने देखा उसकी दोनों जेठानी चीत्कार करते हुए उसी की तरफ़ आ रही हैं। नसीमा के कुछ समझ में नहीं आया कि सब इतने बदहवास क्यों हैं ? इससे पहले कि वह हाकिम से कुछ पूछती, हाकिम एक लम्बी हूक के साथ सिर पकड़ कर बैठ गया और ज़ोर-ज़ोर से उसकी रुलायी फूट गयी। इस दृश्य को देख नसीमा की धड़कनें एकाएक तेज़ हो गयीं।

बावजूद इसके नसीमा ने इस बार हिम्मत कर जैसे ही अपनी बड़ी जेठानी की ओर देखा, उसकी जेठानी उससे लिपटते हुए कातर स्वर में बोली, "अरी मेरी नसीमाऽऽऽ...बहाण तू तो दिन-धुप्पराई में लुटगी ! सब कुछ बरबाद होगो तेरो तोऽऽऽ...!"

"लु...लुटगी ! बरबाद होगी ! बडी, तू...तू ई कैसी कुलखणी बात कहरी है ?" नसीमा ने हिम्मत कर अपनी जेठानी से पूछा।

"हाँ मेरी बहाण। कुछ ना बचो !" इस बार छोटी जेठानी ने रोते हुए नसीमा को अपने बाज़ुओं के घेरे में कसते हुए कहा।

जब तक नसीमा कुछ समझने की कोशिश करती, उसका पूरा चौक मुहल्ले की औरतों से पट गया। लेकिन नसीमा के अब भी कुछ समझ में नहीं आया कि उसकी जेठानियाँ आख़िर यह सब कह किसके लिए रही हैं ?

"होणी ए कोई ना टाळ सके है बहाण।" रिश्ते में लगने वाली एक चचिया सास ने आँखें पोंछते हुए जैसे उसे तसल्ली दी।

"पर चाची तम मोहे कुछ बताओ तो सही कि ई खलखत कैसे भेळी होरी है ? आखिर हुओ भी होएगो कुछ ?" नसीमा ने रिश्ते में लगने वाली चचिया सास को जैसे झिंझोड़ते हुए पूछा।

"बहाण कैसे बताऊँ। मेरी तो छाती फटी जारी है। जाको इकलो लाल या दुनिया में ना रहो, ऊ कैसे सुण पाएगी ?"

नसीमा के हाथ से इस बार जा-नमाज़ फ़िसल कर कब ज़मीन पर आ गिरा, उसे पता ही नहीं चला। कुछ पल के लिए लगा जैसे उसका दिल उछल कर बाहर आ जायेगा। उसे अपना जिस्म बर्फ़ की शिला-सा ठण्डा पड़ता हुआ महसूस होने लगा। इससे पहले कि नसीमा ग़श खाकर गिरती, उसकी दोनों जेठानियों ने लपक कर उसे सँभाल लिया। रिश्ते में लगने वाली चचिया सास के कहे की पुष्टि करते हुए बड़ी जेठानी नसीमा को गले से लगते हुए बोली, "नसीमा, चाची सही कह री है। हमारो मुस्तकीम अब या दुनिया में ना रहो !"

"मुस्तकीऽऽऽम ! कहा हुओ मेरा मुस्तकीम केऽऽऽ ?" नसीमा के इस आर्तनाद से उसका पूरा चौक दहल उठा।

लेकिन नसीमा के इस सवाल का किसी ने कोई जवाब नहीं दिया। बग़ल से आयी दबी ज़बान में उसे जो सुनाई दिया, उसे सुन वह इस बार सचमुच ग़श खाकर निढाल हो गयी।

पूरे मालब में कोहराम मच गया। जिसके हाथ जो साधन लगा, वह उसी पर सवार हो गोहाना मोड़ की ओर दौड़ लिया। दिल्ली-अलवर मार्ग जिसे मेवात में ख़ूनी रोड भी कहा जाता है, दूर तक वाहनों का जाम लग गया। गोहाना और कंकरखेड़ी के बीच खड़े डम्पर के पिछले पहियों के पास कुचली हुई मानव देह और उसके

पास पड़ी क्षत-विक्षत मोटर साइकिल को जो भी देखता, देखकर मुँह फेर लेता। ऐसी भयानक और वीभत्स दुर्घटना वहाँ मौजूद लोगों में से शायद ही किसी ने कभी देखी हो। इस बीच आ गये पुलिसकर्मी अपने काम में जुट गये। डम्पर चालक को हिरासत में लेने के बाद पुलिस ने लाश पोस्ट मार्टम के लिए भेज दी।

ख़ुदा को शायद यही मंज़ूर था। नसीमा की सारी कल्पनाएँ, सारी योजनाएँ और सारे सपने इस तरह एक झटके में बिखर जायेंगे, उसने सोचा भी नहीं था। मुश्किल से वह पति के अचानक गुज़र जाने से अपने आपको इस सदमे से उबार पायी थी कि अब यह हादसा हो गया। घर की ऊँची-ऊँची दीवारों के बीच फैले मटमैले उजास के बीच, पथराई आँखों से पति और बेटे की स्मृतियों से बतियाते हुए नसीमा पूरी-पूरी रात न जाने क्या-क्या बड़बड़ाती रहती। पास में कच्ची-पक्की नींद में सोती तीनों बेटियों शाइस्ता, समीना और अरस्तून को देखती, तो अपने आपको उसके लिए रोकना मुश्किल हो जाता।

इधर जैसे-जैसे समय बीतने लगा गाँव के गली-कूचों में तरह-तरह के अनुमान-अन्दाज़े और चर्चा-कुचर्चाएँ चहलक़दमी करने लगे। इनमें सबसे बड़ा यक्ष-प्रश्न तो यह है कि मुस्तकीम की इस असामयिक मौत के बाद उसके पिता एहसान अली की छोड़ी गयी जायदाद का क्या होगा ? कौन होगा उसका वारिस ? क्या रिवाज़े-आम के अनुसार एहसान अली की जायदाद उसके दोनों भाइयों में बँट जायेगी, या बिरादरी के कहने-सुनने पर रहम करके, उसे नसीमा और उसकी तीनों बेटियों शाइस्ता, समीना और अरस्तून के नाम कर दी जायेगी ? मगर यह कैसे सम्भव है कि मृतक एहसान अली की जायदाद इनके नाम कर दी जाये। रिवाज़े-आम के मुताबिक़ मृतक एहसान अली की विधवा नसीमा अपने जीते-जी इसका उपभोग तो कर सकती है, लेकिन कोई यह सोचे कि पति के मरने के बाद उसकी जायदाद बेवा नसीमा के नाम हो जायेगी, यह सिर्फ़ ख़याली पुलाव से अधिक कुछ नहीं है। इसलिए मरहूम एहसान अली की जायदाद को उसके दोनों भाइयों में बँटने से कोई नहीं रोक सकता।

लेकिन यहाँ तो नियति अपना एक दूसरा ही खेल रच रही थी। पहले पति की और फिर इकलौते बेटे की असामयिक मौत से नसीमा जैसे टूट गयी। पता नहीं भीतर-ही-भीतर उसे ऐसा कौन-सा रोग घुन की तरह खाये जा रहा था कि दिन पर दिन उसकी हालत तेज़ी से गिरती चली गयी। रात-दिन तीनों मासूम बच्चियाँ माँ की चिन्ता में घुली रहतीं। इधर बेटी नसीमा के लिए फरजाना के हाथ, पाँचों वक़्त की नमाज़ पढ़ने के दौरान सिजदे में उठे रहते। मुस्तकीम की तरह बेटी को भी एक बार वह दादा शाह चोखा की मज़ार पर भी लेकर गयी, लेकिन किसी दुआ या मन्नत

का कोई असर नहीं हुआ। नहीं हुई उसकी दुआ क़बूल।

और फिर एक दिन वह भी आ गया, जिसे सुन कर सबका कलेजा मानो फट-फट जाता। फरजाना तो सुनते ही पछाड़ खाकर गिर पड़ी। उसकी आँखों के सामने जब-जब तीन-तीन मासूम नवासियों का निरीह चेहरा घूमता, जिस्म में बहता रक्त बर्फ़ की डलियों-सा जम-जम जाता। पूरा शरीर बर्फ़ की मानिंद ठण्डा पड़ता चला जाता, यह सोचकर कि अब बिना माँ के इन तीनों बच्चियों का क्या होगा ? नसीमा की मौत के बाद यह सवाल इमामनगर से लेकर पूरे मालब में चीत्कार करता हुआ घूमने लगा।

लेकिन यहाँ यह सवाल इतना अहम नहीं है कि इन बच्चियों का क्या होगा ? इससे बड़ा सवाल दूसरा है कि अपने माँ-बाप की मृत्यु के बाद इनके पिता एहसान अली की छोड़ी गयी जायदाद का क्या होगा ? उसका वारिस अब कौन होगा ? अब तो नसीमा भी इस दुनिया में नहीं है, तो क्या रिवाज़े-आम के अनुसार एहसान अली की सम्पत्ति सचमुच उसके बाकी बचे दोनों भाइयों में बँट जायेगी, या उसमें से इन तीनों बे-सहारा बच्चियों के हाथ भी आयेगा कुछ ? कहने का मतलब है कि जितनी मुँह, उतनी बातें। हालाँकि ऐसे मामलों में रहम, भावनाओं और इन्सानियत की कोई जगह नहीं होती। इसलिए पूरे गाँव का एकमत से यह मानना है कि यदि फ़ैसला रिवाज़े-आम के मुताबिक़ होता है, तो नसीमा के शौहर एहसान अली की जायदाद उसके दोनों बड़े भाइयों के नाम जाना तय है। अगर ऐसा होता है तो तीनों ना-बालिग़ शाइस्ता, समीना और अरस्तून का अपने पिता की सम्पत्ति से बे-दख़ल होना तय है। क्या होगा, यह तो समय ही बतायेगा। फ़िलहाल तो सिर्फ़ और सिर्फ़ वक़्त का इन्तज़ार ही किया जा सकता है।

नसीमा के इन्तिक़ाल के बाद मौज खाँ तीनों बच्चियों शाइस्ता, समीना और अरस्तून को इमामनगर अपने घर ले आया। लेकिन पास-पड़ोस की दीवारों के छेदों से छन-छन कर जो बात निकल रही है, उसके मुताबिक़ इन्हें बात-बात पर इस तरह प्रताड़ित करना शुरू कर दिया कि, मजबूरन मौज खाँ को इन बच्चियों को साथ ले जाना पड़ा।

दीवारों में रह गये इन छिद्रों से छन-छन कर निकलने वाली आशंकाएँ तब सच प्रतीत होने लगीं, जब शाइस्ता, समीना और अरस्तून एक नहीं, दो नहीं बल्कि तीन महीने बीत जाने के बाद भी अपने घर अर्थात मालब नहीं लौटीं। नहीं लौटीं या उन्हें नहीं लाया गया, यह कहना मुश्किल है।

25

जुह की अज़ान अभी-अभी लगी है। नमाज़ अदा करने के लिए इब्राहिम ने वज़ू के लिए बदने को पानी की हौज़ में डुबोया ही था कि अचानक 'अस्लावालैकुम !' सुन उसने जैसे ही पीछे पलट कर देखा, वह अस्लावालैकुम करने वाले को देखता रह गया। जिसका अन्देशा और डर था, उसे अपने पीछे खड़ी इस आकृति ने सच साबित कर दिया। पानी की हौज़ में तैरता अधभरा बदना अपने बाहर निकलने का इन्तज़ार करता रह गया।

"वालैकुम अस्लाम !" इब्राहीम ने मुश्किल से उत्तर दिया।

"निवाज पढ़णा की तैयारी होरी दीखे है ?" पीछे खड़ी आकृति ने पूछा।

इब्राहीम को ग़ुस्सा तो बहुत आया कि इस समय वज़ू करने का मतलब नमाज़ पढ़ने की तैयारी ही होती है। मगर उसने कुछ नहीं कहा। बल्कि हौज़ में इन्तज़ार करते पानी से अधभरे बदने को बाहर निकाला और चुपचाप वज़ू करने लगा।

नमाज़ पढ़ने के बाद इब्राहीम ने हुक़्क़ा ताज़ा किया और दोनों हुक़्क़ा पीने लगे।

इधर पूरे घर में यह सुनते ही हड़कम्प मच गया कि अचानक नसीमा का बाप कैसे आया है ? हालाँकि यह जानकर सभी ने राहत की साँस भी ली कि ग़नीमत है उसके साथ शाइस्ता, समीना और अरस्तून नहीं हैं। इस तरह शाम तक पूरी बैठक और घर में तरह-तरह की आशंकाओं के डैने तैरते रहे कि आख़िर शाइस्ता, समीना और अरस्तून का नाना एकाएक किस मंशा के साथ यहाँ आया है ?

इशा की नमाज़ के बाद बैठक में इब्राहीम और साबिर दोनों भाई आ गये। इधर-उधर की बातों के बीच बैठक में हुक़्क़े की गुड़गुड़ाहट के साथ उड़ते धुएँ के बादलों की रह-रह कर तरह-तरह की आकृतियाँ बनती-बिगड़ती रहीं। शाइस्ता, समीना और अरस्तून के नाना यानी मौज खाँ जिस समय बैठक का मुआयना कर रहा था, तभी उसने देखा कि बैठक की एक अधखुली खिड़की से कोई साया इधर से उधर कई बार गश्त लगा चुका है। मौज खाँ समझ गया कि यह गश्ती उनके बीच होने वाली बात की टोह लेने की ग़रज़ से इधर से उधर चक्कर काट रहा है। मौज खाँ ने पहले अपने सामने बैठे इब्राहिम और साबिर के चेहरों पर आते-जाते भावों को बड़ी बारीकी से पढ़ा और फिर बड़ी चतुराई से जिसके लिए वह यहाँ आया है, उस पर आते हुए बोला, "इब्राहीम, अपणा छोटा भाई की विरासत तो तुम दोनूँ भाइन्ने अपणे नाम चढ़वा ली होएगी ?"

वही हुआ जिसका इब्राहिम को डर था। मौज खाँ ने जिस घाघपन और चालाकी के साथ यह सवाल किया, उसे सुन दोनों भाइयों के कुछ समझ में नहीं आया कि वे तत्काल इसका क्या उत्तर दें ? लेकिन मौज खाँ ने पूछा ही इस तरह से था कि उन्हें कुछ-न-कुछ तो उत्तर देना ही है। मौज खाँ ने जिस सफ़ाई से उनके ऊपर जाल फेंका, उसमें दोनों भाई बुरी तरह उलझ गये। चाह कर भी इससे उनका निकलना मुश्किल है।

"हाँ माँवसा, समझ ले चढ़गी है।" बमुश्किल इब्राहीम अपने जवाब को शाइस्ता, समीना और अरस्तून के नाना मौज खाँ की तरफ़ धकियाते हुए बोला।

"कहा मतलब ?" मौज खाँ ने एक लम्बा कश खींच कर धुआँ आसमान में छोड़ा।

"अभी इन्तकाले-विरासत चढ़ी है। मंजूरी लेणी बाकी है अभी।"

"वैसेऽऽऽ थोड़ो-बहोत हिस्सा नसीमा की छोरीन कू भी दियो है...याऽऽऽ..." मौज खाँ ने बाकी का वाक्य जान-बूझकर अधूरा छोड़ दिया।

"माँवसा, हमारा या रिवाज में थोड़ो-बहोत को तो कोई मसला ही ना है। जो भी है सारी जायदाद ही नाम चढ़े है।" इस बार इब्राहिम के बजाय जवाब उसके छोटे भाई साबिर ने दिया।

"जब तुम दोनूँ भाइन्ने सारी जादाद अपणे नाम चढ़वा ही ली है, तो अन्यायी इन छोटी-छोटी छोरीन को कहा होएगो ? ये किसकी देहळी पे जाके मूँड फोड़ेंगी ? ये कहान सू माँग-माँग के खाएँगी ?" मौज खाँ एक ही साँस में कई सवाल कर गया।

इब्राहिम और साबिर को जैसे इसका पहले से अनुमान था कि शाइस्ता, समीना, अरस्तून का नाना यही प्रश्न करेगा। इस बीच दोनों भाइयों ने अपने आपको मानसिक रूप से तैयार कर लिया कि इस स्थिति में उन्हें क्या उत्तर देना है।

"ऐसो है माँवसा, ई काम हमने अपणी मर्जी सू तो करो ना है। वही करो है जाकी हमारो जमींदारा कानून इजाजत देवे है।" साबिर ने थोड़ी तुर्शी के साथ कहा।

"ई बात तो तेरी ठीक है लाला, पर इन्सानियत नाम की भी तो कोई चीज होवे है। भला आदमी, याही नाते कुछ इन बिचारीन कू छोड़ देता, वाके सहारे कम-सू-कम इनको भी रिजक-पाणी चलतो रहतो !" साबिर की बात पर मौज खाँ को ग़ुस्सा तो बहुत आया, लेकिन वह जैसे ख़ून का घूँट पीकर रह गया।

"कानून-कायदा में कोई इन्सानियत-विंसानियत ना चले है।" साबिर ने एक तरह से अपनी मंशा जता दी।

"अन्यायी, ऐसो मत करो ! आखिर औलाद तो ये भी नन्हे लम्बड़दार की ही हैं। कुछ वाकी लम्बड़दारी की इज्जत रख लेओ और कुछ इन बाळकन पे रहम खाओ !" देखते-देखते मौज खाँ एक मर्द से पुरानी शाखाओं के लरज़ते तीन-तीन बे-सहारा मासूमों को घनी छाया देने वाले दरख़्त में तब्दील हो गया।

"माँवसा हम हैं तो सही।" साबिर ने पूरी तरह मोर्चा सँभालते हुए कहा।

"जैसी तिहारी मर्जी।" इतना कह मौज खाँ ने एक बेचारगी भरी साँस ली और उसे धीरे-धीरे बाहर छोड़ते हुए आगे कहा, "चलो, सो जाओ !" वह समझ गया कि शाइस्ता, समीना, अरस्तून के ये दोनों ताऊ मानने वाले नहीं हैं।

"घबराये मत माँवसा। हमारी ओड़ सू तेरी नवासी कतई दुःख ना पाएँगी।" इब्राहिम ने मौज खाँ को सान्त्वना देने की कोशिश की।

कहने को इब्राहीम ने मौज खाँ को तसल्ली दे तो दी लेकिन इस सच्चाई को मौज खाँ भी जानता है कि इसमें कुछ नहीं रखा है। वह जानता है कि जिस तरह साबिर ने खुल कर कहा कि कानून-क़ायदे में कोई इन्सानियत-विंसानियत नहीं

चलती है, उसके बाद किसी तरह के अगर-मगर की कोई गुंजाइश नहीं बचती है। अगर ऐसा होता तो हल्का के पटवारी से मिल कर ये दोनों भाई चुपचाप इन्तिक़ाल-ए-विरासत अपने नाम नहीं चढ़वाते। उसके दामाद एहसान अली की जायदाद को इस तरह नहीं हथियाते। यदि इनकी नीयत में खोट नहीं होता, तो इन मासूम बच्चियों का हक़ नहीं मारते। अगर इनमें घर-परिवार की मान-मर्यादा, थोड़ी-बहुत इन्सानियत और आँखों में कुछ पानी बचा होता, तो ये मरहूम अपने छोटे भाई की विरासत में से उसकी मासूम बेटियों का हक़ अपने आप दे देते।

मौज खाँ को पूरी रात नींद नहीं आयी। रह-रहकर उसके कानों में इब्राहिम और साबिर के वाक्य खदबदाते रहे। बल्कि बीच-बीच में जब कभी आँख लगती, उसे इन बेसहारा बच्चियों का क्रन्दन सुनाई देता। कई बार तो ऐसा हुआ कि उसकी नवासियों का क्रन्दन धीरे-धीरे उनके बजाय भूरी फूफी अर्थात चाँदबी के चीत्कार भरे विलाप में बदल जाता। इमामनगर की जिस थड़ी पर कभी चाँदबी ने मौज खाँ के पिता यानी अपने काका उमर खाँ के सामने, भरी पंचायत में पल्लू फैला कर अपने पिता की सम्पत्ति को उसके नाम न कराने की भीख माँगी थी; उसी भरी पंचायत के सामने उसकी नवासियाँ अपनी-अपनी झोली फैलाकर जैसे अपना हिस्सा माँग रही हैं। मौज खाँ को सबसे बड़ी हैरानी तो इस पर हो रही है कि थड़ी पर सालों पहले चाँदबी के सामने जहाँ उसका वालिद उमर खाँ था, सपने में इब्राहिम और साबिर की जगह वह ख़ुद खड़ा है। ये बच्चियाँ अपने ताऊ इब्राहिम और साबिर से नहीं, जैसे उसी से रहम की भीख माँग रही हैं। मौज खाँ हड़बड़ा कर जाग गया। उसने अपनी गर्दन के आसपास के हिस्से को छुआ तो पता चला, वह पसीने से तर है। बैठक में एक तरफ़ गहरी नींद में सो रहे इब्राहिम पर उसने नज़र मारी और एक बार फिर से वह सोने की कोशिश करने लगा। मगर इसके बाद उसे नींद नहीं आयी। आती भी कैसे, उसकी नींद तो तभी उड़ गयी, जब इब्राहिम और साबिर दोनों भाइयों ने उससे स्पष्ट कह दिया था कि यह काम हमने अपनी मर्ज़ी से नहीं किया है। बल्कि वही किया है जिसकी रिवाज़े-आम ने इजाज़त दी है।

देर तक मौज खाँ अपने आपसे जूझता रहा। इसी बीच जैसे ही फ़ज्र की अज़ान लगी, वह खड़ा हो गया। अज़ान सुन इब्राहिम भी खड़ा हो गया।

इब्राहीम को जागा हुआ देख उमर खाँ चलने की तैयारी करता हुआ बोला, "इब्राहिम, लाला मैं चलूँ!"

"माँवसा, कलेऊ तो करतो जा !" इब्राहिम ने शिष्टाचार निभाते हुए एक बेमानी-सा आग्रह किया।

"कोई बात ना है। कलेऊ तो घर जाके भी कर लूँगो।"

"जैसी तेरी मरजी...तो फिर ठीक है माँवसा।" इतना कह इब्राहिम नमाज़ के लिए बैठक से निकल गया।

रास्ते में इब्राहिम एक दीवार की ओट में छिप कर दूर जाते मौज खाँ को तब तक देखता रहा, जब तक कुछ दूर जाकर वह एक गली में मुड़ कर उसकी आँखों से ओझल नहीं हो गया।

समय बीतने के साथ इब्राहीम और साबिर भी निश्चिन्त होते चले गये। वे भूल गये कि इन्तिक़ाल-ए-विरासत की प्रक्रिया तभी पूरी मानी जाती है, जब ऐसी सम्पत्ति से परोक्ष अथवा प्रत्यक्ष सम्बन्ध रखने वाले किसी नज़दीकी सम्बन्धी को कोई एतराज़ ना हो। यहाँ तो तीन-तीन बेटियों की ज़िन्दगी दाँव पर लगी हुई है। वे शायद भूल गये कि यदि ये बच्चियाँ किसी के कहने पर इस इन्तिक़ाल को लेकर एतराज़ उठा दें, तो यह इन्तिक़ाल अवैध माना जा सकता है। मगर ऐसा आज तक हुआ नहीं। हो तो तब, जब किसी बहन-बेटी ने कोई एतराज़ उठाया हो।

इधर मालब ही नहीं इमामनगर में भी तरह-तरह की चर्चाएँ शुरू हो गयीं। मालब में इन बच्चियों की ग़ैर-मौजूदगी को लेकर तरह-तरह के क़यास-अटकलें लगनी शुरू हो गयीं। कुछ का कहना है कि अपनी नवासियों शाइस्ता, समीना और अरस्तून को इमामनगर निवासी मौज खाँ पुत्र उमर खाँ यानी उनका नाना उन्हें मालब से ख़ुद ले गया। जबकि कुछ का दबी ज़बान से यह कहना है कि इब्राहिम-साबिर पुत्र नन्हे नम्बरदार ने अपने भाई की इन मासूम बेटियों को घर से निकाल दिया। असलियत क्या है, कोई नहीं जानता। सच्चाई क्या है इसे सिर्फ़ और सिर्फ़ इब्राहिम और साबिर ही बता सकते हैं, या बच्चियों का नाना मौज खाँ इस बारे में जानता है। हाँ, यह लगभग पूरे गाँव को पता चल चुका है कि रिवाज़े-आम के मुताबिक़ मृतक एहसान अली की जायदाद को उसके दोनों बड़े भाई इब्राहिम और साबिर अपने नाम चढ़वा चुके हैं। और इधर इमामनगर में जिन लोगों ने थड़ी पर दशकों पहले भरी पंचायत में चाँदबी अर्थात फूफी भूरी का विलाप और गुहार अपने कानों से सुना था, या जिन्हें ये याद हैं, और बाद में बड़कली से लेकर फ़िरोज़पुर झिरका की मस्जिद के सामने जुम्मे के दिन नमाज़ियों से जिसे भीख माँगते हुए देखा था,

उनका कहना है कि यह सब उसी चाँदबी की बद्‌दुआओं का नतीजा है। उमर खाँ की पोती नसीमा की इन मासूम और ना-बालिग़ बेटियों को उसी के उन कर्मों का फल भुगतना पड़ रहा है, जो कभी उमर खाँ ने अपनी सगी भतीजी चाँदबी यानी भूरी फूफी के साथ किया था।

लेकिन अचानक एक बार फिर समय का ऐसा चक्र घूमा कि उसकी चाल ने इमामनगर से लेकर मालब वासियों को दाँतों तले अँगुली दबाने पर विवश कर दिया।

26

हाकिम अपने काका साबिर से टकराते-टकराते बचा।

"अन्यायी, ऐसी कौण-सी आफत आ पड़ी...जो तू धैरे-धैरे ऐसे घोड़ा पे सवार हुओ आरो है ?" साबिर ने अपने भतीजे हाकिम को डाँटते हुए कहा।

"काका, अच्छो हुओ जो तू मोहे रस्ता में ही मिलगो।" इसके बाद हाकिम ने गर्दन घुमाते हुए इधर-उधर देखा और बोला, "अब्बा कहान है ?"

"मेरे यार कुछ हुओ भी, जो तू ऐसे बखळायो पड़ो है ?" हाकिम को सही जवाब देने के बजाय उलटा उसी से पूछा।

"पहले तू ई बता कि है अब्बा कहान ? वाके आगे ही बताऊँगो कि कहा आफत आ पड़ी है।"

इससे पहले कि साबिर अपने भतीजे से कुछ कहता, देखा सामने से बड़ा भाई इब्राहिम चला आ रहा है। उसने शायद साबिर और हाकिम को किसी बात पर बहस करते हुए देख लिया था। इसलिए दूर से ही मुस्कराते हुए बोला, "अरे तम काका-भतीजा काईं बात पे सींग अळझा रा हो ?"

"यार पतो ना, ई ऐसी कौण-सी खबर लेके आयो है, जाहे तेरे आगे ही बताएगो !" साबिर ने हँसते हुए कहा।

"काका, यामें हँसना की बात ना है। आज का अखबार में छपी या खबर ऐ सुणेगो तो तू हँसणो भूल जायेगो !" हाकिम ने गम्भीर होते हुए कहा।

"ऐसी कौण-सी खबर है भई जाहे तू..."

"अब्बा सुण !" अपने पिता की बात पूरी होने से पहले हाकिम ने हाथ में पकड़ा अख़बार खोला, और अन्दर के पृष्ठ पर छपी एक ख़बर को पढ़ कर सुनाने लगा।

जैसे ही हाकिम ने इस ख़बर को पढ़ कर ख़त्म किया, उसे सुन इब्राहिम और साबिर दोनों भाइयों के चेहरों पर हवाइयाँ उड़ने लगीं। देर तक उनके चारों तरफ़ जैसे सन्नाटे का कोहरा छा गया। दोनों में से किसी से कुछ भी तो कहते नहीं बना।

इस कोहरे को छाँटा भी तो हाकिम ने ही, "अब्बा, अब कहा होएगो ?"

बेटे के इस सवाल पर भी कोई जवाब देते नहीं बना इब्राहिम से। उधर साबिर भी नहीं समझ पाया कि अब क्या होगा ?

"साबिर, मेरे यार मोहे जा बात को डबका हो...ई तो वही बात हो जाती दीखे है !" इब्राहिम ने गमछे से पसीज आये पेशानी को पोंछते हुए कहा।

"पर ई खबर अखबार में छपवाई किसने है ?" साबिर ने अनुमान लगाया।

"एक बर वा आदमी को पतो चल जाये जाने ई खबर छपवाई है...मैं भी असल को ना, जो वाहे या दुनिया सू ना खो दूँ तो !" मुट्ठी भींचते हुए हाकिम कसमसाया।

"मेरे यार, ये तो बाद की बात हैं। पहले ई सोचो कि या आफत सू फिलाल निपटो कैसे जाये ?" इब्राहिम ने बेहद संयत मुद्रा अपनाते हुए कहा।

इब्राहिम ने जिस निराशा के साथ यह कहा कि इस आफ़त से कैसे निपटा जाये, उसे सुन दोनों चाचा-भतीजे अर्थात साबिर और हाकिम को समझते हुए देर नहीं लगी कि मामला काफ़ी गम्भीर है। किसी बात का किसी अख़बार में छपने का मतलब ही यही है कि जिसे नहीं पता है, उसे भी मालूम हो जायेगा। पता चल जाये या मालूम हो जाये कोई बात नहीं, किन्तु सबसे बड़ा इसका ख़तरा यह है कि लोग इसका अपने-अपने तरीक़े से मतलब निकालेंगे।

जितनी तेज़ी से दिन चढ़ने के साथ सूरज की रोशनी फैलती गयी, उससे कहीं तेज़ी से अख़बार में छपी यह ख़बर पूरे मालब में फैल गयी। हालत यह हो गयी कि जिस अख़बार में यह ख़बर छपी, उसकी माँग में एकाएक ऐसा उछाल आया

कि जिन चाय के खोखों और दूसरी दुकानों पर यह समाचार पत्र आता है, उन पर इसे पढ़ने के लिए लोग जमा ओ गये। जिस-जिसके पास यह आता है, उसने इसे सँभाल कर रख लिया। जो अतिरिक्त प्रतियाँ इसके वितरक को अगले दिन लौटानी पड़ती थीं, आज देखते-देखते सारी बिक गयीं। जिन्हें इस समाचार को सुनने के बावजूद तसल्ली नहीं हुई, वे भागे-भागे नूँह गये और किसी तरह इसका इन्तज़ाम करके लाये। क्योंकि जो मज़ा इसे पास रखने में है, वह दूसरे के पास जाकर पढ़ने और दूसरे के मुँह से सुनने में थोड़े ही है। हालाँकि जो समय से इसके वितरक के पास पहुँच गये, उन्हें यह हाथ लग गया और जो थोड़ा देर से पहुँचे, उन्हें निराश लौटना पड़ा।

अलवर से लौटते हुए बस को फ़िरोज़पुर झिरका बस स्टैंड पर लगा, पहले की तरह रहमान यह कहते हुए अख़बार की दुकान की ओर बढ़ गया, "मोहन, मैं अभी आयो। तू जब तलक चाय की कह दे !"

मोहन सालों से अपनी चाय की बँधी-बँधाई दुकान पर आया और चाय के साथ दो मठरी का ऑर्डर दे, अपने ड्राइवर का इन्तज़ार करने लगा। जब तक चाय आती रहमान अख़बार लेकर आ गया।

"क्या खास खबर है ?" अख़बार के पन्नों को पलटता देख मोहन ने रहमान से पूछा।

"वही देखरो हूँ यार।" मोहन को जवाब देते हुए जैसे ही अन्दर एक पृष्ठ पर छपी एक ख़बर के शीर्षक पर रहमान की नज़र पड़ी, वह उछलते हुए बोला, "ओ त्तेरे की !"

इधर रहमान के मुँह से ओ त्तेरे की निकला, उधर चाय लेकर आये लड़के ने कहा, "लेओ बाउजी !"

इन दोनों वाक्यों के बीच इतना कम अन्तराल था कि शीशे के गरमा-गरम चाय के गिलास रहमान पर गिरते-गिरते बचे।

"क्या हो गया, जो तू ऐसे मेंढक की तरह उछल कर पड़ा है ?" मोहन ने लड़के से चाय के गिलास और मठरी लेते हुए रहमान से पूछा।

"यार मोहन, आज तो कमाल की खबर छपी है।" इतना कह रहमान मोहन को ख़बर बाँच कर सुनाने लगा। पूरी ख़बर सुनाने के बाद रहमान ने पहले चाय की एक लम्बी चुस्की ली, और फिर मोहन के चेहरे पर नज़र गड़ाते हुए बोला, "पतो है या खबर में ये तीन छोटी-छोटी छोरी कौन हैं ?"

"कौन हैं ?" हैरानी के साथ मोहन ने उलटा रहमान से पूछा।

इस बार चाय का घूँट मारने से पहले रहमान ने मठरी के किनारे को दाँतों से कुतरा और फिर मुस्कराते हुए कहा, "ये हमारा इमामनगर के मौज खाँ की नवासी हैं।" इतना कह रहमान ने एक बार फिर मोहन से पूछा, "कुछ याद आयो ?"

"मौजऽऽऽखाँ !" मोहन ने अपनी स्मृति को आगे-पीछे करते हुए खँगाला और फिर सिर हिलाते हुए जवाब दिया, "ना यार, मुझे तो ये नाम याद है नहीं।"

"अन्यायी, यह मौज खाँ उसी उमर खाँ का लड़का है जिस उमर खाँ ने अपणी सगी भतीजी चाँदबी मेरो मतलब है..."

"फूफी भूरी !" एकाएक मोहन को जैसे याद आ गया।

"बिल्कुल सही कहरो। ये छोटी-छोटी बच्चियाँ उसी उमर खाँ के लड़के मौज खाँ की नवासी हैं।"

उमर खाँ और फूफी भूरी यानी चाँदबी का नाम सुनते ही मोहन ने दोनों हाथों से अपना सिर पकड़ लिया। एक झटके में बोड़ी कोठी पर सालों पहले गर्मियों के महीनों में नये-नये पुआलों को आपस में बाँधकर चारों तरफ़ से घेर कर बनायी गयी प्याऊ, और उस प्याऊ के अगले हिस्से में बने छोटे-से झरोखे में रखे राहगीरों की प्यास बुझाते पानी से भरे गंगा सागर और छरहरे बदन वाले एल्यूमिनियम के बदने से जुड़े असंख्य दृश्य ताज़ा हो उठे। ताज़ा हो उठा बीच-बीच में पानी से भीगी पुआल की झीनी दीवार से छन कर आने वाला आवारा हवा का वह झोंका, जो पूरी ठसक के साथ सीना ताने खड़े काले पहाड़ की भभकती नंगी देह को छूता हुआ आता और जब जिस्म से टकराता, तो लगता मानो किसी बर्फ़ीली घाटी से चल कर आया है। जेठ के जिन लू के थपेड़ों और आग बरसाती लटपटाती धूप में भूरी की प्याऊ राहगीरों और यहाँ से गुज़रती बसों की प्यासी सवारियों की प्यास बुझाती, वह आषाढ़ के ख़त्म होते-होते किसी अनजान ज़ज़ीरे में तब्दील हो जाती।

मोहन देर तक अतीत और वर्तमान की रक्तरंजित क्रूरता की खन्दक में फँसा रहा। उसे पता ही नहीं चला कि शीशे के गिलास की तली में बची चाय भी ठण्डी हो चुकी है।

"मोहन, कहीं तू भी वही तो ना सोचरो है, जो मैं सोचरो हूँ ?"

रहमान के इस प्रश्न को सुन मोहन अकबकाते हुए वर्तमान में लौटा।

"मैं...मैं कुछ समझा नहीं रहमान ?"

"मैं यह कह रहा हूँ मोहन कि देखो, कुदरत ने कैसा खेल रचा है कि जिस उमर खाँ और उसके बेटे मौज खाँ ने फूफी भूरी को दर-दर की ठोकर खाने पर मजबूर कर दिया था, आज उसी मौज खाँ की तीन मासूम नवासियाँ ठीक वैसी ही हालत में पहोंचगी हैं ?" रहमान ने मेवाती के बजाय शुद्ध निबन्धीय भाषा में एक-एक़ शब्द को बिलोचते हुए कहा।

"यह तो तू सही कह रहा है रहमान, पर सबसे बड़ी बात यह है कि इस रिवाजे-आम की मार झेल भी रही हैं तो कौन ? तुम्हारी बहन-बेटियाँ।" फिर कुछ पल सोचने के बाद मोहन अपनी जगह से उठते हुए बोला, "ना यार रहमान, अब इस कानून पर लगाम लगनी चहिए...बहुत हो गया। मैं तो जबसे तेरे संग इस मेवात बस में कंडक्टरी कर रहा हूँ, इसके बारे में सुन-सुन कर पागल हो गया हूँ।"

"ये सब इतना आसान नहीं मेरे बावळे भाई !" रहमान एक गहरी साँस लेते हुए बोला।

"अगर आसान नहीं है, तो इन बेचारी तीन-तीन मासूमों का क्या होगा ?"

"याहे तो बखत ही बताएगो। चल खड़ो हो टैम होगो है !" इतना कह रहमान बस की ओर बढ़ गया। इधर उसने बस स्टार्ट की और उधर मोहन ने ज़ोर से सीटी मारी।

बस अड्डे से निकल बस अलवर-दिल्ली सड़क पर आयी और धीरे-धीरे अपनी गति पकड़ दिल्ली की ओर दौड़ने लगी।

काला पहाड़ के समान्तर दौड़ती बस जैसे ही बोड़ी कोठी के क़रीब पहुँची, हुचके में लिपटी स्मृतियों की रील खुलती चली गयी। मारे रोमांच के उसकी धड़कनें बढ़ने लगीं। अगले दरवाज़े के पास वाली सीट पर बैठे मोहन ने खिड़की को पूरा खोल दिया। बाहर से हरहरा कर आते हवा के झोंके जब-जब उसके चेहरे से टकराते, तो लगता जैसे पुरानी यादों की मुलायम हथेलियाँ उसके गालों को थपथपा रही हैं। ऐसा लगता जैसे ये बाहर से आते हवा के झोंके नहीं, फूफी भूरी की पतली जिल्द में लिपटी नर्म अँगुलियाँ हैं।

बस जैसे ही बोड़ी कोठी के एकदम पास आयी, मोहन के मुँह से बरबस निकल गया, "चलो भई, भूरी की प्याऊ वालो !"

बरसों बाद अपने कंडक्टर मोहन के मुँह से निकले इस नाम को सुन, रहमान भी पल-भर के लिए पुरानी स्मृतियों में डूब गया। बस रुकने के बाद जब तक बोड़ी कोठी की सवारियाँ उतर नहीं गयीं और यहाँ से चढ़ने वाले यात्री चढ़ नहीं गये, तब तक मोहन उस जगह को निरखता रहा, जहाँ कभी भूरी की प्याऊ हुआ करती थी। उसकी आँखें महीनों तक अपने अकेलेपन से बतियाते बिखरे हुए जूट की बोरियों के मटमैले चिथड़ों, खाली मटकों के भग्नावशेषों और उनके रंध्रों में समायी आदिम शीतलता को तलाशती रहीं। लेकिन उसे कुछ नहीं दिखाई दिया। उसने खिड़की को बन्द किया और स्मृतियों के अवशेषों को समेटने का प्रयास कर भूरी की प्याऊ, माफ़ करना बोड़ी कोठी से चढ़ी सवारियों की टिकट काटने लगा।

27

नसरू अलसाया-सा अपनी पौळी के बाहर लेटा हुआ है। सहसा उसकी नज़र सामने से गुज़रती एक जानी-पहचानी सी आकृति की पीठ पर पड़ी। पहले उसे लगा कि शारीरिक दुर्बलता और उम्र के चलते शायद उसकी आँखें धोखा खा गयी हैं। लेकिन अगले ही पल सोचा कि इतना भी धोखा नहीं खायी हैं कि कई साल बाद कोई पहचानी-सी चाल उसके पास से गुज़रे और वह उसे पहचान ना पाये।

यही सोचते हुए पीछे से उसने आवाज़ मारी, "अरे इमाम साब है कै ?"

आकृति जाते-जाते ठिठक गयी। जिधर से आवाज़ आयी उस तरफ़ पलटा, तो चारपाई से लगी काया को देख उसे हैरानी हुई। नसरू को उसे पहचानने में कुछ पल लगे।

"काका नसरूऽऽऽ !"

"चलो शुकर है इमाम साब ने पिछाण तो लियो।" नसरू ने करवट लेते हुए लम्बी दाढ़ी, जो एक समय एकदम स्याह हुआ करती थी, और अब पूरी तरह सफ़ेद हो चुकी है, उससे अर्थात इमाम वाजिब अली से कहा।

"वो क्या है काका कि बे-ख़याली में देख नहीं पाया। इसके लिए मुआफ़ी चाहता हूँ।" पास आकर वाजिब अली ने एक मूढ़ी खींची और उस पर बैठ गया।

वाजिब अली द्वारा माफ़ी माँगने पर पूर्व पंच नसरू यानी नसीरुद्दीन की सारी शिकायत दूर हो गयी।

"और सुणा बाळ-बच्चा ठीक हैं ? धंधो-पाणी ठीक चलरो है ? इमामत अच्छी चलरी है ?"

"अल्लाहताला की रहम से सब अच्छा है। आप सुनाओ !"

"मैं कहा सुणाऊ इमाम साब। हीं तो बस अब चला-चली को मेळा है।"

"यह तो क़ुदरत का क़ायदा है काका।" वाजिब अली ने मुस्कराते हुए कहा।

"चल छोड़। अब ई बता कि कुछ तरक्की-वरक्की हुई है कै ना ? इमाम सू पेश इमाम तो बणगो होएगो ?"

"पेश इमाम तो नहीं, पर दिल्ली में आल इंडिया इमाम ओर्गेनाइजेशन का सदर बना दिया गया हूँ।"

"ई कहा बीमारी होवे है ?"

"यह पूरे मुल्क के इमामों का एक संगठन है।"

"तो ई कहे न कि तू सारा इमामन को बाप बणगो है ! अन्यायी, फिर तो मौज होगी। अपणी ऐसी-तैसी कराए ई सुरी पेश इमामी।"

वाजिब अली कुछ नहीं बोला। इससे पहले कि नसरू अपनी आदत के चलते न जाने क्या कह दे, उसने बात को पलट दिया, "और इलाक़े में सब ठीक तो है ?"

"ठीक कहा इमाम साब, आजकल तो बस एक ही बात की चर्चा है पूरा मेवात में।"

"कौन-सी ?" वाजिब अली ने विस्मय से पूछा।

"इमाम साब, तोहे ना पतो ?" इस बार नसरू ने उलटा वाजिब अली से पूछा।

"अल्लाह क़सम मुझे नहीं पता।" वाजिब अली ने अनभिज्ञता प्रकट करते हुए जवाब दिया।

"हद है ! मेरे यार, ऐसो इमामपणा भी कहा काम को जो यही ना पतो कि दुनिया में कहा होरो है।" इसके बाद नसरू लेटे-लेटे अपने बायें तरफ़ दीवार की ओर इशारा करते हुए बोला, "वा खाना में, जुजदान में लिपटी कुरान के पै जो अखबार रखो है न, वाहे ला और खुदी अपणी आँखन सू पढ़ ले !"

वाजिब तुरन्त अपनी जगह से उठा और पहले से खुले एक पृष्ठ पर छपी एक ख़बर को ध्यान से पढ़ने लगा। जैसे-जैसे वाजिब अली ख़बर पढ़ता गया, वैसे-वैसे उसके चेहरे की रंगत और उसकी भंगिमा बदलने लगी।

इससे पहले कि वाजिब अली इस समाचार पर अपनी कोई प्रतिक्रिया व्यक्त करता, अपने आसपास देखने के बाद लगभग फुसफुसाते हुए नसरू बोला, "इमाम साब, देखो कुदरत को न्याव ! जो बरताव उमर खाँ और याका छोरान्ने ने कदी अपणी भतीजी भूरी के साथ करो हो, वही इनकी नाती-नवासीन के संग होरो है। जैसे एक जमाना में भूरी भीख माँगती डोले ही, आज वैसी नौबत मौज खाँ की इन नवासीन की आगी है। सुणना में आयी है कि मौज खाँ के मरहूम जमाई के बड़े भाईन्ने याकी तीनूँ नवासी घर सू निकाळ दी हैं।"

"घर से निकाल दी हैं ?" इमाम वाजिब अली को झटका लगा।

"और...जभी तो आजकल वे या इमामनगर में अपने नाना के पै रहरी हैं।"

वाजिब अली के लिए यह भीतर तक विचलित करने वाली सूचना थी। पूर्व पंच नसरू द्वारा भूरी अर्थात चाँदबी का नाम लेते ही इमामनगर की थड़ी का एक-एक चित्र वाजिब अली की आँखों के आगे सजीव हो उठा। इशा की नमाज़ के बाद थड़ी पर इकट्ठा होते लोग और पंच-फ़ैसले को सुनने की उत्सुकता में थड़ी पर पाँव रखने भर की जगह नहीं थी जैसे। उसे आज भी याद है वह दृश्य जब थड़ी तो थड़ी, बल्कि आसपास की छतों की मुँडेरें और उसके सामने के चौतरे-चबूतरे भी मुँह पर ढाठा लगे कुछ ब्याहे व कुछ ऐसे चेहरों से अट गये, जिनकी अगुवाई एक अकेली, बेबस और यतीम चाँदबी कर रही थी। वह दृश्य कितना भयावह था जब असंख्य आँखें पंच-फ़ैसले को सुनने के लिए, हुक़्क़ों और फ़र्शियों की गुड़गुड़ाहट के बीच धुएँ में लिपटे, तथा रह-रहकर थड़ी पर मची चिल्ल-पों के बीच बैठे पंचों पर टिक गयी थीं। कैसे विपरीत दिशाओं में जलती गैस की रोशनी में भीगी परछाइयाँ आपस में गुँथी हुई थीं।

उसे याद आया जब उसने अहले हदीस और शरीयत के हवाले से इसी रिवाज़े-आम का सूरा अन-निसा के माध्यम से विरोध किया था, तब इसी नसरू ने भरी पंचायत में किस तरह यह कहते हुए उसका अपमान किया था कि, इन सूराओं और आयतों को अपने पास रख। तुझे नहीं पता जाति और बिरादरी के क़ानून के बारे में। जैसे-जैसे एक के बाद एक उस पंचायत के दृश्य ताज़ा होने लगे, वाजिब अली का ख़ून खौलने लगा। वह कैसे भूल सकता है अपने उन शब्दों को, भरी पंचायत में जो उसने सबको सुनाते हुए कहा था कि वैसे तो सारे मामलों में शरअ को सबसे आगे रखते हो, और जब वालिद या शौहर की जायदाद में उसकी बेवा और बेटियों की विरासत की बात आती है, तो इस रिवाज़े-आम को आगे कर देते हो। मगर उस समय उसके इस प्रतिरोध का किसी पर कोई असर नहीं हुआ।

वाजिब अली के सीने में जैसे किसी शान्त समन्दर की लहरें भीतर-ही-भीतर उमड़ने लगीं। उसके जबड़े खिंच आये। जब उससे नहीं रहा गया तो उसने अपना गुबार नसरू के सामने निकाल ही दिया, "एक बात कहूँ काका नसरू, इस गुनाह में आपके हाथ भी रंगे हुए हैं।"

"इमाम साब, तू...तू ई कहा कहरो है ?" चारपाई से लगी नसरू की देह तनती चली गयी इस बार।

"एकदम दुरुस्त फ़रमा रहा हूँ। याद करिए उस सीन को जब इसी मौज खाँ, इसके भाइयों और इसके वालिद उमर खाँ ने अपनी सगी भतीजी चाँदबी जैसी बेकस और बेसहारा औरत का सरेआम क़त्ल किया था।"

नसरू को हैरानी हुई कि इस इमाम को तो आज भी सब कुछ याद है। कुछ भी तो नहीं भूला है यह। उसने वाजिब अली की बात पर कोई प्रतिक्रिया व्यक्त नहीं की। बल्कि यह सोच कर चुप्पी साध गया कि कहीं ऐसा ना हो ऑल इंडिया इमाम ओर्गेनाइजेशन का यह मौजूदा सदर उसकी बची-खुची बखिया भी उधेड़ डाले।

"अच्छा काका, चलता हूँ एक ज़रूरी काम याद आ गया !" वाजिब अली उठते हुए बोला।

"इमाम साब, जाते-जाते एक बात तो बता जा कि ई जो अखबार में खबर छपी है, याको रजल्ट कहा निकळेगो ?"

"मैं क्या बता सकता हूँ काका। यह तो वक़्त ही बतायेगा।"

"फिर भी ?"

जिस तरह नसरू ने वाजिब अली से पूछा, वह नसरू के क़रीब आया और उसकी आँखों में झाँकते हुए बोला, "वैसे आपको क्या लगता है ?"

नसरू को इसकी बिल्कुल उम्मीद नहीं थी कि यह इमाम का बच्चा उलटा उसी से पूछ लेगा। कोई जवाब देते नहीं बना उससे।

"मेरा कहने का मतलब यह है काका कि आपका दिल क्या चाहता है ?" वाजिब अली ने नसरू से पूछा।

"मेरा मन की बात पूछे न इमाम साब, तो अल्लाह ताला सू मेरी यही गुजारिस है कि इन छोटी-छोटी छोरीन कू न्याव मिलणो चहिए।" नसरू ने अपने दोनों हाथ हवा में उठाते हुए कहा।

वाजिब अली ने ध्यान से नसरू की लगभग पसीज आयी आँखों में झाँका, तो उसे लगा जैसे उसका एक-एक शब्द प्रायश्चित्त के गुनगुने पानी में भीगा हुआ है।

"एक बात कहूँ, अगर यही फ़ैसला आप लोग फूफी भूरी के मामले में ले लेते, तो आज इस तरह पछताना नहीं पड़ता।"

"ऐसी बात ना है इमाम साब। जब की बात कुछ और ही। बिरादरी और रसम-रिवाज भी देखणी पड़े हैं।" नसरू सफ़ाई देते हुए बोला।

"वो बात नहीं है। असल बात यह है कि आदमी का लालच किसी बिरादरी और रस्मो-रिवाज़ को नहीं देखता। उस वक़्त अजमत सरपंच और आप जैसे पंचों के सिर पर लालच सवार था। इसी लालच ने एक बेकस का हक़ छीन कर ताक़तवर को दे दिया था। एक बात कहूँ, जहाँ लालच बीच में आ जाता है, वहाँ ईमान और इन्साफ़ की उम्मीद करना बेमानी है।"

वाजिब अली का एक-एक शब्द और वाक्य नसरू के सीने में किसी पैनी और नुकीली नोक की मानिंद धँसते चले गये। उससे कुछ भी जवाब देते नहीं बना। देर तक उसके आसपास जैसे सन्नाटे की झीनी चादर तन गयी। कुछ पल बाद उसने जैसे ही सिर उठाया, तो देखा वहाँ इमाम वाजिब अली नहीं है। नसरू को पता ही नहीं चला कि वह कब वहाँ से चला गया।

जो भी इस समाचार के माध्यम से इन तीन मासूम बेटियों की व्यथा-कथा सुनता या पढ़ता, वह भीतर तक व्यथित हो उठता। जहाँ इस बारे में पहले थड़ी-बैठकों और चौतरे-चबूतरों पर बहस होती, धीरे-धीरे चलकर वह घरों के पौळी-बरामदों और अन्तत: निजी कमरों में घुस गयी। जिन घर-कुनबों की चहारदीवारी अपने मर्दों के सामूहिक फ़ैसलों पर इठलाती थीं, उन्हीं के अन्दर अब जैसे दो थोक बन गये। देखते-देखते इस समाचार ने मेवात में एक नयी बहस शुरू कर दी। पूरे मेव समाज को उद्वेलित कर दिया इसने।

28

इस ख़बर के छपते ही कुछ सरकारी महकमों में भी हड़कम्प मच गया। उनके मेवात में इतनी बड़ी घटना हो गयी और सरकारी मशीनरी को इसकी भनक तक नहीं लगी। उपमण्डल न्यायाधीश अर्थात सब डिविज़नल मजिस्ट्रेट (एसडीएम) के पास भी इस अख़बार की कतरन पहुँची। एसडीएम ने तुरन्त इसका संज्ञान लेकर जिस रिपोर्टर के हवाले से यह समाचार छपा था, उससे सम्पर्क कर अपने पास बुलवाया। क्योंकि इस पूरे मामले को समझने में इस रिपोर्टर से अच्छा दूसरा माध्यम और सूत्र कोई नहीं हो सकता। रिपोर्टर ने एसडीएम को रिवाज़े-आम से जुड़ी सभी पेचीदगियों और बारीकियों सहित इससे पहले के कुछ मामलों की भी जानकारियाँ उपलब्ध करा दीं।

इस मामले से जुड़ी पूरी जानकारी हासिल करने के बाद एसडीएम काफ़ी चिन्तन और मनन के बाद इस नतीजे पर पहुँचा, "तो आपके कहने का एक मतलब

यह भी है कि न्यायाधीश चाहे तो अपने विवेक का इस्तेमाल कर इस इन्तिक़ाल को ख़ारिज कर सकता है ?"

"बिल्कुल सर। ऐसे कई मामले हैं जहाँ कोर्ट ने एक तरफ़ पिता की मौत के बाद माँ द्वारा बेटी के नाम किया गया हिबानामा ख़ारिज कर दिया है, तो कुछ मामलों में रिवाज़े-आम के प्रावधान के उलट, बेटियों और माँओं को उनका अधिकार भी दिया है।" रिपोर्टर ने पूरे आत्मविश्वास के साथ कहा।

"ठीक है रिपोर्टर साब। मैं इस मामले को ख़ुद देखता हूँ। बीच-बीच में मुझे आपकी ज़रूरत पड़ सकती है !"

"आप जब भी याद करेंगे, मैं हाज़िर हो जाऊँगा।" रिपोर्टर ने व्यावहारिकता का निर्वाह करते हुए कहा।

रिपोर्टर के जाते ही एसडीएम ने उसी समय तहसीलदार को तलब किया और उसके सामने उस ख़बर की कतरन रखते हुए बोला, "तहसीलदार साब, कुछ दिन पहले एक अख़बार में यह ख़बर छपी थी।"

"जी सर, मैंने भी पढ़ा है इसे।" तहसीलदार ने जवाब दिया।

"मैंने आपको इसलिए बुलाया है कि आप इस मामले की तहक़ीक़ात करवाएँ कि आख़िर यह केस है क्या। अगर सचमुच ऐसा हुआ है जैसा इस रिपोर्टर ने छापा है, तो आप गिरदावर और पटवारी से कहकर इसकी जाँच करवाएँ। इन्तिक़ाल-ए-विरासत की नज़रसानी करके दो दिन में रिपोर्ट मेरी टेबल पर आ जानी चाहिए !"

"जी सर, दो दिन में रिपोर्ट आपके सामने होगी।"

अपने एसडीएम के हुक्म की तामील करने का वायदा कर तहसीलदार जाने लगा, तो जाते-जाते एसडीएम ने हिदायत दी, "और हाँ, यह ज़रूर जाँच करना कि मृतक, जिसकी यह जायदाद है, क्या उसके किसी नज़दीकी सम्बन्धी से इन्तिक़ाल-ए-विरासत की मंज़ूरी ली गयी है। उसकी तरफ़ से कोई एतराज़ तो नहीं किया गया ?"

"आप चिन्ता न करें सर। सारे पहलुओं की बारीकी से जाँच करने के बाद ही आपको रिपोर्ट पेश की जायेगी।"

"तहसीलदार साब, बात वास्तव में चिन्ता करने की ही है। कमाल है कि जिस जायदाद पर उसके असली वारिसों का हक़ होना चाहिए, उस पर चाचा-ताऊ क़ब्ज़ा करके बैठे हैं।"

"सर क्या किया जाये, मेवों का यह कस्टमरी लॉ है ही ऐसा। यह तो ग़नीमत है सर कि इनकी बहन-बेटियाँ अब इस लॉ के ख़िलाफ़ आवाज़ उठाने लगी हैं और ज़रूरत पड़ने पर हिम्मत कर निचली अदालतों के साथ-साथ हाई कोर्ट तक का दरवाज़ा खटखटाने लगी हैं।"

"वैसे अदालतों का दरवाज़ा खटखटाने पर किसी को कुछ रिलीफ़ मिला है ?" एसडीएम ने तहसीलदार से जानना चाहा।

"सर, यह तो ऑनरेबल कोर्ट पर निर्भर करता है कि उसका इस पर क्या नज़रिया रहता है। वैसे अब तो ऑनरेबल कोर्ट भी ऐसे अपीलों को ख़ारिज करने लगा है। जिन पेटीशनर्स ने हाल के सालों में कस्टमरी लॉ के ख़िलाफ़ पिटीशन डाली है, ज़्यादातर में उन्हें कुछ-न-कुछ राहत ही मिली है।"

"गुड ! फिर तो वह रिपोर्टर ठीक ही कह रहा था।"

"क्या सर ?" तहसीलदार ने उत्सुकतावश पूछा।

"यही कि जज चाहे तो अपने विवेक का इस्तेमाल कर इस इन्तिक़ाल को ख़ारिज भी कर सकता है ? कुछ मामलों में तो रिवाज़े-आम के प्रावधान के उलट अदालत ने बेटियों और माँओं को उनका हक़ दिया है।"

"बिल्कुल सर।"

"ठीक है तहसीलदार साब, मुझे आपकी रिपोर्ट का इन्तज़ार रहेगा। लेकिन याद रहे दो दिन का मतलब दो दिन !"

"आप बिल्कुल चिन्ता न करें सर।" अपने एसडीएम को भरोसा दे तहसीलदार उपमण्डल न्यायाधीश अर्थात एसडीएम के कार्यालय से चला आया।

तहसीलदार ने पूरे मामले की गहराई से जाँच और छान-बीन के बाद अपनी रिपोर्ट एसडीएम के पास पेश कर दी।

रिपोर्ट को बड़ी बारीकी से देखने के बाद एसडीएम ने एक बार फिर से उसी रिपोर्टर को बुलवाया, जिसके हवाले से यह ख़बर छपी थी।

"सर आपने याद किया ?" आते ही रिपोर्टर ने पूछा।

"हाँ।" इसके बाद एसडीएम ने वह जाँच रिपोर्ट जो उसने अपने स्तर पर करवाई थी, उसे सामने रखते हुए बोला, "आपकी ख़बर एकदम सही है रिपोर्टर साब।"

"थैंक यू सर !" रिपोर्टर ने एसडीएम का आभार व्यक्त करते हुए कहा।

"जाँच में पाया गया है कि उन बच्चियों को उनके ताउओं ने घर से निकाल

दिया है। दूसरे शब्दों में इसे हम इस तरह भी कह सकते हैं कि उनका नाना उन्हें मालब से इमामनगर ले गया। दरअसल, मैं चाहता हूँ कि बिना किसी लिटिगेशन के अगर यह मामला मिल-बैठ कर सुलझ जाये, तो इससे अच्छी कोई बात नहीं हो सकती। चूँकि आप एक रिपोर्टर होने के साथ-साथ इस समाज से ताल्लुक भी रखते हैं और इनकी दुश्वारियों को अच्छी तरह समझते हैं, इसीलिए मैं आपसे जानना चाहता हूँ कि इसका आसान और आपस में बिना किसी मन-मुटाव के कैसे निपटारा हो सकता है ? मैं नहीं चाहता कि आपस में किसी तरह की बदमजगी के चलते, आगे चल कर इन बच्चियों को किसी मुसीबत से गुज़रना पड़े।" एसडीएम ने रिपोर्टर को बुलाने की अपनी मंशा बता दी।

एसडीएम की मंशा सुन रिपोर्टर पहले तो ख़ामोश रहा और फिर कुछ सोचते हुए बोला, "सर, इसमें एक काम तो यह हो सकता है कि सबसे पहले इब्राहिम और साबिर दोनों भाइयों को बुला कर आप समझाने की कोशिश करें। क़ानून-व्यवस्था का हवाला देकर उन पर थोड़ा दबाव डालें। अगर वे नहीं मानते हैं तो दूसरा तरीक़ा यह हो सकता है कि दोनों पक्षों से कहा जाये कि वे इसे बिरादरी की पंचायत में सुलझा लें।"

"अगर ये इब्राहिम और साबिर दोनों भाई तब भी नहीं माने, तब क्या किया जाये ?"

"फिर जज साब तो हैं।" रिपोर्टर मुस्कराते हुए बोला।

"वैसे जाँच में एक ऐसी बात निकल कर आयी है जिसका मुझे पहले से शक था।"

"कौन-सी सर ?"

"यही कि इन्तिक़ाल के समय किसी तरह की कोई मंजूरी नहीं ली गयी है। एक तरह से धोखाधड़ी की गयी है इस मामले में।"

"फिर तो आपका काम और भी आसान हो जायेगा सर।" रिपोर्टर ने एक तरह से उपमण्डल न्यायाधीश अर्थात सब डिविज़नल मजिस्ट्रेट का रास्ता आसान कर दिया।

"एक बात कहूँ रिपोर्टर साब, इस क़ानून की आड़ में इन बहन-बेटियों के साथ बहुत धोखाधड़ी हो रही है।"

"सर, आपको लगता है कि यह धोखाधड़ी है लेकिन इनके लिए यह कोई नयी बात नहीं है।"

“ठीक है। मैं दोनों तरीक़ों को आजमाने की कोशिश करता हूँ। अगर मामला आपस में मिल-बैठ कर सुलझ जाता है तो अच्छा है, वरना टेढ़ी अँगुली से ही घी...!” मुस्कराते हुए एसडीएम ने अपना वाक्य यह सोच कर अधूरा छोड़ दिया कि इससे आगे बताने की ज़रूरत नहीं है।

इसके बाद उपमण्डल न्यायाधीश अर्थात एसडीएम ने सबसे पहले इब्राहिम और साबिर, दोनों भाइयों को बुला कर समझाने का प्रयास किया। लेकिन रिवाज़े-आम की उन दोनों भाइयों ने दुम ऐसी कस कर पकड़ ली कि, वे किसी तरह मानने को तैयार नहीं हुए। अपनी पहली कोशिश में विफल होने के बाद एसडीएम ने मालब और इमामनगर के सरपंचों के अलावा मेव बिरादरी के कुछ असरदार लोगों को बुलवाया और उनसे आग्रह किया कि वे बिरादरी की पंचायत बुला, इन असहाय-बेसहारा बच्चियों को इनका वाजिब हक़ दिलवाने के लिए इब्राहिम और साबिर पर दबाव डालें। मगर कई पंचायतें होने के बावजूद कोई नतीजा नहीं निकला। इब्राहिम और साबिर ने पंचायत की बात मानने से दो टूक मना कर दिया।

उपमण्डल न्यायाधीश के पसीना छूट गये। उसने अपने स्तर पर सारे प्रयास कर लिए कि किसी तरह मामला मिल-बैठ कर सुलझ जाये, लेकिन इब्राहिम और साबिर अपने निश्चय से टस-से-मस नहीं हुए। अब न्यायाधीश क्या करे ? क्या उसे अपने विवेक का इस्तेमाल कर रिवाज़े-आम अर्थात इस ज़मींदारा क़ानून की अनदेखी कर इब्राहिम और साबिर की विरासत का इन्तिक़ाल ख़ारिज कर उसे इन तीनों बच्चियों शाइस्ता, समीना और अरस्तून के हक़ में मंज़ूरी दे दे ? उपमण्डल न्यायाधीश अर्थात एसडीएम ने इस पर बड़ी गम्भीरता से विचार किया और अन्ततः अपने विवेक का इस्तेमाल करते हुए, दोनों भाइयों इब्राहिम और साबिर के नाम चढ़ा इन्तिक़ाल ख़ारिज करते हुए, उसे तीनों बच्चियों के हक़ में मंज़ूर कर दिया।

29

रिवाज़े-आम से जुड़ा यह पहला मामला है जिसके तहत इन्तिक़ाल-ए-विरासत को ख़ारिज कर एकदम निचली अदालत के न्यायाधीश ने तीन मासूम बच्चियों के हक़ में मंज़ूरी दी है। इस फ़ैसले ने इस क़ानून के बड़े-बड़े पण्डितों और जानकारों से लेकर पूरे मेव समाज में हंगामा बरपा दिया। कुछ ने इसे एक समाज के हितों के लिए बनाये गये क़ानून में हस्तक्षेप बताया, तो कुछ ने इसे ग़ैर-क़ानूनी करार कर दिया। जो लोग पैतृक सम्पत्ति में बेटियों के हक़ की पैरवी शरीयत के मुताबिक़ करने के पक्ष में हैं, उन्होंने इसे अपनी जीत बताया। जबकि सच्चाई यह है कि ऐसे लोगों की इस मामले में कोई भूमिका नहीं थी, फिर भी वे अपनी पीठ थपथपा रहे हैं।

जिस दिन उपमण्डल न्यायाधीश का शाइस्ता, समीना और अरस्तून के हक़ में फ़ैसला आया, उस दिन इमामनगर के मरहूम उमर खाँ के बेटे मौज खाँ के घर में जम कर जश्न मना। उसी मरहूम उमर खाँ के घर में, जिस उमर खाँ के आगे उसकी भतीजी चाँदबी ने उसके आगे रिरियाते हुए गुहार लगाई थी कि मेरे साथ ऐसा अन्याय मत करो ! पूरे गाँव के आगे मैं अपनी झोली फैला कर भीख माँग रही हूँ...इस यतीम

पर कुछ तो रहम करो ! मैं किसकी देहली पर जाकर पड़ूँगी ! तब भरी पंचायत में दहाड़ते हुए इसी मौज खाँ ने कहा था कि, मेवात के कौन-से क़ानून में यह लिखा हुआ है कि चाँदबी का अपने बाप की जायदाद पर हक़ है ? वही मौज खाँ मारे ख़ुशी के बौराया हुआ है जिसने कुछ लोगों की राय का विरोध करते हुए कहा था कि ये क्या बोलें ? इन्हें नहीं पता है कि हमारे ज़मींदारा क़ानून में क्या लिखा हुआ है ?

इधर विरासत शाइस्ता, समीना और अरस्तून के नाम चढ़ी, उधर उन घरों ने सबसे ज़्यादा राहत की साँस ली, जिनमें चाँदबी के रूप में कई-कई शाइस्ता, समीना और अरस्तून पल रही हैं।

पूर्व पंच नसरू अर्थात नसीरुद्दीन के कानों में भी पड़ी इस फ़ैसले की ख़बर। सुनते ही नसरू ने अपने दोनों हाथों को आसमान में उठा ऊपर वाले का बहुत शुक्रिया अदा किया। मन-ही-मन तीनों बच्चियों के सुखद भविष्य के लिए दुआ माँगी।

दुआ माँगते हुए वह अपने आपसे बतियाने लगा, 'सही कहरो है इमाम साब, वा बखत हमारे सिर पे लालच सवार हो गया था। हमारा लालच ने ही चाँदबी जैसी एक बेकस को हक छीनके उमर खाँ को दे दिया था।' नसरू को इस बीच पता ही नहीं चला कि उसकी आँखों के कोर कब गीले हो गये।

नसरू का दिल तो बहुत किया कि वह मौज खाँ को उसके घर ही जाकर बधाई देकर आये, लेकिन उसकी जाने की हिम्मत नहीं हुई। मगर नसरू का मन नहीं माना और जैसे ही मग़रिब की नमाज़ ख़त्म हुई पहुँच गया लकड़ी के सहारे मौज खाँ के पास।

"आ जा !" दूर से ही नसरू को देख मौज खाँ मुस्कराते हुआ बोला।

नसरू एक-एक कर बैठक की सीढ़ियाँ चढ़ता हुआ मौज खाँ के पास जा बैठा।

"एक मिनट, पहले हुक्का ताजा करवा दूँ। फिर करंगा आराम सू बात।" इसके बाद मौज खाँ ने अपने एक पोते को बुलाया और उसको हुक़्क़ा ताज़ा करने का आदेश कर, नसरू की तरफ़ मुड़ गया, "और सुणा कैसी तबैत है ?"

"तबैत कहा, अब तो ई हाल है मेरे यार कि—

तखता ढीला हो रहा, चूहकण लगी हैं कील
गढ़ के घेरा हो रहे, 'भीकजी' अब घड़ी पहर की ढील।"

"ई बात तो तेरी सोलह आने ठीक है।"

"मौज खाँ, भई तेरी नवासीन की खबर सुणके बहोत अच्छो लगो।"

"सब ऊपर वाळा को करम है।" मौज खाँ ने दोनों हाथ ऊपर उठाते हुए कहा।

इस बीच हुक़्क़ा भी ताज़ा होकर आ गया। देर तक दोनों के बीच बातें होती रहीं। धीरे-धीरे साँझ का झुटपुटा घिरने लगा। आसपास घरों में होती दीया-बाती ने नसरू को सावधान कर दिया कि इससे पहले अँधेरा हो, उसे अपने ठिकाने पर वापस लौट जाना चाहिए। इसके बाद नसरू वापस जाने के लिए यह कहते हुए खड़ा हो गया, "अच्छो, चलूँ!"

"ठीक है। ध्यान सू जइयो! कहीं ठोकर-वोकर खाके मत गिर जइयो!" मौज खाँ नसरू को सावधान करते हुए बोला।

"मेरे यार, अब कहा ठोकर लगेगी। बहुत लग ली।" इतना कह नसरू, चारों तरफ़ फैल चुके अँधेरे को बींधते हुए जैसे आया था, उसी लकड़ी के सहारे छोटे-छोटे क़दमों से लौट गया।

कई बार समन्दर के पानी की सतह जितनी शान्त नज़र आती है, वैसी होती नहीं है। सच तो यह है कि उसके भीतर छोटी-छोटी लहरें इस तरह बल खाती रहती हैं कि उसकी सतह को पता ही नहीं चलता। इसीलिए यह कैसे मान लिया जाये कि जिस इब्राहिम और साबिर ने पंचायत की बात नहीं मानी, वह एक उपमण्डल न्यायाधीश के फ़ैसले को इतनी आसानी से क़बूल कर लेंगे? अगर कोई यह सोचता है कि क्यों नहीं फ़ैसला, फ़ैसला होता है, वे किसी खाम ख़याली के शिकार हैं। हालाँकि मालब ही नहीं इमामनगर में भी ऐसे न जाने कितने लोग होंगे, जिनका मन यह मानने को तैयार ही नहीं है कि यह मामला, जिसे सब शान्त हुआ माने बैठे थे, यह शान्त हो जायेगा। सच बात यह है कि उस दिन नसरू भी मौज खाँ के पास यही टोहने गया था कि अगर इब्राहिम और साबिर दोनों भाइयों ने आगे अपील कर दी, तब क्या होगा? अब यह बात अलग है कि उसकी मौज खाँ से पूछने की हिम्मत नहीं हुई, और मौज खाँ ने भी इस बारे में कोई बात नहीं छेड़ी।

उस दिन रहमान ने अलवर से दिल्ली लौटते हुए फ़िरोज़पुर झिरका अड्डे पर बस खड़ी कर पहले की तरह अख़बार लिया और उसे उलटने-पुलटने लगा। रहमान को मज़ा नहीं आया और उसकी तह बना कर उसने मोहन को दे दिया। पास में चाय की चुस्कियाँ लेता मोहन समझ गया रहमान द्वारा इस तरह उद्विग्नता के साथ अख़बार देने का अर्थ।

"यार रहमान, एक बात बता! इस मालब वाले मामले में ये दोनों भाई इतनी आसानी से हार मानने वाले लगते हैं?" मोहन ने यूँ पूछ ही लिया।

"तोहे अचानक याकी कैसे याद आगी?" रहमान ने चौंकते हुए पूछा।

"बस ऐसे ही पूछ लिया।"

"एक बात कहूँ जो तू सोचरो है, वही मैं भी सोचरो हूँ कि ये इतनी आसानी से मानने वाळे नहीं हैं। मेरे यार, ऊ मेव ही कहा जो आसानी सू हार मान जाये!" रहमान ने हँसते हुए मोहन को जवाब दिया।

"वो तो तेरे संग कंडक्टरी करते हुए मैंने बहुत देख लिया। अब रिटायर होने से पहले इसे और देख लूँ। उसके बाद तू कहाँ और मैं कहाँ!" मोहन थोड़ा-सा भावुक हो गया।

"देखो! वैसे अब रिवाजे-आम से जुड़े फैसलों को कोर्ट जल्दी निपटा देवे हैं। हो सके हमारा रिटायरमेंट सू पहले याको भी कुछ फैसलो आ जाये!" इतना कह रहमान बस की ओर बढ़ गया।

रहमान ही नहीं मेवात के इस क़ानून के पण्डितों का अनुमान एकदम सही निकला। जिनका पहले से मानना था कि अपने छोटे भाई एहसान अली की विरासत का इन्तिक़ाल, उपमण्डल न्यायाधीश द्वारा उसकी बेटियों शाइस्ता, समीना और अरस्तून के नाम दर्ज करने के आदेश को इब्राहिम और साबिर दोनों भाई आसानी से स्वीकार नहीं करेंगे, उन्हें अपनी समझ पर गर्व होने लगा। न तो इमामनगर में किसी को आश्चर्य हुआ, न मालब में किसी को हैरानी हुई कि मरहूम एहसान अली के भाई इब्राहिम और साबिर ने इस फ़ैसले को दीवानी अर्थात सिविल कोर्ट में चुनौती दे दी है। देनी भी चाहिए। कोई बच्चों का खेल है सालों से चले आ रहे क़ानून में दख़ल देना। ऐसे तो कोई भी छोटा-मोटा जज इसको बदल देगा। जज कोई सरकार से बड़ा थोड़े ही है। अंग्रेज़ों के बनाये रिवाज़े-आम जैसे क़ानून से बँधी उपमण्डल न्यायाधीश की यह अदालत कौन होती है, इन बच्चियों के हक़ में फ़ैसला सुनाने वाली? क्योंकि इस प्रथा या कहिए क़ानूनी वैधता का चोला पहनने वाले रिवाज़े-आम तो पैतृक विरासत में बेटियों को पूरी तरह नकारता है।

यह बात अलग है कि ब-क़ौल मदरसा मुईनुल इस्लाम के मुफ़्ती, 'इल्मे मीरास आधा इल्म माना जाता है। यानी विरासत के बारे में सारी जानकारी हासिल करना किसी भी मेव मुसलमान के लिए ऐसा ही है, जैसे पूरी उम्र में हासिल की गयी तालीम एक तरफ़ और विरासत की जानकारी हासिल करना एक तरफ़।' कहा

जाता है कि दुनिया के सारे इल्म और तालीम ज़िन्दगी से जुड़े हुए हैं। मौत के बाद मरने वाले का कफ़न-दफ़न और वसीयत की पूर्ति के बाद, जो ज़मीन-जायदाद बच जाये, उसे मरने वाले के वारिसों में इस्लामी क़ानून के मुताबिक़ बाँट दिया जाना चाहिए। लेकिन क्या असल ज़िन्दगी में ऐसा होता है ? शायद नहीं।

जिस तरह इमामनगर के उमर खाँ ने मक्खन खाँ की मृत्यु के बाद, उसके बड़े भाई नवाज खाँ की विरासत को उसकी पत्नी हसनबी द्वारा अपनी भतीजी चाँदबी के नाम कर दिये गये पंजीकृत हिबानामा को ख़ारिज करवाने के लिए एड़ी-चोटी का ज़ोर लगा दिया था; उसी तरह मालब के नन्हे नम्बरदार के बेटों इब्राहिम और साबिर ने अपने छोटे भाई एहसान अली की तीनों नाबालिग़ बेटियों के हक़ में उपमण्डल न्यायाधीश द्वारा दर्ज की गयी विरासत के इन्तिक़ाल को निरस्त कराने के लिए पूरी ताक़त झोंक दी।

इमामनगर के गैल-गलियारों, गली-मोहल्लों, चौतरे-चबूतरों और बैठक-बंगलों में हुक़्क़े-फ़र्शियों की चिलमों से उड़ते धुओं के गुबारों के बीच यही चर्चा होती रहती कि, देखते हैं चाँदबी की तरह मौज खाँ की नवासियों के हक़ की यह क़ानूनी लड़ाई कितनी लम्बी चलती है ? चाँदबी के वकीलों की तरह मासूम शाइस्ता, समीना और अरस्तून के वकील क्या दलीलें पेश करते हैं; और दीवानी अदालत में नन्हे के दोनों बेटे इब्राहिम और साबिर के वकील किस तरह के क़ानूनी दाँव-पेंच, गवाही और सबूत पेश करते हैं ?

सिविल कोर्ट के जज के सामने इब्राहिम और साबिर के वकील ने वही दलील पेश की, जो एक समय उमर खाँ के वकील खूबचन्द गर्ग ने उसकी भतीजी चाँदबी के हिबानामा को ख़ारिज करने के लिए दी थी।

"जज साब, यह देखिए, इसमें बहुत साफ़ लिखा है कि मेवों में पुश्तैनी जायदाद का बँटवारा मुस्लिम क़ानून के नहीं, बल्कि कस्टमरी लॉ के अनुसार होता है। इस लॉ के मुताबिक़ मेवों में पुश्तैनी जायदाद में उसकी बेटी या बेटियों का कोई हक़ नहीं है।"

सिविल जज ने मौज खाँ के वकील की ओर देखते हुए पूछा, "हाँ जी वकील साब, ये वकील साब जो कह रहे हैं, सही कह रहे हैं कि पुराने गुड़गाँव ज़िले के मेवों में जायदाद का बँटवारा रिवाज़े-आम के मुताबिक़ होता है ?"

"मगर जज साब, बहुत से मामलों में हाई कोर्ट ने लड़कियों के पक्ष में भी फ़ैसला दिया है।"

"यह हाई कोर्ट जाने। क्या सिविल कोर्ट के सामने इससे पहले कुछ ऐसे मामले आये हैं, जिनमें फ़ैसला कस्टमरी लॉ के अनुसार हुआ हो?"

इससे पहले कि मौज खाँ या कहिए शाइस्ता, समीना और अरस्तून का वकील कुछ कह पाता इब्राहिम और साबिर का वकील बीच में बोल पड़ा, "ऐसे कई मामले हैं जज साब। सबसे बड़ी मिसाल तो चाँदबी बनाम उमर खाँ की है। इस केस में माननीय सिविल कोर्ट ने चाँदबी का वह हिबानामा, जो उसकी ताई हसनबी ने अपने शौहर की मौत के बाद चाँदबी के नाम कर दिया था। क्योंकि कस्टरी लॉ के मुताबिक़ एक मेव औरत बेवा होने पर अपने शौहर की जायदाद का उम्र-भर इस्तेमाल तो कर सकती है मगर उसे बेच नहीं सकती। उसे वह किसी को दान नहीं दे सकती। उसे गिरवी नहीं रख सकती। कहने का मतलब यह है जज साब कि शौहर के इन्तिक़ाल के बाद उसकी वह जायदाद उसके शौहर के भाइयों में बराबर हिस्सों में बँट जायेगी।" इतना कह इब्राहीम और साबिर के वकील ने सबूत के रूप में इस केस से जुड़े दस्तावेज़ जज के सामने पेश कर दिये।

"ये चाँदबी और उमर खाँ कौन हैं?" जज ने दस्तावेज़ ग्रहण करते हुए पूछा।

"यह तो इनका वकील ही बतायेगा जज साब!" इब्राहिम और साबिर के वकील ने मौज खाँ के वकील की तरफ़ इशारा करते हुए कहा।

"हाँ जी वकील साब, आप जानते हैं?" जज ने इस बार मौज खाँ अर्थात लड़कियों के वकील से पूछा।

"ज...जज साब, चाँदबी इन लड़कियों के नाना मौज खाँ...जो इस समय अदालत में भी मौजूद है, उसकी बुआ थी।"

दोनों पक्षों की दलीलें, सबूत और तथ्य सुनने व देखने के बाद जज ने, यह कहते हुए सम्बन्धित फ़ाइल एक तरफ़ रख दी, "इस केस का फ़ैसला कोर्ट अगली तारीख़ पर सुनाएगी और अगली तारीख़ है..."

जबसे मौज खाँ अपने दोनों भाइयों सलीम और कासिम के साथ सिविल कोर्ट इस उम्मीद में गया है कि आज शाइस्ता, समीना और अरस्तून के ख़िलाफ़ उनके ताऊ इब्राहिम और साबिर द्वारा दायर की गयी अपील पर फ़ैसला आ जायेगा, मरहूम उमर खाँ के घर की चहारदीवारी के भीतर रह-रहकर दुआओं और मिन्नतों के अदृश्य डैने उड़ रहे हैं। अपने-अपने तरीक़ों से तीनों भाइयों की पत्नियाँ फरजाना, फातिमा और नासिरा अपने-अपने परवरदिगार से यही दुआएँ कर रही हैं कि, वह किसी तरह इस घर की लाचार और बेकस नातिनों के मुँह का निवाला छिनने से

बचा ले। अपनी नवासियों अर्थात् नसीमा की बेटियों की चिन्ता में फरजाना का तो जैसे खाना-पीना ही छूट गया। कुछ अच्छा नहीं लग रहा है उसे। हालत उसकी यह हो गयी कि अस्र की नमाज़ के बाद घर के बाहर थोड़ा-सा भी खड़का सुनाई देता, वह दौड़ कर आती कि शायद तीनों भाई कोर्ट से आ गये हैं। लेकिन जैसे ही उसे पता चलता कि अभी कोई नहीं आया है, निराश हो अन्दर चली जाती।

सिर्फ़ मौज खाँ ही नहीं बल्कि पूरे इमामनगर के गैल-गलियारों, चौतरे-चबूतरों और बैठक-बंगलों में, दशकों से दोहरे क़ानून के बीच विरासत से बे-दख़ल कठपुतली की तरह झूलती इन छोटी-छोटी चाँदबी के भविष्यों पर तब्सिरा होता रहा। हालत यह हो गयी कि जो भी मौज खाँ के घर की ओर से आता दिखाई देता, उधर से गुज़रने वाला यह पूछे बिना नहीं रहता कि अदालत में आज क्या रहा ?

वही कुलसुम जिसने चाँदबी के लिए न जाने कितनी दुआएँ की थीं, उम्र के अन्तिम पड़ाव पर एक बार फिर उसके हाथ रह-रह कर आसमान की ओर इस अरदास के साथ उठ जाते, 'ऐ मेरे मालिक, पिछली बार तो तूने मेरी दुआ क़बूल नहीं की मगर इस बार इन यतीमों पर रहम करना...तरस खाना इन पर...किसी तरह इन जीवाकों को दर-बदर होने से बचा लेना ! छोटी-छोटी इन बच्चियों को ज़ालिम इन मर्दों के लालच और इनकी भूख का शिकार होने से बचा लेना !'

तीनों भाइयों के अदालत से लौटने तक पूरे इमामनगर में आशा-निराशाओं के मौन पदचाप विचरण करते रहे। सन्नाटों के बीच तीनों बच्चियों के पक्ष में दुआओं की नन्ही-नन्ही बौछारें बरसती रहीं।

मग़रिब की नमाज़ के बाद मौज खाँ, सलीम और कासिम तीनों भाई आ गये। जैसे ही यह पता चला कि ये आ गये हैं उन्हीं सवालों की झड़ी लग गयी, जो सबको बेचैन किये हुए थे। और जब इनका यह जवाब मिलता कि अगली तारीख़ पर फ़ैसला आयेगा, वे निराश होकर लौट जाते।

अब बस इन्तज़ार है तो अगली तारीख़ का।

30

जिस तरह दीवानी अदालत की एक-एक कर सारी कुर्सियाँ भर गयीं, उसे देख मौज खाँ को अपनी फूफी चाँदबी के मामले का दृश्य ताज़ा हो गया।

सिविल जज ने पहले अपने चश्मे को दुरुस्त किया और एक बार फिर से सम्बन्धित केस फ़ाइल के कुछ पन्नों को उलटा-पलटा। पन्नों को उलटने-पलटने के बाद उसने अपने सामने रखा पानी का गिलास उठाया और एक छोटा-सा घूँट लेकर उसे उसकी तय जगह पर रख दिया।

"हाँ जी वकील साब, आपको कुछ और कहना है ?" जज ने मौज खाँ के वकील की ओर देखते हुए पूछा।

"जज साब, कहना क्या जो दलीलें, सबूत और गवाह थे उन्हें तो कल ही पेश कर दिया। आज तो आपको अपना फ़ैसला सुनाना है !"

"नहीं-नहीं फिर भी कुछ कहना हो ?" जज ने मौज खाँ के वकील की आँखों में आँखें डालते हुए जैसे अन्तिम बार पूछा।

"नहीं जज साब।" बड़े अदब के साथ उमर खाँ के वकील ने कहा।

"ठीक है।" इतना कह जज ने एक लम्बा हुंकारा भरा और एक नज़र सामने खड़ी बच्चियों पर डाली। इसके बाद कुछ पल ख़ामोश रहने के बाद उसने बोलना शुरू किया, "दोनों पक्षों के वकीलों की दलीलों को सुनने और सबूतों को देखने के बाद यह तो तय है कि मेव बिरादरी में जायदाद का बँटवारा मुस्लिम क़ानून के अनुसार नहीं, रिवाज़े-आम के अनुसार होता है। लेकिन इन बच्चियों और इनके भविष्य को देखा जाये, तो यह भी सही है कि कुदरती न्याय का कहना है कि फ़ैसला इनके हक़ में होना चाहिए। लेकिन अदालत के फ़ैसले, पुराने फ़ैसलों और कस्टमरी लॉ की सीमाओं में ही होने चाहिए। पुराने फ़ैसलों के मद्देनज़र सबके साथ एक जैसा सलूक होना चाहिए। जो फ़ैसला चाँदबी बनाम उमर खाँ के मामले में यहाँ मौजूद इन बच्चियों के नाना मौज खाँ के वालिद के पक्ष में हुआ था, उस फ़ैसले को नज़ीर मानने के बजाय, उपमण्डल न्यायाधीश ने अपना फ़ैसला शाइस्ता, समीना और अरस्तून के हक़ में दिया था। क्योंकि अदालत आज़ादी से पहले बने क़ानून यानी रिवाज़े-आम से बँधी हुई है, इसलिए यह अदालत निचली अदालत के फ़ैसले को ख़ारिज करती है और मरहूम एहसान अली की जिस विरासत का इन्तिक़ाल इन तीन बच्चियों के हक़ में कर दिया था, उस इन्तिक़ाल को भी यह अदालत ख़ारिज करती है। लिहाज़ा यह अदालत एहसान अली की विरासत पर इब्राहिम और साबिर के हक़ में डिक्री देने का हुक्म देती है।"

सिविल कोर्ट के जज के इस फ़ैसले को सुन मौज खाँ के कानों में जैसे गरम-गरम पिघला हुआ शीशा सरसराने लगा। उसे लगा जैसे यह फ़ैसला उसकी नातिन शाइस्ता, समीना और अरस्तून के ख़िलाफ़ नहीं, फिर से उसकी फूफी चाँदबी के ख़िलाफ़ सुनाया गया है। वही फ़ैसला जो दशकों पहले सुनाया गया था। मौज खाँ ने घुटनों के बल बैठते हुए तीनों बच्चियों को सीने से चिपका लिया। उसकी हिलकियाँ बँध गयीं।

"वकील साब, अपने मुवक्किल को बाहर ले जाइए ! यह अदालत है कोई चौक-चौराहा नहीं।"

जज के इन वाक्यों ने चाँदबी बनाम उमर खाँ के मामले में बरसों पुराने वाक्यों को ताज़ा कर दिया।

जज का यह आदेश सुनते ही दोनों छोटे भाई सलीम और कासिम अपने बड़े भाई मौज खाँ के पास आये, और उसके दोनों बाज़ुओं को पकड़ उसे खड़ा करते हुए कोर्ट रूम से बाहर ले आये।

मौज खाँ, उसके दोनों भाइयों और उनके वकील को इसकी बिल्कुल उम्मीद नहीं थी। जो फ़ैसला कभी उनके पिता के पक्ष में हुआ था, वही फ़ैसला एक नज़ीर बन जायेगा। एक ऐसी नज़ीर जिसका उसी की नवासियों के ख़िलाफ़ फ़ैसला लिखते वक़्त इस्तेमाल किया जायेगा।

जिस समय मौज खाँ को उसके भाई कोर्ट रूम से बाहर ले जा रहे थे, उस समय निर्निमेष आँखों से शाइस्ता, समीना और अरस्तून अपने नाना को अपलक देखे जा रही थीं। उनमें से किसी की समझ में नहीं आया कि उनका नाना क्यों इस तरह सुबक रहा है ? समझ में तो इनके आज तक यह भी नहीं आया कि उन्हें आख़िर इतने लोगों के सामने लाया क्यों जाता है ?

मौज खाँ, सलीम और कासिम तीनों भाइयों के इमामनगर पहुँचने से पहले ही ख़बर वहाँ पहुँच गयी ? लेकिन यह उड़ती हुई ख़बर है। असली सच्चाई का तो तभी पता चलेगा, जब लोग ख़ुद मौज खाँ या उसके भाई सलीम या कासिम के मुँह से सुनेंगे।

अस्र की नमाज़ से कुछ देर पहले चैत की गर्मी में पसीने से लथपथ तीनों भाइयों ने जैसे ही बस से उतर इमामनगर में क़दम रखा, एक ही सवाल 'क्या हुआ' की झड़ी लग गयी। कुछ को इन्होंने जवाब दे दिया और जिन्हें नहीं मिला, वे इनके लटके हुए मुरझाये चेहरों से भाँप गये कि अदालत ने क्या फ़ैसला सुनाया होगा।

घर पहुँचने तक जो हवा इनकी चाल के साथ बह रही थी, वह देखते-देखते मानो किसी अन्धड़ में बदल गयी। किसी रेगिस्तान की धूल में लिपटे मौज खाँ ने बदहवासी की हालत में जैसे ही घर की दहलीज़ पर क़दम रखा, किसी कटे हुए दरख़्त की मानिन्द वह भरभरा कर ढह गया, और साथ खड़ी सहमी-डरी तीनों नातिन-नवासियों को देखते ही बुक्का मार कर रो पड़ा। सलीम और कासिम ने अपने भाई को दौड़कर सँभाला।

"मौज खाँ, मेरे यार ऐसे घबराणा सू काम ना चलेगो ! खड़ो हो, सिविल कोरट ने ही तो फैसला पलटो है। अभी तो सेशन कोरट बचरी है। वामें जाके अपील करंगा।" सलीम ने बड़े भाई को हिम्मत बँधाते हुए कहा।

"अगर सेशन कोरट ने भी यही फैसला दियो, तो चंडीगड में जाके अपील करंगा !" सलीम के साथ-साथ इस बार कासिम बोला।

घर के मुखिया, वह भी एक मर्द को इस तरह पस्त और पराजित हुआ देख सारी महिलाएँ घबरा गयीं। तीनों भाइयों की बीवियों फरजाना, फातिमा और नासिरा ही नहीं, बल्कि उनके साथ न जाने कितनों की दुआएँ और मन्नतें धरी की धरी रह गयीं।

पूरे इमामनगर के मन में अब यह सवाल कुलबुलाने लगा कि क्या सचमुच ये दीवानी अदालत के इस फ़ैसले के ख़िलाफ़ सेशन कोर्ट में अपील करेंगे ? लेकिन इससे बड़ा सवाल, जो पूरे घर को भीतर-ही-भीतर कुतर रहा है, वह यह है कि शाइस्ता, समीना और अरस्तून का अब क्या होगा ? क्या इन्हें वापस मालब छोड़ दिया जाये या अपने नाना के घर ही रहने दिया जाये ? इस पर सभी ने बहुत मनन किया। बहुत सोचा। हार कर इसका एक रास्ता यह निकाला गया कि इसके बारे में एक बार इन बच्चियों से भी पूछ लिया जाये कि वे क्या चाहती हैं ?

उसी दिन सब इशा की नमाज़ के बाद इकट्ठे हुए। फरजाना ने अपनी बग़ल में अपनी नानी से लिपट कर लेटी अरस्तून के बालों में धीरे-धीरे अपनी मुलायम पोरों को सरसराते हुए टटोला, "अरस्तून, बेटी कल तमन्ने माळब अपणी ताईन के पै छुड़वा दूँ ?"

"ना माई, हम तो तेरे पै ही रहंगी।" अरस्तून ने अपनी नानी को ज़ोर से कसते हुए जवाब दिया।

"क्यों मेरी लाडो ?" फरजाना के पोर और तेज़ी से अरस्तून के बालों को सहलाने लगे।

"माई हमसू हूँ कोई भी ना बोले है। ताऊ-ताई भी जब देखो, हमन्ने धमकाता रहवे हैं।"

अरस्तून ने जैसे ही यह बताया फरजाना की रुलाई फूट गयी। कहा उसने कुछ नहीं।

"अब ना धमकाएगो कोई। तेरो नाना है न।" मौज खाँ ने अरस्तून के बहाने तीनों बच्चियों को तसल्ली देते हुए कहा।

"मेरी मानो तो इन्ने हींनी रहण देओ !" फरजाना ने सुझाव दिया।

"भावज, इन्ने माळब ही भिजवा देओ। अगर ये हमने रखणी शुरू कर दी, तो उनको काम आसान हो जायेगो।" सलीम का उनसे आशय इब्राहिम और साबिर से था।

"पर मेरो मन याकी गवाही ना देरो है।" फरजाना कातरता के साथ बोली।

"सलीम, तेरी भावज सही कहरी है ? मेरे भाई, बिन माँ-बाप का बाळकण की कोई गौर ना करे है।" मौज खाँ ने पत्नी से सहमत होते हुए कहा।

पति के तर्क को सुन फरजाना ने मन-ही-मन ठण्डी साँस लेते हुए, बग़ल में लेटी अरस्तून को अपनी बाज़ुओं में और ज़ोर से कस लिया।

भले ही लोग इस बात को खुल कर कहने से परहेज़ कर रहे हैं लेकिन दबी ज़ुबान में अधिकतर का यही कहना है कि ज़रूर यह फूफी भूरी के श्राप और बद्दुआओं का असर है, जिसका ख़मियाज़ा मरहूम उमर खाँ की पोती नसीमा की ये मासूम नाबालिग़ बेटियाँ भुगत रही हैं। मर्दों का क्या, वह तो मज़े से इस क़ानून के सुखों को भोग रहा है। इनका क्या बिगड़ रहा है क्योंकि क़ानून तो इन्हीं का ही बनाया हुआ है। दण्ड और दुःख तो इन चाँदबी, शाइस्ता, समीना और अरस्तून जैसी निरीह को भुगतना पड़ रहा है। अदालत से लेकर सवालों के कठघरों में तो इन्हें ही खड़ा होना होता है। अपने होने ना होने और अधिकारों के सबूत भी इन्हें ही जुटाने पड़ते हैं।

इमामनगर के गली-रास्तों से लेकर घरों की चहारदीवारी के भीतर चेहरों पर फ़ीकी हँसी, उदासी, उद्विग्नता और निरीहता ने क़ब्ज़ा कर लिया मानो।

अपनी सेवानिवृत्ति के अन्तिम दिनों के कारण रहमान कई-कई दिनों की छुट्टी लेकर घर आ जाता है। दरअसल, सालों मेवात बस की ड्राइवरी करने के बाद वह अभी से यहाँ के माहौल में ढलने का अभ्यास कर रहा है। इस बार घर आया तो उसे भी गाँव में एक नयी तरह की उदासी का एहसास हुआ है। हर कोई जैसे खुल कर बोलने-बतियाने से बचने की कोशिश कर रहा है। एक बार उसे लगा शायद यह नये दौर का चलन है कि हर कोई अपने आप में सिमटता जा रहा है।

आधा बैसाख बीतते-बीतते हालत यह हो गयी कि साँझ होने के बावजूद कम होने के बजाय गरमी और बढ़ जाती है। सूर्यास्त के बाद शाम का झुटपुटा घिरने के बावजूद, पश्चिम में सूरज की गाढ़ी लालिमा अब भी बिखरी हुई है। इसी गरमी से राहत पाने की ग़रज़ से रहमान ने छत पर खुले आसमान के नीचे चारपाई बिछा ली।

इशा की नमाज़ पढ़ने के बाद वह चारपाई पर आकर लेट गया। सालों बाद उसने शायद पहली बार आसमान में तनी छोटे-बड़े तारों की चादर को ध्यान से देखा। देखते हुए कभी राहे-शीरी यानी आकाश गंगा की तारों से हरहराती लहरों में खो जाता, तो कभी सप्तऋषि तारा मण्डल के छोटे-से समूह से आइस-पाइस खेलने लगता।

अचानक कानों में घुली चूड़ियों की खनक ने रहमान की तन्द्रा भंग की। चूड़ियों की आवाज़ सुन रहमान तारों की चादर से उतर वर्तमान में लौटा, तो उसने करवट लेते हुए ज़मीन पर पटड़ा खींच कर बैठती पत्नी जाहिदा को देखा। कुछ

क्षणों तक दोनों के बीच चुप्पी-सी छायी रही। इस बीच जाहिदा ने पटड़ा रहमान की चारपाई की ओर खिसकाया तथा बड़ी सावधानी के साथ पति को सुनाते हुए बोली, "माटी पड़े वा हरामी उमर खाँ और वाकी या औलाद पे, जिनकी वजह सू आज इन छोरीन की जिन्दगी ख्वार हुई पड़ी है।"

रहमान समझ गया जाहिदा क्या कहना चाह रही है। उसने जान-बूझकर तत्काल कोई प्रतिक्रिया व्यक्त नहीं की। वह जानना चाहता है कि जाहिदा इस पर क्या सोचती है।

"ना ये हरामी अपणी फूफी के गैल जुलम करता, ना वाकी ऐसी बद्दुआ लगती।" जाहिदा ने रहमान को चुप रहता देख आगे कहा, "वैसे अब या मामला में होएगो कहा ?"

रहमान ने पहले लम्बी साँस ली और फिर उसे धीरे-से बाहर छोड़ते हुए बोला, "अब तो दो ही रस्ता बचा हैं। या तो ये चुपचाप सिविल कोर्ट का फैसला ए मान लेएँ, या फिर आगे सेशन कोर्ट में अपील कर देएँ।"

"वैसे तोहे कहा लगे है ये हरामी उमर खाँ का बेटा अपील करंगा ?"

पत्नी की बात सुन रहमान पहले तो चुप रहा फिर मुस्कारते हुए उसने पत्नी से ही पूछा, "तू बता ! इन्ने कहा करणो चहिए ?"

"मेरा हिसाब सू तो या उमर खाँ की औलाद ए आगे जाणो चहिए। जब ये वा बिचारी भूरी फूफी की जादाद ए लेण कू दुनिया-भर की कोरट-कचैड़ी में जा सके हैं, तो अब भी जाणो चहिए !" जाहिदा ने अपनी राय देते हुए कहा।

"मेरी भी यही राय है। कहा पतो सेशन कोर्ट या दीवानी कोर्ट का फैसला ए पलट ही देए।"

"और अगर ना पलटो तो ?" जाहिदा ने स्वाभाविक प्रश्न करते हुए पति से पूछा।

"ना पलटो तो फिर है तो सही चंडीगढ़ की कोर्ट। वामें अपील करणी चहिए।" चंडीगढ़ कोर्ट से रहमान का आशय पंजाब एवं हरियाणा हाई कोर्ट से है।

"यामें तो बहोत झंझट है। ऐसे तो इनकी ज़िन्दगी ही बीत जायेगी कोरट-कचैड़ी में धक्का खाते-खाते ?"

"क्यों, तू ही तो कहरी ही कि मेरा हिसाब सू तो या उमर खाँ की औलाद ए आगे जाणो चहिए। जब ये वा बिचारी भूरी फूफी की जादाद ए लेण कू दुनिया-भर की कोरट-कचैड़ी में जा सके हैं, तो अब भी जाणो चहिए !" रहमान ने पत्नी की बात ज्यों की त्यों दोहरा दी। कुछ पल ख़ामोश रहने के बाद फिर बोला, "वैसे इन्साफ और हक सू ज्यादा यामें तीन-तीन छोरीन की जिन्दगी जुड़ी हुई है। कोर्ट-

कचैड़ीन में भी माणस ही बैठे हैं। उनमें भी कुछ-न-कुछ तो दया-धरम होवे है।"

"ई बात तू सही कहरो है।" जाहिदा पति के तर्क से सहमत होते हुए बोली।

"तोहे अपणा पीहर नाँगळ को वा वली मोहम्मद को किस्सो याद ना है, जामें वली मोहम्मद ने अपणी विरासत अपणी बेटी जैनब के नाम करा दी ही...और जैनब ने ऊ जायदाद अपणी छोरीन के नाम करवा दी। तोहे ई भी याद होएगी कि जैसे ही जैनब का फूफी का छोरा अब्दुल हसन ए या बात की पतो चली, वाने निचली अदालत में याके खिलाफ अपील कर दी ही। यामें जब ऊ हारगो तो वाने चंडीगढ़ में अपील कर दी। चंडीगढ़ कोर्ट ने भी फैसला जैनब का हक में कर दियो हो।"

जाहिदा चुपचाप पति की बात सुनती रही।

"दूर काईं लू जाये, तोहे मेरा रहमत और रहीम खाँ मामा को केस भी याद होएगो, जामें मेरे नाना के मरे पीछे वाकी सारी जायदाद का आधा-आधा मालिक मेरा दोनूँ मामा बण गया हा ?"

"ई भी याद है।" जाहिदा ने रहमान की बात की पुष्टि की।

"फिर तो ई भी याद होएगी कि मेरा रोशन मामा ने अपणो हिस्सा अपणी माँ के, और माँ यानी हमारी नानी ने अपणो हिस्सा अपणी बेटी जैतूनी, मेरो मतलब है माँवसी के नाम कर दियो हो ? माँवसी के नाम होते ही मामा रहीम कोर्ट चलोगो हो...ई मामला पहले सिविल कोर्ट गयो फिर सेशन कोर्ट गयो हो क्योंकि इन दोनूँ कोर्टन्ने रहीम खाँ के हक में डिक्री कर दी ही। पर जैतूनी ने भी हार ना मानी और चलीगी हाई कोर्ट। हाई कोर्ट की डिविजन बेंच ने फैसला ई कहके जैतूनी का हक में सुणा दियो कि रहमत ने अपणो हिस्सा अपणी माँ के नाम चढ़ाके कोई गैर कानूनी काम ना करो है। इसलिए रहीम खाँ की माँ ए ई पूरो हक है कि ऊ अपणी जायदाद ए अपणा मरद के नजदीकी हकदारों की इजाजत लिए बिना किसी को भी दे सके है।"

जाहिदा भले ही अपने पति रहमान की बात बड़े ध्यान से सुन रही थी लेकिन सच यह है कि कोर्ट-कचैरी की भाषा उसके बिल्कुल पल्ले नहीं पड़ी। हाँ, उसे तब भी यह पता था और आज भी याद है कि छोटी अदालतों में हारने के बाद जैतूनी की हाई कोर्ट में जीत हुई थी।

"मेरे हिसाब सू मौज खाँ ए सेशन कोर्ट में जाणो चहिए। अगर हूँ भी न्याय ना मिले तो हाई कोर्ट में अपील करणी चहिए। बाकी तो अल्लाह की मर्जी है।" रहमान ने एक तरह अपनी इच्छा जताते हुए बात ख़त्म कर दी।

जाहिदा को पति की राय सुन बहुत अच्छा लगा। अच्छा लगा उसे यह जानकर कि दोनों पति-पत्नी की इस मामले पर एक जैसी सोच है।

31

जैसाकि इमामनगर ही नहीं इस मामले पर मालब के वे लोग जिनकी इस पर गहरी नज़र थी, और जिनका जैसा अनुमान था, ठीक वैसा ही हुआ। यानी मौज खाँ ने अपनी नवासियों के हक़ के लिए सिविल कोर्ट के फ़ैसले के ख़िलाफ़ ज़िला एवं सत्र न्यायाधीश, गुड़गाँव की अदालत में अपील दायर कर दी।

केस शीघ्र सूचीबद्ध भी हो गया और ज़िला एवं सत्र न्यायालय के अतिरिक्त सेशन जज ने इस अपील पर सुनवाई भी शुरू कर दी।

सुनवाई के दौरान शाइस्ता बनाम इब्राहिम इस केस में बहस करते हुए मौज खाँ के वकील ने दलील के साथ मेव कस्टमरी लॉ के आलोक में नाँगल के केस का हवाला देते हुए कहा, "जनाब, माननीय हाई कोर्ट ने अब्दुल हसन बनाम जैनब के मामले में कहा है कि मेवों के विरासत के मामले में यहाँ का कस्टमरी लॉ पिता की जायदाद से बेटियों को अलग रखता है। मगर साथ में यह भी कहा है कि असल ख़ून को विरासत के मामले में विरासत से अलग भी नहीं किया जा सकता। लिहाज़ा,

एक बेटी, दूसरे वारिसों से बेहतर वारिस है। मेरा इस मामले में भी यही कहना है जज साब।"

अतिरिक्त सेशन जज ने मौज खाँ के वकील के इस हवाले को ध्यान से सुनने के बाद, पहले सामने खड़े प्रार्थी और प्रतिवादी अर्थात दोनों पक्षों पर हल्की-सी निगाह मारी और कुछ पल सोचने के बाद कहना शुरू किया, "आज के इस समय में जहाँ औरतों के हक़ों पर उलटा असर पड़ता हो, तो ऐसे में कस्टमरी लॉ को सरकारी क़ानून की नज़र में तरजीह नहीं दी जा सकती।"

"पर जनाब, रिवाज़े-आम महज़ एक रिवाज़ नहीं है, बल्कि एक क़ानून है।"

"एक मिनट वकील साब, मेरी बात अभी पूरी नहीं हुई है।" जज ने अचानक इब्राहिम और साबिर के वकील को बीच में टोकने पर उसे रोकते हुए आगे कहना शुरू किया, "बेशक मेव जाति का यह ज़मींदारा क़ानून मर्दों के हक़ में है मगर हमें यह भी ध्यान रखना है कि यहाँ मरहूम एहसान अली की तीन-तीन नाबालिग़ बेटियाँ हैं। उनकी हालत हमारे सामने है।" इसके बाद अतिरिक्त सेशन जज इब्राहिम और साबिर के वकील के चेहरे पर आँखें चस्पा करते हुए मुस्कराया, "वकील साब, आपको क्या लगता है कि यह रिवाज़े-आम जब बनाया गया होगा, तब औरतों से उनकी राय पूछी गयी होगी ? बनने के बाद उनकी रज़ामन्दी ली गयी होगी ? मुझे नहीं लगता कि ऐसा हुआ होगा। इसलिए सिर्फ़ मर्दों के बनाये क़ानून से औरतों को उनके अधिकारों से वंचित नहीं किया जा सकता।"

अतिरिक्त सेशन जज की इस टिप्पणी को सुनते ही इब्राहिम और साबिर के साथ-साथ, उनके वकील के चेहरे पर हवाइयाँ उड़ने लगीं। उन्हें समझते हुए देर नहीं लगी कि जज का फ़ैसला क्या हो सकता है। इब्राहिम और साबिर के जिस्म से तो मानो पूरा रक्त ही निचुड़ गया। जब तक वे कुछ समझ पाते, जज के इन वाक्यों ने उनके कानों में रड़कना शुरू कर दिया—

"समय के बदलाव, बदलते हालात और इस केस में रिवाज़े-आम बहुत कमज़ोर पड़ जाता है। इन नाबालिग़ों की इतनी लम्बी ज़िन्दगी को देखते हुए इस क़ानून का कोई मतलब नहीं है। निचली अदालत का फ़ैसला मानवीय गरिमा के ख़िलाफ़ तो है ही बल्कि न्यायपूर्ण भी नहीं है। लिहाज़ा सेशन कोर्ट, सिविल कोर्ट के फ़ैसले को ख़ारिज करने के साथ सब-डिविज़नल मजिस्ट्रेट के फ़ैसले को क़ायम रहने का आदेश देती है।"

ज़िला एवं सत्र न्यायालय के अतिरिक्त सेशन जज के इस फ़ैसले को सुन लगभग भरी अदालत में फुसफुसाहट शुरू हो गयी। इससे पहले कि यह फुसफुसाहट

तरह-तरह के बहस-मुबाहिसे में तब्दील होती, लंच का समय हो गया। जज अपनी सीट से उठ कर पीछे की ओर चला गया।

जज के कोर्ट रूम से जाते ही मौज खाँ से उसके दोनों भाई सलीम और कासिम लिपट गये। उनका वकील मुस्कराते हुए बोला, "मौज खाँ, भाई बहुत-बहुत मुबारक़ !"

"वकील साब, सब आपकी मेहनत और ऊपर वाळा की रहमत और करम है।" कहते-कहते मौज खाँ की आँखें पनीली हो गयीं।

"नहीं, यह बच्चियों का नसीब है। इसीलिए तो कहा गया है कि पिता की कमाई में बेटियाँ अपना हिस्सा ऊपर से लिखा कर आती हैं। ऐसी बदनसीब कुछ ही होती हैं जिनके हिस्से और हक़ को उनके भाई या चाचा-ताऊ मार लेते हैं।"

मौज खाँ के वकील ने जैसे ही यह कहा कि ऐसी बदनसीब कुछ ही होती हैं जिनके हक़ को उनके भाई या चाचा-ताऊ मार लेते हैं, सुनकर उसे लगा मानो यह वकील उसकी फूफी चाँदबी के लिए कह रहा है। कोर्ट रूम से निकल अपने वकील के चैम्बर में आने के बाद तीनों भाइयों ने उसकी फ़ीस दी, और सोहना अड्डा आ गये। तीनों भाइयों को यहाँ आये अभी कुछ ही समय हुआ था कि देखा गुड़गाँव से पुन्हाना जाने वाली बस आ गयी। तीनों ने यह सोच कर राहत की साँस ली कि अच्छा हुआ जो सीधी बस मिल गयी वरना उन्हें बड़कली से इमामनगर के लिए दूसरी बस बदलनी पड़ती।

रहमान ने एक बार मोहन से कहा था कि वह मेव ही क्या, जो बिना लड़े हार स्वीकार कर ले। इस बार भी यही हुआ। इब्राहीम और साबिर ने अपने कुछ सगे-सम्बन्धियों और मालब के कुछ ख़ास लोगों से मशविरा किया कि उसे अब क्या करना चाहिए ? क्या अतिरिक्त सत्र न्यायाधीश के इस फ़ैसले को चुपचाप स्वीकार कर लिया जाये या फिर इसे चुनौती दी जाये ?

मग़रिब की नमाज़ के बाद इब्राहिम की बैठक में धीरे-धीरे लोगों ने आना शुरू कर दिया। दोनों फ़र्शियों को अच्छी तरह माँज कर चमकाने के बाद उन्हें ताज़ा कर दिया गया।

"हाँ भई इब्राहिम, बता तैने कैसे बिरादरी भेळी करी है ?" ताज़ा-ताज़ा फ़र्शी से लम्बा घूँट भरते हुए, सरकंडे की बाज़ूदार मूढ़ी में धँसी धवल दाढ़ी ने समय गँवाये बिना पूछा।

"ताऊ, भेळी कैसे करी है। सारा मसला की पूरा गाँव ए पतो तो है।" इब्राहिम ने विस्तार से बताने के बजाय सिर्फ़ इशारा करते हुए कहा।

"देख भई, सलाह हम तोहे तेरी गुंजाइस देखके देएँगा।" दूसरा बोला।

"मेरी निगाह में दो रस्ता बचा हैं। पहलो ई कि या मसला पे एक छोटी-सी गोत-पाल की पंचात बुला लेंए...और दूसरो ई कि हम चंडीगड की कोरट में अपील कर देएँ।" पहली सफ़ेद दाढ़ी ने सलाह देते हुए कहा।

"मेरा हिसाब सू पंचात-वंचात बुलाणा में समझदारी ना है। अन्यायी, पंचात बुलाई तो ही। इन दोनूँ भाईन ने कहाँ मानी ही पंचन की बात ?" दोनों की बात सुन तीसरे ने पंचायत का विचार सिरे से ख़ारिज करते हुए आगे आशंका व्यक्त की, "कहीं ई भी पिरोजपुर नमक की पंचायत बणके ना रह जाये !"

"छुटल्ली सही कहरो है। वैसे भी ई कानूनी मसलो है। ठीक तो यही रहेगो कि कानूनी मसला ए कानूनी तौर सू ही निपटायो जाये।"

"बिल्कुल ! ताऊ छुटल्ली की बात सू मैं भी सहमत हूँ। भले ही चौड़ा में चित्तौड़ हो जाये, पर अब पीछे हटणो मंजूर ना है।" इब्राहिम के छोटे भाई साबिर ने पूरे जोश के साथ कहा।

"ठीक है। जब सबकी यही राय है तो चंडीगड में ही अपील करणी पड़ेगी।" छोटे भाई की हिम्मत और सभी लोगों की एकराय से सहमत होते हुए इब्राहिम ने बात ख़त्म कर दी।

इस तरह इब्राहिम और साबिर ने ज़िला सत्र न्यायाधीश के फ़ैसले को चुनौती देते हुए पंजाब एवं हरियाणा उच्च न्यायालय में अपील दायर कर दी।

इब्राहिम बनाम शाइस्ता नाम के इस मामले की सुनवाई के दौरान चाँदबी बनाम उमर खाँ केस का हवाला देते हुए इब्राहिम के वकील ने पंजाब एवं हरियाणा उच्च न्यायालय में दलील देते हुए कहा, "जज साब, यह वही केस है जिसमें यह दलील दी गयी थी कि मेव जाति में पुश्तैनी जायदाद का बँटवारा मुस्लिम क़ानून के नहीं, बल्कि रिवाज़े-आम के मुताबिक़ होता है। इस क़ानून के मुताबिक़ मेवों में किसी आदमी की पुश्तैनी जायदाद में उसकी बीवी या बेटियों का कोई हक़ नहीं होता है। मरने वाले की बेवा भी अपने शौहर की जायदाद का उम्र-भर इस्तेमाल तो कर सकती है, मगर वह उसे बेच नहीं सकती। उसे वह किसी को दान या उपहार में नहीं दे सकती। उसे गिरवी या रहन नहीं कर सकती। जज साब, इससे साफ़ है कि वह सिर्फ़ इसका इस्तेमाल कर सकती है। उसके इन्तिक़ाल के बाद उसकी जायदाद

उसके शौहर के भाइयों में अपने आप बराबर हिस्सों में बँट जायेगी। पार्टीशन से पहले बने इस क़ानून के आधर पर पंजाब हाई कोर्ट के चाँदबी बनाम उमर खाँ के बारे में दिया गया यह फ़ैसला, क़ानून की दुनिया की एक ऐसी नज़ीर बनी हुई है, जो आज तक क़ायम है। अपने इसी फ़ैसले में माननीय हाई कोर्ट ने सिविल जज और एडिशनल सेशन जज दोनों के फ़ैसलों को सही मानते हुए, इनके ख़िलाफ़ चाँदबी की दायर अपील को ख़ारिज कर, इसके पिता की छोड़ी गयी जायदाद का मालिकाना हक़ चाँदबी के चाचा उमर खाँ को देने का ऑर्डर पास किया था।"

उच्च न्यायालय के माननीय न्यायाधीश ने इब्राहिम के वकील की दलील को बड़े ध्यान से सुनने के बाद, पहले ज़िला एवं सत्र न्यायालय, गुड़गाँव के अतिरिक्त सेशन जज के फ़ैसले को फिर से पढ़ा। उसके बाद उसने शाइस्ता या कहिए मौज खाँ के वकील की ओर देखा।

"हाँ जी वकील साब, आपकी क्या दलील है इस बारे में ?"

"जज साब, यह सही है कि मेव जाति में पुश्तैनी जायदाद का बँटवारा मुस्लिम क़ानून के नहीं, रिवाज़े-आम के मुताबिक़ होता है। यह भी सही है कि इस क़ानून के अनुसार पुश्तैनी जायदाद में उसकी बीवी या बेटियों का कोई हक़ नहीं होता है। मगर यह भी सही है कि अगर ऐसे किसी कस्टमरी लॉ की वजह से औरतों के हक़ों पर उलटा असर पड़ता हो, तो ऐसे क़ानून को संवैधानिक क़ानून की नज़र में तरजीह नहीं दी जा सकती...और इस मामले में यही हो रहा है जज साब। इन तीन छोटी-छोटी मासूम बच्चियों के हालात हमारे सामने हैं। माननीय ज़िला एवं सत्र न्यायालय, गुड़गाँव के अतिरिक्त सेशन जज ने अपने फ़ैसले में यही कहा है कि सिर्फ़ मर्दों के बनाये क़ानून से औरतों को, उनके हक़ों से मरहूम नहीं किया जा सकता। समय के बदलाव, बदलते हालातों और इस केस के मद्‌देनज़र यहाँ कस्टमरी लॉ कमज़ोर पड़ जाता है। माननीय सुप्रीम कोर्ट ने भी केहर सिंह बनाम चन्दन सिंह के मामले में अपना फ़ैसला देते हुए साफ़ लिखा है कि, अगर रिवाज़े-आम का औरतों के हक़ों पर उलटा असर पड़ता है, तो ऐसे हालात में इस क़ानून की मान्यताएँ कमज़ोर पड़ जाती हैं।"

उच्च न्यायालय के न्यायाधीश ने दोनों पक्षों के वकीलों की दलीलें, उनके द्वारा पेश किये गये सबूत और अतिरिक्त सत्र न्यायाधीश के फ़ैसले के बाद अपना निर्णय देते हुए कहा, "शाइस्ता बनाम इब्राहिम वग़ैरह के दोनों लरनेड काउंसल की दलीलों, सबूतों को सुनने-देखने और अतिरिक्त सत्र न्यायाधीश के फ़ैसले को पढ़ने के बाद, अदालत इस नतीजे पर पहुँची है कि मेव कस्टमरी लॉ का तीन बच्चियों के

उन अधिकारों पर सीधा-सीधा उलटा असर पड़ रहा है, जिन पर उनका क़ुदरती और जायज़ हक़ बनता है। उनकी अच्छी परवरिश और भविष्य को देखते हुए तो यह केस और भी संजीदा बन जाता है, क्योंकि एक तो ये बच्चियाँ अनाथ हैं, दूसरा इनके सोशल सिक्योरिटी की कोई पुख़्ता गारंटी नहीं है। सेशन कोर्ट ने बेहद सोच-विचार के बाद यह फ़ैसला लिया है। उसमें किसी तरह की कोई कमी नहीं है। लिहाज़ा एडिशनल सेशन कोर्ट का इनके हक़ में दिया गया फ़ैसला पूरी तरह सही है। इसलिए हाई कोर्ट द्वारा, इब्राहिम द्वारा दायर यह अपील रद्द की जाती है।"

माननीय न्यायाधीश द्वारा इब्राहिम की अपील रद्द करने की घोषणा करते ही, उनके वकील ने जैसे ही कुछ कहने की कोशिश की, न्यायाधीश यह कहते हुए कोर्ट रिपोर्टर की तरफ़ मुड़ गया, "वकील साब, अगर ये बच्चियाँ आपकी बेटियाँ होतीं, तब भी क्या आप इस रिवाज़े-आम की वकालत करते?"

इब्राहिम के वकील ने कोई प्रतिक्रिया व्यक्त नहीं की। न्यायाधीश की भाव-भंगिमाओं और उसकी दृढ़ता को देख उसे यक़ीन हो गया कि जो फ़ैसला आज लिखा जाना था, उसे लिखने वाली इबारत की क़लम में पहले ही स्याही भरी जा चुकी है।

यह पहला मौक़ा है जब एक मृतक की न तो विधवा बीवी है, न उसके कोई बेटा है। सन्तान के नाम पर जो हैं वे केवल तीन ना-बालिग़ बेटियाँ हैं। ऐसे में अदालत का यह फ़ैसला और भी चौंकाने वाला है कि सिविल कोर्ट के फ़ैसले को पलटते हुए ज़िला एवं अतिरिक्त सत्र न्यायाधीश और पंजाब एवं हरियाणा हाई कोर्ट ने, मृतक एहसान अली की जायदाद फिर से उसकी बेटियों शाइस्ता, समीना और अरस्तून के नाम करने का निर्णय सुना दिया। कहाँ तो लोगों को लग रहा था कि सिविल कोर्ट के फ़ैसले को अतिरिक्त सत्र न्यायालय भी बरक़रार रखेगा, और कहाँ अन्त में आकर उसे हाई कोर्ट ने पलट दिया। एक तरह से माननीय उच्च न्यायालय ने एक मृतक मेव की विरासत उसकी बेटियों के पास जाने की मुहर लगा दी। दूसरे शब्दों में कहें तो मरहूम एहसान अली और उसकी बीवी नसीमा की जायदाद का जिस सिविल कोर्ट ने इब्राहिम और साबिर को मालिक बना दिया था, सेशन कोर्ट और उसके बाद हाई कोर्ट ने उनसे छीन कर वापस उसका मालिक तीन मासूमों को बना दिया।

इस फ़ैसले ने पूरे मेवात में एक बार फिर से हड़कम्प मचा दिया। दशकों से चले आ रहे रिवाज़े-आम को लेकर तरह-तरह की चर्चाएँ शुरू हो गयीं। कुछ ने इसे आज़ादी से पहले मेवों के लिए बनाये गये इस क़ानून में सीधा हस्तक्षेप बताया, तो

कुछ यह अनुमान लगाने लगे कि यह फ़ैसला एक तरह से इस क़ानून के ख़त्म होने की दिशा में नयी पहल है। कुछ का तो जैसे अपनी न्यायपालिका से भरोसा ही उठ गया। एक तरह से बहुतों की चूलें हिल गयीं इस फ़ैसले के बाद।

एक बार फिर मालब और इमामनगर ही नहीं मेवात के गाँव-क़स्बों की थड़ी-चौपालों, चौतरे-चबूतरों से लेकर घरों की चहारदीवारी में तरह-तरह की चर्चाएँ शुरू हो गयीं। एक तरफ़ जहाँ मालब में मातम का सा माहौल बन गया, वहाँ इमामनगर के मरहूम उमर खाँ के परिवार सहित अनेक घरों में जैसे एक नयी सुबह का उजास फैल गया। इस फ़ैसले के आने के बाद अचानक मक्खन खाँ की हवेली के अवशेषों से रह-रहकर आने वाली सिसकियों की जगह, मंगल गान की स्वर लहरियाँ सुनाई देने लगीं। जिस हवेली की तरफ़ फरजाना अपनी नवासियों को जाने से मना करती थी, अब उनके आने-जाने पर वह कुछ नहीं कहती है। वे अब बिना रोक-टोक उधर जाने लगी हैं। हालाँकि मासूम शाइस्ता, समीना और अरस्तून को आज तक यह समझ में नहीं आया कि उनकी नानी उन्हें उस तरफ़ जाने से रोकती क्यों थी ?

भादों की उमस भरी गर्मी में उस दिन फरजाना अँगूठे और तर्जनी के पोर में दबी, आँच पर पकायी गयी गेहूँ की मुलायम गुलाबी नली को चंगेरी में एक काल्पनिक आकृति देने में मग्न थी। अभी नली को पिरो उसने उसे धीरे-से खींचा ही था कि, पास बैठी नातिनों में से अपनी बाल जिज्ञासा को शान्त करने की ग़रज़ से समीना ने अपनी नानी से यूँ पूछ ही लिया, "बूढ़ी माई, तू हमन्ने पहले वा हवेली में काईं लू ना जाण देवे ही ?"

अपनी नातिन के इस मासूम सवाल को सुन, फरजाना का ध्यान भटक गया। वह भूल गयी कि पोरों के बीच दबी इस नली को अगली बार कहाँ पिरोना है। एक पल के लिए फरजाना अकबका गयी। वह इसका क्या जवाब दे ? देर तक नहीं सूझा इसका कोई उत्तर। समीना ने जब अपनी नानी का पीछा नहीं छोड़ा, तब फरजाना उसे टालते हुए बोली, "बेटी, या मारे ना जाण देवे ही कि वामें जिन्नात रहवे हा।"

"जिन्नात रहवे हा !" अपनी नानी के इस जवाब को सुन समीना को हैरत हुई। उसने इस बार अपनी बड़ी बहन शाइस्ता की तरफ़ देखा।

शाइस्ता समझ गयी अपनी छोटी बहन का उसकी ओर इस तरह देखने का अर्थ। इसीलिए उसे कहना पड़ा, "पर, छोटी नानी तो कहवे ही कि यामें चामचिड़ रहवे हैं ?"

अपनी नातिनों के इन सवालों को सुन फरजाना एक तरह से घिर गयी। वह इनके इन प्रश्नों का सही उत्तर क्या दे। जिन्न या चामचिड़ अर्थात चमगादड़, क्या बताये उन्हें ?

"पर अब तो तू हमन्ने ना रोके है ?" सबसे छोटी नातिन अरस्तून ने अपनी नानी की आँखों में झाँकते हुए पूछा इस बार।

"अब वे छोड़के चलागा हैं बेटी।" फरजाना उनसे पीछा छुड़ाते हुए बोली।

मासूम बच्चियों को अपनी नानी के अन्तिम जवाब को सही मानना पड़ा। मगर उनकी समझ में यह नहीं आया कि अचानक ऐसा क्या हुआ जो जिन्न और चमगादड़ इस हवेली को छोड़ कर चले गये हैं ? उन्होंने अपनी नानी से अधिक तर्क नहीं किया इसके बाद।

तो क्या सचमुच इस फ़ैसले के बाद, मरहूम खैराती की खँडहर हवेली और मेवात की ऐसी अनेक जर्जर हवेलियाँ उनके अँधेरे एकान्त में बसती प्रेतात्माओं और चमगादड़ों से मुक्त हो चुकी हैं ?

32

कश्मीरी गेट अन्तरराज्यीय बस अड्डे पर बस को ख़ाली करने के बाद रहमान और मोहन ट्रांसपोर्ट कम्पनी के दफ़्तर में आ गये। कैश जमा कराने के बाद कुछ देर बाद मोहन भी कम्पनी द्वारा अपने कर्मचारियों के लिए बनाये गये विश्राम गृह में आ गया। आया तो देखा रहमान अपने मोबाइल पर किसी से बात कर रहा है। मोहन ने यूँ ही जिज्ञासावश यह जानने के लिए अपने कान के परदे ढीले छोड़ दिये कि रहमान किससे बात कर रहा होगा। रहमान द्वारा बात करने के दौरान मोबाइल के स्पीकर से आते किसी स्त्री के स्वर को सुन, वह समझ गया कि रहमान अपनी पत्नी से बात कर रहा है। बात समाप्त होने के बाद रहमान ने मोबाइल बन्द कर सिरहाने रख दिया। इस बीच मोहन ने अपने कपड़े उतारे और उन्हें दीवार पर टाँग, रहमान के बग़ल में लेट गया।

मोहन के लेटने के बाद रहमान उसकी तरफ़ पलटते हुए बोला, "मोहन, तोहे

याद है एक बर मैंने तोसू ई कही ही कि ऊ मेव ही कहा जो आसानी सू हार मान जाये !" रहमान ने मुस्कराते हुए मोहन से पूछा।

"कुछ-कुछ याद तो है। वैसे यह बात तो कई साल पुरानी है और तूने यह बात शायद उस मालब वाले मामले में कही थी। जब एसडीएम ने अपना फैसला उन तीन लड़कियों के हक में सुनाया था, तब मैंने तुझसे यह पूछा था कि वे दोनों भाई इतनी आसानी से हार मानने वाले लगते हैं ?"

"एकदम सही कहरो है तू यार !" रहमान मोहन के अनुमान की पुष्टि करते हुए बोला।

"क्यों, आज कैसे याद गयी उसकी ?"

"और तोहे ई भी याद होएगी कि मैंने ई बात भी कही ही कि, हो सके हमारा रिटायरमेंट सू पहले याको भी कुछ फैसलो आ जाये !" रहमान ने मोहन की जिज्ञासा बढ़ाते हुए कहा।

"सब याद है पर इतने दिनों के बाद जब तू इसी साल नवम्बर में रिटायर हो रहा, और मैं अगले साल सितम्बर में रिटायरमेंट हो जाऊँगा...अब कैसे अचानक याद आ गयी। वो मामला तो निपट गया था न ?"

"कहाँ निपट गया था। वह तो बहोत लम्बा चला। एसडीएम के फैसले के खिलाफ उन दोनों भाइयों ने सिविल जज की अदालत में अपील कर दी थी।" रहमान ने हल्की-सी गिरह खोलते हुए कहा।

"फिर सिविल अदालत ने क्या फैसला दिया ?"

"सिविल अदालत में जब उन दोनों भाई इब्राहिम और साबिर के वकील ने ई दलील दी कि जनाब, मेवों में पुश्तैनी जायदाद का बँटवारा मुस्लिम कानून के नहीं, बल्कि मेवों के जमींदारा कानून के मुताबिक होता है कि इनकी पुश्तैनी जायदाद में मरने वाले की बीवी या बेटियों का कोई हक नहीं होवे है। इतना ही नहीं, जब वकील ने फूफी भूरी और उसके चाचा उमर खाँ के बीच चले मुकद्दमे की यह दलील दी कि..."

"यह उमर खाँ तो उसी मौज खाँ का बाप है न, जिसकी तीन नवासियों का मामला कोर्ट में चला गया था ?" रहमान की बात को काट मोहन याद करते हुए बोला।

"हाँ वही है...और मैं इन्हीं लड़कियों के उसी मामले की बात कर रहा हूँ।"

"तो क्या वो खतम नहीं हुआ था ?"

"ना, अब जाकर हुआ है...तो मैं बता रहा था जब वकील ने फूफी भूरी और उसके चाचा उमर खाँ के बीच चले मुकद्दमे की यह दलील दी कि जज साब, मेवात के एक ऐसे ही चाँदबी बनाम उमर खाँ केस में हाई कोर्ट, इसी रिवाजे-आम को आधार मान कर उमर खाँ के पक्ष में फैसला दे चुका है, तो सिविल जज ने फिर सू इन्तिकाल-ए-विरासत इब्राहिम और साबिर के नाम करने का फैसला दे दिया।"

"क्याऽऽऽ ? सिविल कोर्ट ने फिर से जायदाद उन बच्चियों के ताऊ के नाम कर दी ! यह तो बहुत बुरा हुआ उनके साथ।" रहमान की बात सुन मोहन एक उद्विग्नता से भर उठा।

"पर अभी बात खतम नहीं हुई है। उन बच्चियों के नाना मौज खाँ ने भी हार नहीं मानी, और सिविल अदालत के फैसले के खिलाफ सेशन कोर्ट में अपील कर दी...और पता है सेशन कोर्ट ने क्या फैसला दिया ?"

"क्या दिया ?" मोहन की इस बार धड़कन बढ़ गयी।

"सेशन कोर्ट ने एक बार फिर तीनूँ लड़कियों के फेवर में फैसला सुणा दियो।"

रहमान ने जैसे ही यह बताया, मोहन ने पहले एक लम्बी साँस ली और फिर उसे धीरे-से बाहर छोड़ते हुए बोला, "एक बात कहूँ रहमान, ऊपर वाळे के यहाँ देर भले ही है, अन्धेर ना है। हमारे तरफ इसीलिए कहा जाता है कि अन्धे की माखी, राम ही उड़ावे है।"

"सही कहरो है तू मोहन। ऊपर वाळा की चाखी बहुत बारीक पीसे है।" फिर कुछ पल ख़ामोश रहने के बाद रहमान शब्दों को चुबलाते हुए बोला, "पर मैंने शुरू में एक बात और कही ही कि ऊ मेव ही कहा जो आसानी सू हार मान जाये। ई मेव की जात बहोत जिद्दी होवे है।"

"मतलब ?"

"मतलब ई कि अब ई बणगी नाक की लड़ाई। वही नाक की लड़ाई जामें आधी सू ज्यादा मेवात बरबाद हुई पड़ी है। जभी तो कही है कि—

मेव बहत की कौम है, रहे डोमन सू राजी
डोम बोलें झूठ, कराँ ये हाँ जी-हाँ जी
अपणी नाक बढ़ाण कू, मेव नगद रुपैया देए
'सादल्ला' सच्ची कहे, मेव मोल जहन्नम लेए।"

"मैं कुछ समझा ना ?" मोहन ने हैरानी के साथ पूछा।

"या सेशन कोर्ट के फैसले के खिलाफ इब्राहिम और साबिर ने हाई कोर्ट में अपील कर दी। अब तू तो जाणे ही है हाई कोर्ट में अपील करणा को मतलब। अब बता मोहन ई जहन्नुम मोल लेणो है या ना ?"

"यानी सिविल कोर्ट की तरह हाई कोर्ट ने इन तीनों बच्चियों को एक बार फिर दर-बदर कर दिया...वे जमीन पर ला पटकीं !" एक बार फिर मोहन की साँसें चढ़ने लगीं।

"ना। मरहूम एहसान अली यानी मौज खाँ के जमाई की जिस जायदाद का, जिस सिविल कोर्ट ने इब्राहिम और साबिर को मालिक बना दिया था, उसे पलटके पहले सेशन कोर्ट ने और फिर हाई कोर्ट ने भी दोनों भाइयों से छीन कर उसका मालिक मौज खाँ की तीनों बिना माँ-बाप की बेटियों को बना दिया।"

"यानी इस बार हाई कोर्ट में तेरे रिवाजे-आम की एक ना चली ?"

"कुछ ऐसे ही समझ ले।"

"जिओ मेरे हाई कोर्ट के जज साब ! तूने छोटी-छोटी बच्चियों को नयी जिन्दगी दे दी। जीते-जी तीन जिन्दगियाँ बचा लीं तूने !" इस बार मोहन की आँखें इस फ़ैसले को सुन भर आयीं।

रहमान खाँ कुछ नहीं बोला। देर तक दोनों के बीच पसरे मौन में चुपचाप कनखियों से अपने पास लेटे मोहन कंडक्टर को निहारता रहा।

"इसका मतलब यह हुआ रहमान कि इस फैसले से यह साफ हो गया कि अगर, किसी मेव के गुजरने के बाद उसकी बीवी भी चल बसी हो, और बदकिस्मती से उसके कोई बेटा ना हो...सिर्फ लड़कियाँ-ही-लड़कियाँ हों, तो मरने वाले की सारी जायदाद, जिसमें सारी चल-अचल सम्पत्ति शामिल है, उसके हकदार मरने वाले के भाई या नजदीकी नहीं होंगे, बल्कि मरने वाले की असल वारिस उसकी बेटी या बेटियाँ होंगी ? मैं सही कह रहा हूँ न ?" एक-एक शब्द पर ज़ोर देते हुए मोहन ने अपने मन्तव्य की पुष्टि करते हुए पूछा।

"इस केस में तो ऐसा ही है।" रहमान ने बुझे हुए स्वर में कहा।

"खाली इस केस में ? मैं कुछ समझा नहीं ? बाकी केसों में क्या होगा ?"

"ऐसा है मोहन कि हाई कोर्ट ने बस निचली अदालतों के फैसले बदले हैं। उसने यह रिवाजे-आम यानी जमींदारा कानून खतम नहीं किया है। वैसे भी हमारी कोर्ट को किसी कानून को बदलने या खतम करने का कोई हक नहीं है। कानून बदलने या उसे खतम करने का काम सरकार का होता है।"

"तेरे कहने का मतलब यह हुआ कि अगर किसी के भाई नहीं हैं और माँ-बाप गुजर जायेंगे तो पहले की तरह रिवाजे-आम के मुताबिक उसके बाप की जायदाद के हकदार वे नहीं, उनके नजदीकी मरद हो जायेंगे ?"

"बिल्कुल। ऐसा ही है।" रहमान ने सहज भाव से कहा।

"तो फिर इस हाई कोर्ट के फैसले का क्या फायदा हुआ ?"

"फायदा यह हुआ कि अगर किसी लड़की के साथ ऐसा होता है, तो वह हाई कोर्ट के इस फैसले का हवाला देकर रिवाजे-आम के तहत अपने चाचा-ताऊ या उनके लड़कों के नाम चढ़ी इन्तिकाल-ए-विरासत को चेलेंज कर सकती है। वह आगे इसके खिलाफ अपील कर सकती है। अब यह कोर्ट के जज के हाथ में है कि वह अपनी समझ का इस्तेमाल कर, सीआरपीसी की किसी धारा के तहत लड़की के हक में फैसला देता है, या फिर रिवाजे-आम यानी इस जमींदारा कानून को ही अहमियत देता है।"

"और किसी ने अपील ना करी तो ?" मोहन ने रहमान की आँखों में आँखें डालते हुए पूछा।

"ना करी तो अल्लाह-अल्लाह, खैर सल्लाह। जायदाद चाचा-ताऊ के लड़कों और उनके बाप की।" रहमान ने एकदम देसी अन्दाज़ में समझाने की कोशिश की।

"तो फिर इसका एक मतलब यह भी है कि कोर्ट में जाने के बाद, इस बात की कोई गारंटी नहीं है कि फैसला लड़की के हक में ही हो ?" मोहन ने इस बार दोनों हाथों से अपना सिर पकड़ लिया। रहमान की उलट बाँसियाँ उसके बिल्कुल पल्ले नहीं पड़ रही हैं।

"हाँ, अगर यहाँ शरा लागू होता तो शाइस्ता, समीना और अरस्तून को यह इतना लम्बा कानूनी सफर तय नहीं करना पड़ता। पता है, सेशन जज ने इसी केस में फैसला देते हुए इब्राहिम और साबिर के वकील से क्या कहा था ? कहा कि यह रिवाजे-आम जब बनाया गया होगा, तब क्या औरतों से उनकी राय पूछी गयी होगी ? बनने के बाद उनकी रजामन्दी ली गयी होगी ? इसलिए सिर्फ मर्दों के बनाये कानून से औरतों को उनके हकों से महरूम नहीं किया जा सकता।"

"यार, जब मेवात में पुश्तैनी जायदाद का बँटवारा शरा या कहिए तुम्हारे इस्लामी कानून के अनुसार होवे ही ना है, तो बीच में यह कहाँ से आ गया ?" मोहन इस बार जैसे झल्ला उठा।

"मैं तो ऐसे ही एक बात कहरो हूँ।"

"कुल मिलाके लब्बो-लुआब यह है कि पतनाळे को गिरना वहीं है, जहाँ वह पहले से गिरता आ रहा है...यानी चलेगी इस रिवाजे-आम की ही ?"

"अब तू कुछ भी समझ ले। पर हाँ, जब तलक कानूनी तौर पे यह रिवाज खतम नहीं होगा, तब तलक फूफी भूरी, जैनब, जैतूनी और ये बिचारी शाइस्ता, समीना, अरस्तून कोर्ट-कचैड़ी में एसेई धक्का खाती रहेंगी।" कुछ क्षण ख़ामोश रहने के बाद रहमान फिर से कहने लगा, "एक मजेदार बात बताऊँ मोहन ! बहोत-सी छोरी-छापरी तो इसीलिए गम खाके चुप रह जायें हैं कि कौण कोर्ट-कचैड़ी में धक्का खाती डोले। भले ही ऊ कानूनी लड़ाई जीत जाये, पर घर-परिवार और बिरादरी की आँखन सू तो ऊ उतरगी न...और खुदा-ना-खास्ता ऊ केस हारगी तो मेरे भाई, ना ऊ घर की रही, ना घाट की। चाचा-ताऊ सू नातेदारी खतम हुई सो हुई, बल्कि ब्याह-शादी में छूछक-भात सू हाथ और धो बैठे है।"

"यह बात तो तेरी सही है रहमान। हिन्दू होएँ या मुसलमान, सब जगह एक जैसी हालत है। पर सवाल अब यह है कि इसका हल क्या है ?"

"हल ? हल है इस रिवाज का खातमा। जब तलक ई रिवाज रहेगो ऐसे ही चलतो रहेगो।"

"...और इसके खात्मे की पहल कौन करेगा ?"

मोहन ने जिस तरह यह प्रश्न किया, रहमान से कुछ भी उत्तर देते नहीं बना। देर तक उन दोनों के बीच सवालों का एक महीन आवरण थरथराता रहा।

बड़कली से चढ़ी सवारी ने बोनट के पास आकर जैसे ही अस्स्ला वालैकुम कहा, रहमान ने वालैकुम अस्स्लाम से जवाब देते हुए पलट कर देखा। कुछ पल लगे उसे इस सवारी को पहचानने में।

"जनाब बहोत दिनाँ में दिखाई दिये...कहाँ रहे इतने साल ?" रहमान ने मुस्कराते हुए अपनी सीट के बगल से एक टाट के टुकड़े को बोनट पर डालते हुए पूछा।

"रहा कहाँ रिस्तेदार, नरैणा से ऐसी बदली हुई कि धौळा कुआँ का रस्ता ही भूल गया।" बड़कली से चढ़ी अर्थात एक समय दिल्ली के नारायणा थाने में तैनात और रहमान के ससुराल नाँगल से ताल्लुक़ रखने वाली सवारी यानी जुनैद मोहम्मद ने टाट का टुकड़ा बोनट पर बिछाते हुए बताया।

"आजकल तैनाती कहाँ है ?" रहमान ने गियर बदलते हुए पूछा।

"बदरपुर थाणे में है।"

रहमान ड्राइवर की सीट के बग़ल में रहने वाला यह टाट का टुकड़ा विशेष लोगों के लिए ही बाहर निकलता है। वरना इंजन के गरम होने, विशेषकर गर्मियों, वह भी बैसाख-जेठ के महीनों की आग बरसाती गरमी में, कोई सवारी इस नंगे बोनट पर बैठने के बाद जब अपने गन्तव्य पर उतरने के लिए खड़ी होती है, तो वही बता सकती है कि इस पर बैठने का क्या परिणाम होता है।

"और कौन-कौन चढ़ा है बड़कली से ?" भादस को पार करने के बाद बड़कली से चढ़ी अन्य सवारियों की टिकट काटता हुआ मोहन अगले दरवाज़े के पास आ गया। जैसे ही उसकी नज़र बोनट पर बैठी सवारी पर पड़ी, उसे भी कुछ ही पल लगे इसे पहचानने में। मोहन ने इस यात्री से मुस्कराते हुए वही सवाल दोहराया, जिसे रहमान इससे पहले पूछ चुका है।

सवारी ने भी मोहन को वही जवाब दिया जिसे वह पहले रहमान को दे चुका था। इसके बाद उसने हँसते हुए रहमान और मोहन को सुनाते हुए कहा, "तो यह जुगल-जोड़ी अभी तलक बनी हुई है !" बड़कली से चढ़ी सवारी यानी सिपाही जुनैद मोहम्मद का जुगल-जोड़ी से आशय रहमान खाँ ड्राइवर और कंडक्टर मोहन की सालों पुरानी इस जोड़ी से था।

"कहा करें जनाब, ई तो दिल मिले की बात है। और फिर अपणा मेवात में ई कहवात है न कि तोकू और ना, मोकू ठौर ना। तो बस, चली आरी है ई जोड़ी। वैसे अगले महीने ई जोड़ी भी बिछट जायेगी।" रहमान ने हँसते हुए कहा।

"तो क्या आप दोनों में से कोई रिटायर हो रहा है ?"

"हाँ मेरी रिटायरमेंट है।" यह कहते हुए रहमान के चेहरे पर उदासी छा गयी।

"तबादले की बात तो कई बार आयी ही, पर मैंने ही कम्पनी से मना कर दिया कि मैं इसी रूट पर ठीक हूँ। कम्पनी भी इसके बाद जोर नहीं डालती थी। उसे पता है कि इस रूट पर कोई कंडक्टरी करने को तैयार नहीं होता है।"

"ऐसा क्यों कंडक्टर साब ?" सिपाही जुनैद ने थोड़ी हैरानी की मुद्रा बनाते हुए मोहन से पूछा। हालाँकि वह इन कारणों को जानता है। फिर भी इनमें से वह कुछ कारणों को इस कंडक्टर के मुँह से ही जानना चाहता है।

"वो क्या है जनाब, जिससे भी पूछो वो यही कहता है कि इस काळा पानी में कौन जाये। यहाँ तो लोगों को दिन-दहाड़े लूट लिया जाता है। यह तो दूसरा पाकिस्तान है। हिन्दुओं को यहाँ जीने नहीं दिया जाता है। पता ना और क्या-क्या बकवास करते हैं मेवात के बारे में।"

"कंडक्टर साब, आपको तो हमारे मेवात में कंडक्टरी करते हुए बहुत साल हो गये हैं..."

"बहुत साल हो गये ! जनाब, यह कहो कि पूरी सर्विस ही मेवात के इस रूट पर की है। अब तो अगले साल मैं भी रहमान के पीछे-पीछे रिटायर हो जाऊँगा।" मोहन ने एक तरह से जुनैद का वाक्य पूरा किया।

"तो आप भी अगले साल रिटायर हो रहे हो !"

"जी जनाब।"

"वैसे मैं यह जानना चाहता हूँ कि आपको यह मेवात कैसा लगा ? जैसा लोग यहाँ के बारे में कहते हैं, वैसा आपने कुछ देखा ?"

"ईमानदारी से कहूँ जनाब, मेवात को बे-मतलब बदनाम किया हुआ है। ऐसा कुच्छ नहीं है। हालाँकि शुरू में मुझे भी बड़ा डर लगता था। मुझे जब रहमान के साथ इस रूट पर लगाया गया था, तो ईमान से कहूँ बहुत दिनों तक मुझे पूरी-पूरी रात नींद नहीं आती थी। जब हम दिल्ली से अलवर के लिए आते थे और जैसे ही फिरोजपुर के पास धमाला पहुँचते, तो ऐसा लगता जैसे किसी दिन यह मुझे धमाला के पास उतार कर काले पहाड़ में ले जायेगा और मुझे मार कर, वहाँ चील-कव्वों को खाने के लिए छोड़ आयेगा।"

"फिर ?" जुनैद को अब जैसे मज़ा आने लगा।

"फिर, फिर तो धीरे-धीरे हम दोनों आपस में ऐसे घुलते चले गये कि जब कभी हम दोनों में से कोई लम्बी छुट्टी पर चला जाता, हमारा मन ही नहीं लगता। इतना ही नहीं मैं और रहमान तो एक-दूसरे के कई शादी-ब्याह में भी शामिल हो चुके हैं। एक-दूसरे के घरों में आने-जाने लगे।"

"फिर तो आपने हमारे घर का खाना भी खाया होगा ?"

जुनैद ने जिस तरह यह प्रश्न किया, मोहन को इसकी बिल्कुल उम्मीद नहीं थी।

"इसका भी मजेदार किस्सा है जनाब। जब मैं रहमान के बड़े लड़के के ब्याह में आया, तो बड़ा परेशान हुआ कि मैं इनके यहाँ खाना कैसे खाऊँगा। बाद में मुझे सबसे ज्यादा हैरानी यह देखकर हुई कि रहमान ने अपने हिन्दू मिलने-जुलने वालों के लिए अलग से खाना बनवाया हुआ है। इतना ही नहीं, जब बरात की बिदाई से पहले मिलनी हुई तो रहमान के समधियों ने मेरी मिलनी अपने सगे समधी से भी बढ़ कर की।" कहते हुए मोहन कुछ पलों के लिए बारात की बिदाई के समय होने वाली मिलनी में उतर गया।

"तो आज भी आप रहमान के घर का बना नहीं खाते हो ?"

"आज, आज तो याकी ई हालत है कि जब कभी मैं एकाध दिन की छुट्टी के बाद ड्यूटी पे आता हूँ, तो सबसू पहले ई पूछे है कि मेरी भावज ने कहा बणाके भेजो है।" काफ़ी देर से मोहन और जुनैद के बीच होती बातचीत में रहमान ने मुस्कराते हुए हस्तक्षेप किया।

"रहमान सही कह रहा है। धीरे-धीरे मुझे खुद पे बड़ी शर्मिन्दगी होने लगी कि ये मेरी इतनी इज्जत करते हैं...और मैं उसमें हिन्दू-मुसलमान ढूँढ़ रहा हूँ। इसके बाद मैंने इस पर कभी सोचा ही नहीं। मैंने पहली बार अपनी माँ से रहमान की माँ की बड़ी तारीफ की, तो मेरी माँ बोली कि किसी दिन तू भी तो रहमान को बुला कर ला।"

"आप लेकर गये थे ?" जुनैद ने पूछा।

"हाँ। उसके बाद जो हुआ उसे रहमान ही बताये तो ज्यादा ठीक रहेगा।" मोहन ने बड़ी चतुराई से गेंद रहमान के पाले में सरका दी।

"वा किस्सा ए जनाब काई और दिन बताऊँगो।" रहमान ने दौड़ती बस का गियर बदलते हुए कहा।

"जनाब, आप जैसे पढ़े-लिखे लोग मेवात में यह जो रिवाजे-आम की बीमारी है, उसे खतम करने की पहल क्यों नहीं करते ?" मोहन ने विषय बदलते हुए जुनैद मोहम्मद से कहा।

"मेवात में किस-किसके खात्मे की पहल करें कंडक्टर साब। एक बीमारी होए तो उससे निपटें।" जुनैद ने निराशा के साथ कहा।

"लेकिन जनाब पहल तो इसके लिए करनी ही पड़ेगी।" इतना कह मोहन ने बात ख़त्म कर दी।

सवारियों की चिल्ल-पों और कभी तेज़ तो कभी मन्द गति से दौड़ती बस की गति के साथ कब गुड़गाँव आ गया पता ही नहीं चला। बस जैसे ही दिल्ली-जयपुर मार्ग पर आयी, बोनट पर बैठी सवारी यानी सिपाही जुनैद मोहम्मद यह कहते हुए खड़ा हो गया, "अच्छो रिस्तेदार, कभी मौका मिलो तो जरूर मिलंगा।"

"क्यों, दिल्ली ना चलरे हो ?" ब्रेक लेते हुए रहमान ने पूछा।

"आज थोड़ो-सो गुड़गाँवा में ही काम है। अच्छो, खुदा हाफिज !" रहमान से विदा ले जुनैद अगले दरवाज़े के पास आया और नीचे उतरते हुए मोहन से बोला, "अच्छा कंडक्टर साब। हो सके आपके रिटायरमेंट से पहले किसी दिन मुलाकात हो जाये !"

"जरूर जनाब।" इतना कह मोहन ने सीटी मार दी।

बस एक बार फिर दिल्ली की तरफ़ दौड़ने लगी।

ठीक एक महीने बाद यानी नवम्बर माह में रहमान खाँ रिटायर हो गया। नये ड्राइवर राजबीर के साथ बस जैसे ही सोहना के बाद मेवात की सरहद में दाख़िल हो आगे बढ़ती जाती, मोहन रहमान के साथ बिताये गये पलों और उनसे जुड़ी अनगिनत थपेड़े खाती स्मृतियों में खो जाता। बिना रहमान के मेवात ट्रांसपोर्ट प्राइवेट लिमिटेड, दिल्ली की मेवात बस, जो अब महाराणा प्रताप कश्मीरी गेट बस अड्डे से नहीं, सराय काले खाँ बस अड्डे से चलती है, मोहन को पता ही नहीं चलता है कि वह कब गुड़गाँव पहुँच जाती है ? कब गुड़गाँव से चल कर सोहना, नूँह, बड़कली, फ़िरोज़पुर झिरका, नौगाँव, रामगढ़, बगड़ का तिराहा या कहिए मेव का तिराहा होती हुई अलवर पहुँच जाती है। बल्कि नूँह पहुँचते ही 'चाकू ले लोऽऽऽ ! असली रेती के चाकू ले लोऽऽऽ !' किशोरों की आवाज़, जो बहुत पहले कानों से टकराना बन्द हो चुकी है, वह जैसे धीरे-धीरे गुनगुनाने लगती है। जब-जब आते-जाते बस भूरी की प्याऊ, माफ़ करना बोड़ी कोठी रुकती, मोहन की आँखों के सामने भूरी की प्याऊ के छोटे-से झरोखे के किनारे, तह में रखी गीली बोरी के ऊपर टिके पानी से भरे गंगा सागर और एल्यूमिनियम के बदने की उदास टोंटियाँ घूम जातीं। वही उदास टोंटियाँ, जिनसे प्यासे राहगीरों की ओक में गिरते छोटे-से मासूम झरने का तराना देर तक कानों में गूँजता रहता था। गंगा सागर और बदने के पास पड़ी पाँच-दस और बीच-बीच में झाँकते एकाध अठन्नी-चवन्नी के सिक्कों की छोटी-सी ढेरी की याद आने पर तो उसकी आँखें पनीली हो जातीं। पुआल और नये-पुराने टाट के टुकड़ों से जोड़ कर बनी भूरी की प्याऊ के अन्दर कभी गंगा सागर, तो कभी एल्यूमिनियम के बदने की धार से प्यासे राहगीरों को पानी पिलाती भूरी फूफी कई बार जैसे उसके पास आकर खड़ी हो जाती। जब-जब अलवर से दिल्ली आते समय, या दिल्ली से अलवर जाते समय मेवात बस बोड़ी कोठी के नज़दीक आती, मोहन बेचैन हो उठता। उसे लगता जैसे जेठ की आग बरसाती धूप और गरम लू के थपेड़ों के बीच, फूफी भूरी और लोकू सन्नार्थी आते-जाते प्यासे राहगीरों के इन्तज़ार में अपने-अपने हाथ में एल्यूमिनियम के बदने और काँसे के गंगा सागर को पकड़े खड़े हैं।

बोड़ी कोठी से गुज़रते हुए आसपास बिखरे जूट की बोरियों के मटमैले चिथड़ों के चित्र और मिट्टी के मटकों के भग्नावशेषों के कोरेपन की गन्ध रह-रह कर ताज़ा हो उठती। कई बार तो मोहन को लगता जैसे कहीं आसपास कोई आदिम सिसकी

विलाप कर रही है। एक ऐसा विलाप, जब तक मेवात बस मेवात की सीमा से बाहर नहीं निकल जाती, उसका पीछा करता रहता। आज बोड़ी कोठी पर भले ही फूफी भूरी की, या कहिए भूरी की प्याऊ नहीं है लेकिन उसके विस्मृत भग्नावशेषों के रंध्रों में समायी शीतलता और उनका कोरापन यादों में समाया हुआ है। अब तो मोहन के लिए सितम्बर महीना लेना मुश्किल हो गया।

दिल्ली-अलवर रूट पर चलने वाली मेवात बस पर न तो अब रहमान खाँ है और न मोहन। बावजूद इसके वह आज भी बीच-बीच में कभी दिल्ली से अलवर और कभी अलवर से दिल्ली की ओर आती-जाती दिखाई दे जाती है...और आगे बढ़ जाती है अपने पीछे छोड़ दायें-बायें मटमैली स्मृति में लिपटे उन मर्दवादी पत्थरों की निर्जीव समाधियों को, जिन पर मील या किलोमीटर के रूप में अंक और शब्द नहीं, बल्कि अनगिनत चाँदबी, जैनब, जैतूनी, खातूनी, नसीमा, शाइस्ता, समीना, फरजाना, कुलसुम, अरस्तून आदि के साझे कशमकश की स्याह इबारत लिखी हुई है।

❐❐